Wolfgang Wellmann — Reiki - Im kreativen Strom der Lebenskraft

Wolfgang Wellmann

Reiki

Im kreativen Strom der Lebenskraft

Die universelle, meditative und kreative
Lebensenergie im Alltag

Bibliografische Information der Deutschen Nationalbibliothek:
Die Deutsche Nationalbibliothek verzeichnet diese Publikation in
der Deutschen Nationalbibliografie; detaillierte bibliografische
Daten sind im Internet über http://dnb.dnb.de abrufbar.

© 2016 Wolfgang Wellmann
Herstellung & Verlag: BoD – Books on Demand, Norderstedt
ISBN: 978-3-7412-9293-4
Layout und Management: Mario Radestock
Coverbild: Wolfgang Wellmann
Farbbilder: Wolfgang Wellmann
Umschlaggestaltung: Christian Ahrens
Nach einigen ausgewählten Texten aus früheren Jahren
wurde teilweise die alte Rechtschreibung verwendet.

(Auch in dieser erweiterten Neuauflage wird an dieser Stelle aus patentlichen Gründen darauf hingewiesen, daß folgende Begriffe eingetragene Markenzeichen eines Herrn Josef Hilger, Köln waren oder noch immer sind: >Das USUI-System der natürlichen Heilung<, >USUI Shiki Ryoho<, >Gemeinschaft der Reiki-Meister des traditionellen USUI-Systems der Natürlichen Heilung<.)

Dieses Buch ist
S. H. dem 14. Dalai Lama

und

S. H. dem 17. Karmapa
Ogyen Trinley Dorje
gewidmet

Prolog

Die Universelle Lebensenergie fließt
in jedem von uns.
Reiki als System ist eine Hilfe, dies auf
verschiedenen Ebenen der Praxis
zu erkennen und zu nutzen,
es zu schätzen und lieben zu lernen.

Reiki als ein Weg der Lebenskreativität ist
ein Weg des Herzens.

Reiki ist aber mehr als eine Methode
oder eine mystisch aufgefasste Lichtenergie,
denn Reiki ist in der ihr innewohnenden
Aufforderung zur Achtsamkeit
auch ein Schlüssel zu allgemeinem
Wohlbefinden, zu Gesundheit – und mehr.

Der Geist des Reiki ist ein Angebot,
das Leben erfüllter miteinander zu teilen.

INHALT

Vorwort	14
Ein kurzes Vorwort aus dem Jahr 2015	14
Zur Klärung der Rechtssicherheit	15
Einleitung	17

TEIL I : "DAS NORMALE LEBEN"

Warum schon wieder irgendetwas Neues?	25
Hilferufe der Seele	29
Schlaf	32
Sich wohl fühlen – fit und gesund sein	37
Schlank schön geliebt befriedigt	40
Informationen können Blockaden lösen	42

TEIL II: DIE WIRKUNGSWEISE DER REIKI-KRAFT

Bestandsaufnahme und Aufbruch	47
Etwas gegen Erschöpfung tun	49
Intuition im Alltag	53
Schmerzen	58
Die Bedeutung des 2. Reiki-Grades	62
Aufmerksamkeit – Innen und Außen	65
Die rechte Motivation	71

TEIL III: DAS WEITERGEBEN DER REIKI-KRAFT

Einige Vorbemerkungen zu den 27 Fragen an einen Reiki-Lehrer	79
1. Vorbereitung auf den ersten Reiki-Grad	82
2. Reiki – eine Heilslehre?	83
3. Reiki vitalisiert	85
4. Schnellverfahren und Abkürzungen	86
5. „Anfänger und Fortgeschrittene"	88
6. „Reiki-Sekten"	91

7. Wartezeit vor dem ersten Reiki-Grad? 92
8. Vier Symbole oder mehr? 93
9. Reiki-Lehrer als Experten für alles? 96
10. Traditionell? 97
11. Gibt es eine Gefahr der Krankheitsübertragung? 99
12. Wartefristen nach dem ersten und zweiten Grad 100
13. Was darf Reiki kosten? 102
14. „Das Arbeiten" mit DAI KOMIO 106
15. Reiki in der Beziehung 109
16. Feinstoffliche Lebensbereiche 113
17. Reiki wissenschaftlich belegt 119
18. Reiki ist keine Alltagsfliege 122
19. Einweihung – Einstimmung 124
20. Ausnahmen für schwer erkrankte Menschen 126
21. Kreative Pausen 127
22. Reiki im Alter 129
23. DAI KOMIO als Sterbe-Begleitung 133
24. Reiki für das neue und junge Leben 137
25. Reiki und die lieben Freunde 143
26. „Reiki-Meisterschaften" 146
27. Ausblick 150
Ein Nachwort zu den Fragen 154

TEIL IV: ERFOLG, STILLE UND INDIVIDUALITÄT
Die Praxis des dritten Reiki-Grades 161
Was ist eigentlich Glück 169
Beziehung, Ehe, Liebe, Sex – und Reiki 175
Neue Innerlichkeit 191
Reiki im „New-Age" 196
Wieviel Egoismus ist gesund? 207
Was ist Heilung? 211
Reiki ist ein Motor gesellschaftlicher Prozesse 219

TEIL V: KREATIVITÄT UND LEBENSKUNST

Osten und Westen	241
Reiki ist eine Schulungsmethode für Bewusstheit	246
Meditation und Kontemplation	253
Woher kommt Kreativität?	261
Das „Tao des Reiki" – ist gelebte Lebenskunst	269
Einsamkeit ist eine Chance zum Alleinsein	274
Eine Klärung - was kann es denn sein diese Lebenskunst...	279
Der kreative Prozess	282
Werden Sie eine Lebenskünstlerin, ein Lebenskünstler!	288
Die transzendente Sicht	295
Der Karneval des Lebens	300

TEIL VI: AUSKLANG

Szenen und Erinnerungen:

Im alten Ost-Berlin	307
Oberbayern	310
Medizin und Psychotherapie auf dem Hocker	314
Monte Verita	317
Transzendenz	322
Danksagung	327
Bilder zum Buch	329
Weitere Titel des Autors	330

Eine Auswahl der Ölgemälde von Wolfgang Wellmann, die in den letzten Jahren vorwiegend im Format 60 x 80 entstanden sind, kann im Internet gesehen werden:

www.wolfgang-wellmann-healing-and art.de

Vorwort

Das vorliegende vierte Buch von Wolfgang Wellmann über Reiki ist im Jahr 2002 - zum Teil unter Verwendung der alten Rechtschreibung - entstanden. Es soll nun in seiner ursprünglichen Form und ganz bewusst ohne eingeschobene „Aktualisierungen" dem interessierten Publikum zugänglich gemacht werden.

Die Leserinnen und Leser haben die Gelegenheit, zwischen der „praktischen" Form e-book und der Papierform zu wählen, die vom Autor empfohlen wird, weil man in einem Buch zum Beispiel Notizen machen kann... es aus der Hand legen kann... und man kann es auch wieder in die Hand nehmen... Man kann es auch zwischen den Händen halten... und dabei Energie in ihnen spüren... Es ist Universelle Lebensenergie, die in jedem von uns fließt. - **Der Mensch im kreativen Strom der Lebenskraft -**

Ein kurzes Vorwort aus dem Jahr 2015

Die Wissenschaft vermag uns heute weitgehend aufzuklären und mitunter sogar zu faszinieren, unsere tiefsten Lebensfragen kann sie damit aber nicht beantworten. Viele erstaunliche technische Errungenschaften gehören zum Alltag, sie erleichtern und verschönern ihn – aber wirklich erfüllend ist auch das nicht.

Wenn beispielsweise einmal die Gesellschaftswissenschaften über die Wahrnehmung ihrer Aufgaben hinaus einzugestehen wagen, daß auch sie letztlich nichts erklären können, öffnet sich Raum über die bekannten Ebenen der Religion hinaus in die Bereiche der Spiritualität – und dann wird es erst wirklich interessant und faszinierend, erfüllend und individuell beruhigend, und das über das als allgemeingültig erachtete `Geistige´ und ebenso über alle Ideologien und Ismen hinaus.

Zur Klärung der Rechtssicherheit

Am 2. März 2004 hat das Bundesverfassungsgericht nach einer leider jahrelangen Auseinandersetzung zwischen verschiedenen Interessengruppen in einem wichtigen Bereich durch sein Urteil für Klarheit gesorgt. Es wurde entschieden, daß für das Handauflegen zur Aktivierung der Selbstheilungskräfte ab sofort keine Heilpraktikererlaubnis mehr erforderlich ist – sofern niemand eine Diagnose gestellt wird und schriftlich oder per Aushang darauf hingewiesen wird, daß diese Handlung ein ärztliches Tätigwerden nicht ersetzt.

Dieses Urteil schafft nun endlich für alle Menschen Rechtssicherheit, die in irgendeiner Weise zum Zweck der Heilung bzw. der Energieübertragung mit anderen in körperlichen Kontakt treten, und das eben ohne eine medizinisch-therapeutische Ausbildung. Damit ist unsere Gesellschaft und unsere Rechtsordnung nach langen Verkomplizierungen wieder an einem Punkt angekommen, der der Vereinfachung, dem natürlichen Umgang miteinander, der Kostenersparnis und auch der ganz persönlichen geistig-spirituellen Entwicklung dient.

Reiki ist zwar seit vielen Jahren bekannt, wird von mehreren hunderttausend Menschen allein in unserem Land als ein inzwischen selbstverständlicher Bestandteil des Lebens betrachtet und erfreut sich einer immer noch weiter steigenden Beliebtheit. Doch es gab auch nicht selten eine gewisse Scheu bei neuen Interessenten, ob ein Berühren bei Behandlung und Einweihung rechtlich geklärt und abgesichert sei.

Nun kann also auch hier das eintreten, was in anderen Ländern längst bewährt ist, nämlich daß Reiki unterstützend, helfend und ergänzend in Krankenhäusern eingesetzt werden darf.

Das ist ein großer Schritt hin zu besseren Lebensumständen. Es geht aber auch darüber hinaus um den energetisch-spirituellen Effekt. In einer Zeit wachsender Unsicherheit und immer mehr in Erscheinung tretender Orientierungslosigkeit der Menschen, und das bei der nie gekannten Informationsfülle, ist eine Methode wie Reiki eine wunderbare Hilfe.

Es ist heute wichtig und sehr hilfreich, sich selbst energetisch, und damit ja auch psychisch und körperlich, zu stärken.

Reiki kann jeder schnell lernen und jederzeit völlig selbständig praktizieren. Es lässt in seiner Wirkung nicht nach, sondern wird im Gegenteil in der Praxis immer stärker. Und das gilt als entscheidendes Kriterium über die Heilaspekte im rein körperlichen Bereich, die Reiki zugeschrieben werden, hinaus.

Reiki stärkt den ganzen Menschen, gibt Zuversicht in die eigenen Kräfte und steigert Gesundheit, Kreativität und Lebensfreude. Der durch Reiki aktivierte, spürbare energetische Strom in den Händen ist vielen selbstverständlich – und bleibt doch ein Mysterium.

Einleitung

Dieses Buch ist kein Sachbuch, das vor allem aufeinanderfolgende Fakten zu einem speziellen Thema vermittelt, es wird jedoch immer wieder auf sie verweisen. Reiki als System, als Weg, als Hilfe im Alltag, als eine große Stütze in schwierigen Lebenslagen und nicht zuletzt als eine wunderbare Hilfe zum Hineinwachsen in meditatives Sehen und Erleben – all das wird schwerpunktmäßig in diesem Buch ausführlich und allgemein verständlich dargelegt.

In diesem Buch über die kreative Kraft in unserem Leben und über die Fähigkeit, das eigene Leben zur Kunst zu machen, werden verschiedene Bezüge zu anderen Methoden ganzheitlicher Entwicklung und Heilung hergestellt, die auf harmonische Weise durch Reiki ergänzt werden können.

Wer sich schon mit anderen Wachstums-Systemen vertraut gemacht hat, kann hier einen Eindruck davon bekommen, was Reiki ist und was es nicht ist. So ist dies auch ein Lesebuch über das Leben an sich, in dem jedoch keine philosophischen Fragen gewälzt, sondern klare Bezüge zum Alltagsleben hergestellt werden.

In seinen einander ergänzenden Teilen möchte dieses Buch verschiedene Menschen mit ihren unterschiedlichen Fragen, Erwartungen und Bedürfnissen ansprechen.

Kreativität und Lebenskunst als Grundlage eines reichen und zufriedenen Lebens in den Vordergrund zu stellen, letztlich auch die Praxis eines Systems, das sehr viele Menschen sich aus ihrem Leben nicht mehr wegdenken können, ist ein Anliegen dieses Buches. Für sie und alle interessierten Leserinnen und Leser und alle Reiki-Schülerinnen und Reiki-Schüler wird um die vielen verschiedenen Möglichkeiten der Annäherung ein weiter Bogen gezeichnet.

In den drei vorangegangenen Bänden über die Reiki-Kraft sind die Grundlagen dargelegt und die wichtigsten Empfehlungen zur Reiki-Praxis gegeben worden. Hier kann nun ein größerer Rahmen zur weiterführenden Betätigung "mit und um Reiki herum" abgesteckt werden. Leserinnen und Leser, die vielleicht nicht gleich etwas über ein Heil- und Wachstumssystem, wohl aber etwas über die Lebenskunst an sich erfahren möchten, können sich hier ansprechen und an etwas heranführen lassen, das schon vielen Zehntausenden vor ihnen das Leben bereichert und verschönert hat. – Dieses Buch ist insofern eine „Appetit-Anregung".

Wer sich mit diesem Buch über Reiki informieren möchte, wird viel erfahren, was auch die Lehrer des Reiki interessiert. Auch Reiki-Lehrer, die sich vielleicht aufgrund einer gewissen räumlichen Isolation auf sich allein gestellt sehen, werden die Rückkopplungen zur Weitergabe von Reiki schätzen. Im Laufe der Jahre „des sogenannten freien Reiki-Lehrertums" hat sich, entgegen vieler Annahmen, bis auf den heutigen Tag so einiges an Unklarheiten, Missverständnissen, Grauzonen und vielerlei Verwaschungen ergeben.

So soll im dritten Teil dieses Buches – auf lockere Weise – auch eine Hilfestellung für neue Reiki-Lehrer gegeben sein, die unter Umständen nicht die fundierte Ausbildung erhalten konnten, die im Interesse der Wahrung des Reiki wichtig und sehr wünschenswert ist.

Die abschließende und endgültige Wahrheit kann wohl niemand für sich beanspruchen, aber Hinweise zur Praxis, gerade auch zur Weitergabe des Reiki im Wege der Reiki-Einweihungen können, nicht zuletzt im Interesse neuer Reiki-Schülerinnen- und Schüler, bedeutungsvoll sein.

Ein Buch über Universelle Lebensenergie kann beim Leser unter Umständen die Erwartung wecken, über tiefste Geheimnisse des Daseins in aller Kürze einen abschließenden Aufschluss zu erhalten.

Reiki ist zweifellos – und das kann den Rahmen der Beleuchtung der Lebensfragen praktikabel einengen – ein System, das sehr leicht erlernbar ist und das für die Lernenden (wie andere Systeme auch) ein Rüstzeug bietet, sich auf den Weg zu sich selbst zu machen. ...Es ist nicht mehr als das, aber auch nicht weniger.

Dieses Buch über Reiki ist nicht insbesondere für Menschen geschrieben, denen zum Verständnis, zur Realisierung der dem Menschen innewohnenden Göttlichkeit nur noch der berühmte letzte Tropfen im Fass der Erleuchtung fehlt.

Es wird aber für diejenigen hilfreich sein können, die über eine einfache und praktikable Methode zum Einsteigen in die Welt der Erforschung und des Freisetzens unserer Innenkraft einige Anstöße bekommen möchten.

Wer zunächst einmal nur etwas lesen möchte, kann sich – bei erwecktem Interesse – über die weiteren Einzelheiten gesondert informieren.... zum Beispiel anhand der drei vorangegangenen Bücher von Wolfgang Distel und Wolfgang Wellmann, die in den Jahren 1995 bis 1997 erschienen und die in mehrere Sprachen übersetzt wurden.

Reiki ist ein Name für die Lebenskraft an sich, und so ist es naheliegend, daß die über sie angestellten Betrachtungen über die Darstellung eines Systems, einer Methode hinausgehen müssen.

So enthielt der 2. Band über Reiki hinaus - bis hin zu den großen Weltreligionen und ihrer für uns nachvollziehbaren Praxis - einige Vorschläge zum eigenen Erforschen der Meditation.

Dies ist und bleibt relevant, doch zunächst mag die ganz allgemein verständliche Alltagsbezogenheit des Reiki vielen Leserinnen und Lesern interessant erscheinen, weil nur sie direkt auf das Leben der meisten Menschen einzuwirken vermag.

Daß Reiki ganz einfach gesagt eine fantastische Sache ist, werden zweifellos immer mehr Menschen erfahren, denn Reiki fließt immer und ist immer verfügbar. Überall.

Die allerwenigsten von uns leben in einer Klostergemeinschaft oder in einer Ashramsituation, und so ist der Frage nachzugehen, was hier und heute mit einer – beispielsweise durch Reiki – geläuterten und verfeinerten Persönlichkeit angefangen werden kann... außer ein guter Mensch zu sein...

Reiki kann als ein ehemals eher mystisch angesehener Weg jetzt auf neue Weise beschrieben, erkannt und vor allem im Alltag praktisch gelebt werden, nämlich als die Universelle Lebensenergie, die er ist, als etwas, das wesentlicher Teil der menschlichen Natur ist - die es auf natürlichem Weg zu wecken gilt.

Und schließlich ein letzter Punkt, der in diesem Zusammenhang angesprochen werden kann: Nicht jeder kann oder möchte Kraft, Zeit und Kapazität in den Dienst gemeinnütziger Organisationen stellen, sich sozial engagieren oder öffentlich betätigen.

Dies alles ist unzweifelhaft sehr begrüßenswert und es wird in unserer Gesellschaft auch dringend gebraucht.

Doch wohin ohne diese für manche Menschen nicht einfache Außenorientierung, wohin mit der neuen Stärke, dem neuen Verständnis, der Freude, der Liebe und Lebendigkeit?

Die Antwort ist ganz einfach:
Geben Sie Ihrer Kreativität grünes Licht!
Erfüllen Sie Ihr Leben mit Kreativität.
Werden Sie mit Hilfe Ihres kreativen Selbstausdrucks
zu Lebenskünstlerinnen und Lebenskünstlern.
... Und teilen Sie das, was Sie in sich entdecken
(dann doch auch noch irgendwann) mit anderen...

In diesem Buch werden Sie Hinweise zu diesen Themen finden...

Und:
Hier werden Sie es spüren...
Reiki ist viel mehr als etwas, das der Heilung dient... viel mehr.

TEIL I : "DAS NORMALE LEBEN"

WARUM SCHON WIEDER IRGENDETWAS NEUES?

Viele Menschen sind der Meinung, alles Wesentliche sei nun endlich verfügbar. Und so gibt es eine beständig ansteigende Zahl von Zeitgenossen, die sich einer entspannten „fun-generation" zugehörig fühlen, wobei sie sich auf den weiten Feldern der Unterhaltung womöglich fast zu Tode amüsieren würden, wäre da nicht auch gleichzeitig eine große Fraktion derer, die schale Oberflächlichkeit und schillernden Konsum nicht mit anzustrebender Lebenskunst verwechseln – und mitunter ihr Wort erheben.

Bei genauerer Betrachtung stellen insbesondere die Möglichkeiten der inzwischen weltumspannenden Informationsindustrie für den Einzelnen eine nie da gewesene Chance dar, die persönliche Entwicklung auf rasante und schöne Weise zu erleben. Wer aus dem fast unüberschaubaren Angebot klug auswählt, wird auch Unterstützung finden - bis hin zu dem, was viele versprechen und was doch meisten nicht zu halten ist: Wirkliche Hilfestellung zum Erlangen persönlicher Freiheit und kreativer Selbstentfaltung in einem beständigen Erkenntnisprozess.

Wozu Erkenntnis? Wird nicht längst alles per Satellitenfernsehen, Radio, Internet, durch Zeitschriften und Tagespresse geliefert? Ja, im Prinzip schon. Es fragt sich nur, was der Einzelne daraus macht, was er davon weitergibt im täglichen Leben. Man kann sich zu Tode informieren (lassen) und sich zu Tode amüsieren, sofern Zeit, Geld Lust und die entsprechenden Gelegenheiten vorhanden sind. Man kann sich aus dem Internet nur Blödsinn ´runterladen, Frau kann per Tastenspiel "zur Entspannung" anonym plaudern, allerlei Erwartungen aufpeppen – und dann am nächsten Morgen wieder brav zur beruflichen Tretmühle eilen.

Viele sind auf vielfältige Weise "drauf", gut drauf, an etwas dran, "in" und "dabei", gehören "dazu" oder sind anderweitig toll und am Puls der Zeit. Und sie merken im Strudel ihres Tuns und Wollens und Rennens und Funktionierens gar nicht, wie sehr sie eigentlich an sich selbst und an anderen vorbeileben.

Wer neben Karriere, Familienleben, Kinderaufzucht oder jenseits der „Midlife-Krise", dem Herzinfarkt oder der Menopause sinnvolle Angebot für eine individuelle Entfaltung sucht, hat es heutzutage sehr schwer. Nicht nur die Internetwellen steigen beständig an, auch die Zeitschriften- und Bücherfluten werden immer größer. Kaum etwas ist noch zu überschauen oder gar zu bewältigen. Und das mag in gewisser Weise für manche Menschen auch auf das Thema Reiki zutreffen.

Die schier unglaubliche Medienbandbreite eröffnet auf der Basis der Meinungsfreiheit ungeahnte Entfaltungsmöglichkeiten für jedermann, oder besser gesagt für diejenigen, die überhaupt noch etwas mitmachen können und wollen. Viele haben es aufgegeben, auf brennende Lebensfragen Antworten zu finden.

Wer Hilfe braucht und Anregung sucht, muß nicht unbedingt im Überangebot ersticken, denn weniger kann sehr oft schon beinahe mehr als genug sein... Wer dieses Buch in den Händen hält, ist der Inflation der überbordenden Versprechungen und der auf diesem Gebiet leider auch zuweilen unseriösen Erklärungsmodelle der Welt entronnen.

Es ist einfach sehr bedauerlich, daß viele Menschen ihre Suche nach einem tieferen Sinn in ihrem Leben letztlich dann doch aufgeben. Manche Umwege und Zweifel, viele Enttäuschungen, Lernprozesse (und auch Stillstand) gehören zum Leben dazu, doch schon das können viele sich so gar nicht mehr anhören.

Und so sind die inneren Deiche auch vieler noch suchender und fragender Menschen nicht mehr stabil, sie wollen nichts Neues mehr anfangen und glauben einfach nichts mehr. Sie haben ihre Bestrebungen nach wahrer innerer Zufriedenheit und Erfüllung („nun vielleicht endgültig") aufgegeben und sich auf die Ebene des kurzweiligen Vergnügens zurückgezogen. Sie haben beschlossen, die wertvolle Zeit ihres Lebens doch wieder mit lauen Effekten zu füllen und z. B. den endlosen talk-shows im Fernsehen zu opfern.

Und so ist es auch verständlich, daß sehr viele viel zu viel Alkohol trinken, zu viel Fett in Form von Knabberzeug anstelle von Obst und Gemüse zu sich nehmen und daß eine hohe Anzahl von Herz- und Kreislauferkrankungen die Folge ist, wobei der erschreckend hohe Nikotinkonsum gerade wieder stagniert?...

Was ist also los in unserem vergleichsweise reichen Land, in dem viele suchtgefährdet sind - mit allen sozialen Folgeproblemen. Viele Menschen haben trotz ihrer guten Ernährung und guter medizinischer Versorgung einen psychischen Knacks, sie fühlen sich isoliert, sind ganz einfach deprimiert und kraftlos.

Das ist alles eigentlich bekannt, und es mag vielleicht langweilen. (Vermutlich aber vorwiegend nur diejenigen, die selbst keine schwerwiegenden Probleme mit sich herumtragen.) Aber deshalb soll es hier noch lange nicht unter den Tisch gekehrt werden. Der Schein des Wohlstands und des guten Lebens hat Schatten, und die sind mitunter sehr lang. – Und vielleicht sind sie sogar ganz in unserer Nähe, und wir wollen sie nur nicht sehen.

Auch das ist bekannt: Viele retten sich per Arbeitswut in einen Konsumzwang, und sie geben sich dabei der Kontroll-Illusion hin, die uns glauben machen soll, wir könnten die Dinge – und unser Leben bis hinein in die Einzelheiten – maßgeblich beeinflussen.

Dieser Wunsch nach Kontrolle ist in der Angst begründet. Angst hat der Mensch in der modernen Welt vor der überwältigenden Komplexität des Lebens unserer Tage, doch niemand muß deshalb panisch reagieren, sich in Überaktionismus, dumme Trends und kleine Trips flüchten oder gar einfach nur noch abschalten und resignieren. Es ist nur etwas mehr Verständnis nötig und etwas Mut, hinter die Kulissen zu blicken. Haben wir dann auch hinter unsere eigenen Kulissen blicken können, vielleicht nur ein Stück, wird der Wunsch aufkommen, die entsprechenden persönlichen Konsequenzen daraus zu ziehen.

Wer dies schafft, sieht sehr rasch, daß es nicht darum gehen kann, zum Oberkontrolletti des eigenen Lebensweges zu werden, ebenso wenig wie zum Spielball äußerer Mächte. Wohl aber geht es mit Sicherheit um eine gelassenere Haltung den Ereignissen gegenüber, um ein etwas mehr an Einverstandensein mit der Umgebung. Es geht für uns in diesem Leben auf der Erde darum, daß wir lernen, loszulassen, was auch immer es in konkreten Situationen bedeuten mag. Die Fähigkeit des Loslassens liegt dem einen mehr und dem anderen weniger, und manchen mag sie unerreichbar oder auch einfach nur unnötig oder gar lächerlich erscheinen. Spätestens im Tod werden wir es wissen, wie leicht es uns fällt oder inwieweit wir es beizeiten vielleicht doch etwas hätten "üben" sollen....

Es gibt ein für jedermann leicht erlernbares System ganzheitlicher Heilung und Bewußtwerdung, mit dessen Hilfe jeder etwas für sich und in sich entdecken kann, das jedem durch ein neu gewonnenes Maß an Entspannung und Kraftzuwachs neue Wege aufzeigt.

Natürlich muß dafür die Bereitschaft vorhanden sein, sich selbst gute Rückzugsmöglichkeiten aus dem Getriebe des Alltags zu schaffen und sie dann auch tatsächlich zu nutzen.

Um etwas für sich selbst zu tun, ist oft nur ein kleiner Anstoß von außen erforderlich, wie es zum Beispiel der Hinweis sein kann, künftig mehr auf die eigenen Träume zu achten.

Die Ängste im Alltag und hier insbesondere über einen längeren Zeitraum währende Existenzängste können aber auch viel Energie freisetzen, sobald sich der Dauerstress konstruktive und auf eine längere Sicht hin angelegte Bahnen zu suchen beginnt. Doch wohin mit der schon befreit ausgedrückten, noch unterdrückten, schon bewußt erlebten oder noch latent schlummernden Energie?

Dieses Buch gibt Tipps und Anregungen zum Leben an sich und dabei besonders für eine kreative Lebensweise, zu der Reiki nicht unbedingt erforderlich ist, zu der Reiki aber entscheidend beizutragen vermag.

Lassen Sie sich also mitnehmen auf eine Reise der Lebensfreude und der Lebenskunst, auf der wir unser Leben mit seinen Möglichkeiten aus verschiedenen Blickwinkeln heraus betrachten und wobei wir immer wieder auch zwischendurch Stationen beim Reiki einlegen werden.

HILFERUFE DER SEELE

Wer im Arbeitsleben bestehen muß, wer gar im vorgegebenen Sinne erfolgreich sein muß, weiß nur zu gut, daß auf individuelle Befindlichkeiten oder gar Phasen der Erschöpfung in aller Regel seitens des Arbeitgebers keine oder nur viel zu wenig Rücksicht genommen wird. Jeder im Getriebe des Arbeitslebens weiß es: Nur Leistung zählt. Für die Psyche ist das alles andere als beruhigend. Berge von Arbeit, Termindruck und der private Bereich mit den oft großen Anforderungen zerren an den Nerven.

Und der Körper sendet Warnsgnale... Wenn der Körper sich krank meldet, ist sehr häufig ein vehementer Hilferuf der Seele der auslösende Faktor und eine dringende Botschaft. Aber dem Druck des Alltags gehorchend werden Migräne, Konzentrations- und Verdauungsprobleme, Schwindelgefühle und entnervendes Pfeifen und Klingen in den Ohren leider sehr oft viel zu lange ignoriert.

Aber nicht nur das Arbeitsleben bietet die Gelegenheit, durchzuhalten und anerkannt zu werden aufgrund einer Leistungsbereitschaft, die auf Kosten der Gesundheit einfach nicht ewig aufzubringen ist. Ein Ruf mit der Bitte um Anerkennung gerade auch außerhalb des Arbeitslebens ertönt und verhallt oft ungehört. Die vielen Fragen nach der eigenen Identität sind ohne eigenes konstruktives Zutun nicht zu lösen, und da der Mensch von Natur aus auch gern mal faul ist, bleiben sie ungelöst. Sie werden aber mitgeschleppt jahrein-jahraus und damit immer mehr zementiert.

Die Werbung bietet ununterbrochen die einzigartigsten und absolut fantastischsten Behelfslösungen an; aber nicht jeder kann den Suggerierungen folgen, immer superaktiv sein, alles auf Anhieb schaffen und selbstverständlich eine wunderbare Ehe im schönen Haus in herrlicher Umgebung führen.

Nicht erst kurz vor dem Durchbruch des Magengeschwürs ist es an der Zeit, nach den Ursachen hinter den körperlichen Beschwerden zu forschen. Die Psyche, dieses störanfällige System, reagiert z. B. sehr empfindlich, wenn sich Werte, die ein Leben lang bestanden, plötzlich verschieben.

Geänderte Lebensumstände bergen aber meist auch eine große Chance, wie es eine bekannte Sprecherin der ARD-Tagesschau mit dem Titel ihres Buches so treffend ausdrückte:
..."Zeit für mich"...

Es ist bekannt, daß viele Männer in dieser relativ sicheren Anonymität des Internets über Ihre Ängste, Sorgen, Wünsche und Sehnsüchte schreiben, und das nicht einmal vorwiegend auf dem Gebiet der Sexualität, wie manche Leser hier sofort annehmen würden. Hier liegt über diese Tatsache hinaus ein wichtiger Hinweis verborgen: Viele Menschen haben in der ziel- und profitorientierten Gesellschaft ihren Standort verloren, fühlen sich ganz einfach überfordert und haben schlichtweg Angst. Damit geht die Befürchtung einher, im Alltagsleben auch noch einen Teil an Respekt zu verlieren – und Zuwendung und womöglich auch noch einen lebenswichtigen Teil Liebe.

Wer aus einer Lage wie der hier beschriebenen heraus mit Hilfe einer ganzheitlichen Wachstumsmethode etwas für sich tun und verändern möchte, muß damit rechnen, nicht überall damit auf Verständnis zu stoßen. Das mussten viele Menschen vor Ihnen leider auch schon erfahren, denn Reiki bildet hier keine Ausnahme, wobei allerdings die Gewöhnung mit der wachsenden Zahl der Interessenten und der enthusiastisch Reiki-Praktizierenden zunimmt.

Lassen sie sich also nicht von außen davon abhalten, sich Reiki zuzuwenden.

Durch etwas Neues, etwas Eigenes fern vom Massenwahn lassen sich alteingefahrene Identitätsprobleme abfangen, läßt sich Selbstbewusstsein aufbauen – und auch eine neue Identität schaffen.

Das klingt schon wieder alles ganz selbstverständlich, und viele winken hier wieder einmal ab; aber haben die Besserwisser schon einmal einen Schritt wie diesen unternommen, sich tatsächlich einmal tiefergehender mit sich selbst beschäftigt – und auf den Weg gemacht?

Vielleicht zählen Sie ja schon sehr bald zu denjenigen, die einfach nur ihr Leben leben, egal wie sie aussehen und wie vermögend oder äußerlich erfolgreich Sie sind – mit einer machtvollen und doch so zarten und stillen Methode zur Seite. Dann werden Sie bestimmt auch so etwas wie die Lachtherapie nicht für einen schlecht gelungenen Witz halten, sondern auch das problemlos mitmachen können – wie vieles andere auch, denn Reiki ist frei von Glaube und Dogma und verträgt sich mit allem und passt zu allem. Reiki ergänzt und rundet ab. Wer es nicht glaubt, kann sich ja weiter informieren. Und vielleicht lernen Sie ja schon bei dieser Gelegenheit einen neuen Freundeskreis kennen... Bestimmt wird dort auch das Lachen nicht als unheilig oder unspirituell verpönt sein. Und zur Therapie muß auch das nicht erklärt werden.

SCHLAF

Haben Sie sich auch schon einmal darüber gewundert, wie erfrischt man morgens sein kann? Haben Sie auch schon einmal darüber geschmunzelt, wenn Jugendliche berichten, wie lange sie abends aufbleiben und wie oft sie die Nacht durchmachen? Ist es Ihnen am Arbeitsplatz schon einmal schwer gefallen, gelassen zu hören, mit wie wenig Schlaf angeblich jemand auskommt oder wie oft Herr Meier bis in die Nacht hinein für die Firma schuftet?

Der gesunde Schlaf zur rechten Zeit und in ausreichendem Maß ist in vielen Zeitschriften zu einem Standardthema geworden, und das muß ja wohl einen sehr naheliegenden Grund haben. So wissen wir nun also um seine Bedeutung für unsere Leistungsfähigkeit und unser Wohlbefinden, und nun wissen wir auch, daß es Kurz- und Lang-Schläfer, Früh-, Spät- und angeblich Fast-Nie-Schläfer gibt, ebenso wie ständig verpennte Zeitgenossen, die uns die letzten Nerven rauben.

Mit möglichst wenig Schlaf auszukommen, um möglichst viel vom Leben und seinen äußeren Ereignissen und Möglichkeiten in der Welt zu haben, ist vielleicht auch schon so etwas wie praktizierte Lebenskunst, ob diese Lebensweise aber dauerhaft Grundlage von Kreativität (und das im Beruf <u>und</u> im Privatleben, in Partnerschaft, Ehe, Beziehung zum Umfeld) ist, das ist sehr zu bezweifeln.

Unausgeschlafen oder gar übermüdet einen Arbeitstag – und sei er auch durch noch so viel Routine bestimmt und mit ihr vielleicht erleichtert – durchzuhalten, ist eine Leistung, die in der Arbeitswelt der Überstunden verlangt wird. Und hier bietet Reiki insofern eine große Hilfe, als Reiki durch seine umfassende Entspannung auf ganz natürliche Weise erholsamen Schlaf fördert. Reiki als kinderleichte Methode – zunächst nur des Auflegens der Hände auf den Körper – gibt uns die Möglichkeit, die leer gelaufene Batterie zu jeder Zeit mit Universeller Lebenskraft aufzuladen.

Schlaf ist über seine Bedeutung zur Erhaltung der Leistungsfähigkeit und der Regeneration hinaus von größter Wichtigkeit. Leider wird diesem Aspekt allgemein wenig Bedeutung beigemessen. In diesem Buch über Kreativität und Wohlbefinden, über Gesundheit und Lebenskunst muß er Erwähnung finden.

"Den Seinen gibt`s der Herr im Schlaf"...Wer kennt dieses alte Sprichwort nicht? Aber wer ist heutzutage noch gelassen genug, es für sich auch in Anspruch zu nehmen...

Wer im Beruf auf kreative Einfälle angewiesen ist, weiß, daß neue Ideen – die sich ja dann auch umsetzen lassen müssen – nicht endlos aus dem eigenen Wissensvorrat und Erfahrungsschatz kommen. Aber woher kommen sie? Es gibt viele Berichte und amüsante Anekdoten von Prominenten, Künstlern und Erfindern über deren sogenannte plötzliche Eingebungen.

Niemand muß sich mit ihnen vergleichen, aber eines ist wohl für jeden von uns relevant: Wer etwas möchte, also eine Lösung für irgendein Problem oder wer eine kreative Idee für einen speziellen Bereich sucht, muß auch offen genug dafür sein, muß sich den Eingebungen und Ideen und Inspirationen hingeben können, muß aufnahmebereit in der Weise sein, daß der wertende, nörgelnde Verstand nicht alles gleich sozusagen im Vorfeld jeder weiteren Betrachtungen als Unfug abtut.

Besonders Frauen leiden unter dem Problem, nicht gut schlafen zu können. Für ihre Schlafstörungen bis hin zur sogenannten Schlaflosigkeit sind nicht selten Mißbrauchserlebnisse in der Kindheit verantwortlich. Diese wiederum sind der Grund dafür, daß sie sich nicht - dem Schlaf - hingeben können, daß sie nicht die Kontrolle verlieren wollen über sich und die Situation insgesamt.

Abgesehen von traumatischen Erfahrungen ist der Schlaf Nacht für Nacht (oder für Nacht- oder Schichtarbeiter leider auch Tag für Tag) die denkbar leichteste Übung dafür, nicht nur frisch und fröhlich, sondern auch innovativ, auch kreativ zu sein. Wer nicht gut schläft, nicht gut schlafen "kann", kann sich auch nicht hingeben, kann nicht vertrauensvoll die gewohnte Kontrolle aufgeben. Damit können auch nicht die (natürlich auch sehr wichtigen) Kontrollfunktionen "des Kopfes" zugunsten anderer Bereiche ausgeschaltet werden, die uns glücklicherweise auch noch ausmachen.

Krankheit entsteht im Menschen sehr oft infolge der Unfähigkeit, sich hinzugeben. Das Loslassen dessen, woran wir so gern und so verbissen festhalten, ist eine Vorbedingung für vieles. Kommt der Körper nicht zur Ruhe, bekommt die Seele nicht ihre Erholung (wenn man das überhaupt so sagen kann). Dann holt sich der Körper früher oder später diese Erholung, diese Ruhe, diese Stille.

Und das passiert dann meistens noch im absolut unpassendsten Moment. (Aber das hat höchstwahrscheinlich auch wieder eine gute, wenn nicht sogar eine "höhere" Bewandnis......)

Krankheitsbedingte Phänomene körperlicher oder psychischer Art können in diesem Buch nicht eingehender behandelt werden, zumal es um das konstruktive "Voran" und nicht nur um ein Aufbereiten des "gestern" geht. Vielmehr soll die große Bedeutung des erquickenden Schlafes für die körperliche und die psychische Gesundheit des Menschen insbesondere unter dem Gesichtspunkt des "Voran!" herausgestellt werden. Viele glauben, an alten Beschädigungen herummanipulieren zu können; sie glauben, das zu dürfen.

Dem "Voran" zu dienen und den Weg zu ebnen zu wahrhaft neuen Ebenen der Selbsterkenntnis erfordert Neues, auch neue Einsicht und verändertes Handeln. Und der gesunde und erquickende, der ausreichende, der gute Schlaf ist in diesem Zusammenhang ein ganz wesentlicher Garant für die innere Balance, für das körperliche und besonders auch das psychische Gleichgewicht.

Körper, Seele und Geist sind eine Einheit, "ihre Kompetenzen" überlappen, und so ist es eigentlich ein Unding, über diese Dinge aus dem rationalen Verstand, bestenfalls aus einer ihm übergeordneten Intuition heraus argumentieren und behaupten zu wollen, irgendetwas verstanden zu haben oder nun gar anderen etwas erklären zu sollen.

Es ist aber sicher festzustellen, daß sich eine zu geringe Anzahl erholsamer Tiefschlafphasen ungünstig auf die Weiterentwicklung des Menschen auswirkt. Schlafwissenschaftler haben in Schlaf-Laboratorien wesentliche Forschungsergebnisse erzielt und diese veröffentlicht.

Aus der Sicht des Reiki läßt sich sagen, daß sich die Seele im Schlaf einstimmt auf Neues, daß sie das Gegenwärtige aufbereitet, um auch das Vergangene zu verarbeiten. Die seelischen Fühler, unsere feinen Antennen, stehen im Dialog mit etwas, das wir mit den normalen Sinnen für den Alltag tagsüber in aller Regel nicht zu kontakten vermögen. Es ereignet sich eine Erweiterung im Vergleich mit dem normalen Tagesbewusstsein – über das Loslassen, die Hingabe, die Aufnahmebereitschaft – in eine Art 6. Sinn hinein.

Was geschieht im Schlaf? Die meisten Menschen beschäftigen sich nicht mit Fragen wie dieser, so lange sie morgens halbwegs ausgeruht in die Mühle des Tages treten können. Sie haben kein Verständnis dafür, wenn gesagt wird, daß sich unsere feineren Körper in feinstofflichen Ebenen aufhalten.

Wir erfahren im Schlaf eine Erweiterung, die mit Hilfe von Reiki-Techniken in gewisser Weise befördert werden kann. Übungen wirken im Schlaf nach und beeinflussen in positiver Weise die Entspannung, verstärken die so wichtigen Tiefschlafphasen, und so bewegen "wir uns" in vertikaler Richtung.

Im Schlaf sind die Barrieren von Raum und Zeit aufgehoben, und das gilt auch für die Reiki-Techniken, mit denen der Reiki-Lehrer seine Schülerinnen und Schüler des Reiki im Reiki-Seminar oder im Rahmen einer Einzeleinweihung in die Reiki-Kraft vertraut macht.

Sind durch den gesunden Schlaf Körper, Seele und Geist in ihrer Ganzheit stabilisiert, so wacht man erfrischt und konsolidiert auf. Wir sind erfrischt, weil sich so quasi hinter unserem Rücken im Schlaf die unterschiedlichen Regionen ausgetauscht haben. Wer sich gleich morgens per Autoradio, Tageszeitung oder beim Frühstücksfernsehen wieder von neuem vollstopft, wird sich kaum noch fragen, was gestern alles aufgenommen wurde.

Wer Reiki praktiziert, wird nicht nur ruhiger und gelassener, sondern bekommt auch mehr und mehr ein Gefühl dafür, was wert ist, in den Geist hereingelassen zu werden und was nicht.

Wer sich selbst täglich Reiki gibt, auftankt, zur Ruhe kommt und andere auch daran teilhaben läßt, wird auch automatisch das Gespür für die persönlich angemessene Schlafmenge bekommen.

Reiki ist für Einsteiger ein kinderleichtes Soforthilfe-Programm, das keinerlei Kenntnisse voraussetzt oder besondere Anforderungen stellt.

Man legt die Hände auf den Körper, allerdings auf eine besondere Weise. Das ist zunächst einmal alles.

Reiki verhilft über die Reiki-Einweihung durch den Reiki-Lehrer und durch die kontinuierliche Praxis durch tieferen Schlaf zu größerem Wohlbefinden und allein schon damit zu einem ausgewogenerem Tagesverlauf.

Und das führt – last not least – auch zu kreativen Ideen. Na, neugierig geworden? Sorgen Sie also – mit oder ohne Reiki – für guten Schlaf, dann sind mehr Lebensfreude gerade auch an den kleinen Dingen des Alltags und eine entspanntere und genussvollere Lebensweise insgesamt nicht fern.

SICH WOHL FÜHLEN - FIT UND GESUND SEIN

In früheren Zeiten verwüsteten fremde Heere das Land, und die Pest entvölkerte ganze Provinzen. Heute können wir uns gut ernähren und pflegen und wir machen uns Sorgen um unser Körpergewicht und unser Aussehen, um Bauch und Fältchen.

Fitness- und Wellness-Angebote sowie Gesundheitsmaßnahmen aller Art sind in früher ungeahnter Menge vorhanden, und das ist wunderbar.

Man sollte das tatsächlich einmal wirklich schätzen, sich über die Fülle der Produkte auf dem hiesigen Markt freuen und nicht nur an den eventuellen Schwachpunkten von Pillen, Cremes, Therapien, Ärzten, Kliniken oder Gesundheitsmagazinen im Fernsehen herummäkeln.

So etwas geschieht wohl weniger aus Gehässigkeit heraus, sondern vielmehr aus der Achtlosigkeit, die alles als gegeben hinnimmt. Dabei weiß jeder aus seinem eigenen Arbeitsbereich, wie viel Sorgfalt, Erfindergeist, Liebe zum Detail und Hingabe an die Aufgabe an sich erforderlich sind, um etwas Schönes, Brauchbares, Wertvolles, Heilendes für andere herzustellen. Das klingt vielleicht etwas moralisierend-spießig, aber das ist es nicht; es entspringt vielmehr dem Wissen, daß es uns persönlich nicht supergut gehen kann in einer Welt komplexer Zusammenhänge und Abhängigkeiten, wenn andere in Schwierigkeiten ersticken. Das gilt für das Wohlfühlen in der Familie und in der Partnerschaft, das gilt in größeren Gemeinschaften wie global.

Sind Sie schon einmal allein durch die slums einer Megastadt wie zum Beispiel Bombay (es heißt jetzt Mumbai) oder Manila gelaufen... durch den Dreck und Gestank und das ganze Elend, in dem Hunderttausende zusammengepfercht leben, verwahrloste Kinder, Krüppel, hilflose Alte – ohne die geringste Aussicht, da jemals herauszukommen?

Hier bei uns dienen Überlegungen zur gesunden Lebensführung weniger dem direkten Überleben, sondern z. B. dem langfristigen Absenken des Cholesterinspiegels und der Kalorienreduzierung.

Diätempfehlungen, Gesundheitstipps und die Expertenmeinungen füllen Woche für Woche fast jede einschlägige Zeitschrift, die Menschen blättern, lesen, probieren und bemühen sich, und doch sind so viele krank oder immer noch nicht fit. Auch hier scheint die Fülle der zur Verfügung stehenden Informationen mehr zu verwirren als zu helfen. Oder?

Wer nicht von Wohlfühl-Pharmaka oder der Euphorie über den Konsum sogenannter Wohlfühl-Konsumgüter in seiner Urteilskraft eingeschränkt ist, spürt ein Missbehagen, eine Unruhe, vielleicht sogar größere Selbstzweifel. Und das muß nicht nur dem immer idiotischer werdenden Konkurrenzdruck im normalen Arbeitsalltag entspringen, denn viele haben ihre sogenannte Lebensarbeitszeit hinter sich; sie entspringen einem neuen Leistungsdenken, demzufolge man innere Ungleichgewichte nun mit allen denkbaren Wellness-Maßnahmen auszuschalten habe.

Wenn Sie Freude an den vielen wunderbaren Angeboten im Bereich Fitness und Wellness haben, dann nutzen Sie diese für sich und Ihr Wohlbefinden. Lassen Sie sich beraten und beteiligen Sie sich kreativ beim Zusammenstellen von einem Fitness-Plan.

Wenn man sich im täglichen Leben mit Hilfe einer so einfachen Wachstumsmethode wie Reiki mehr und mehr zu <u>beobachten</u> beginnt, wird man im Strudel der Informationen und der leider nicht immer seriösen Angebote nicht so verwirrt untergehen können wie eine leider große Anzahl von Zeitgenossen, denen die Gesundheit, die schlanke Linie und die damit verbundenen Vorteile in der Gesellschaft inzwischen egal sind. <u>Der große Wert einer Methode wie Reiki liegt allein schon darin, daß die Reiki-Kraft im Laufe der Anwendung im täglichen Leben den Einzelnen immer klarer erkennen läßt, was für den einzelnen Menschen angebracht ist und was nicht.</u>

Das kann sehr wohl die angesagt schlanke Linie sein, es kann aber auch ein ganz persönliches Wohlfühlgewicht sein, das erheblich über empfohlenen Tabellenwerten liegt.

So läßt sich zum Thema Fitness und Wellness unter dem Gesichtspunkt des persönlichen Wohlbefindens und der individuellen Gesunderhaltung aus der Sicht des Reiki folgendes sagen:

Kreativität im Bereich der gesunden Lebensführung hat sehr viel mit wirklichem und nicht nur eingebildeten Spaß an der Sache zu tun. Niemand sollte sich in ein wieder ungesund machendes Maß hinein quälen, um Zentimeter ab- oder Umfänge zuzulegen. Und wenn auf der nächsten after-work-party davon gesprochen wird, wie wichtig das Vermindern freier Radikale ist, dann wissen Sie das sicher längst; aber Sie wissen dank einer neuen sensitiven Selbstbeobachtung im Reiki-Entwicklungsprozess, daß zuviel Anpassung an gängige Erwartungsbilder letztlich das Selbstwertgefühl unterhöhlt. Im Bereich Fitness das rechte Maß zu finden, kann sehr dabei helfen, im allgemeinen das rechte Maß zu finden.

SCHLANK SCHÖN GELIEBT BEFRIEDIGT

Der Kult um den Körper ist nichts Neues auf dieser Erde. Er fällt heute nur entschieden mehr auf als zu einer Zeit, als sich die Eigentümer eleganter Villen mit ihren Gästen an den Marmorstatuen begnadeter Künstler erfreuten, vielleicht sogar damit von ihrer eigenen Leibesfülle ablenken wollten. Wenn in den Tagen des klassischen Altertums überwiegend geistige Hintergründe für die Arbeit am Marmor bestimmend waren, so stehen heute das gestylte pure Fleisch, die passend geformte Muskelmasse (und „endlich entschieden weniger Fett" bei den Damen) im Mittelpunkt des Interesses.

Was die alten Römer dann nach dem Rundgang im Garten in den Räumlichkeiten veranstalteten, war sogar unter Umständen mehr als das, was der moderne Mensch im begonnenen 21. Jahrhundert nach all der körperlichen Plackerei noch schafft – oder überhaupt noch will.

Das ideale weibliche oder männliche Erscheinungsbild scheint vielen, die es sich gebaut oder gar haben hinoperieren lassen, im Grunde zu genügen. Aussehen ist wichtigst, das Aussehen ist alles, das Aussehen ist die Eintrittskarte in die Welt des schönen Scheins. Und um den herum wird Ansehen und Erfolg und Reichtum herangedichtet, zusammengekauft oder draufgeklebt wie ein Abziehbild der Vermarktungsprofis.

Das Motto lautet: So lange das Objekt vermarktbar ist, wird investiert, wird es zu alt oder gar zu dick, ist alles aus. Dann kann man sich das Sonnenuntergangsgeschehen, für das man selbst sich vielleicht sogar einmal am Strand räkeln durfte, wie alle anderen auch wieder in der nächsten Monatsausgabe der Lieblingszeitschrift betrachten.

Reiki ist eine ganz wunderbare Sache, und deshalb ist es hier gestattet, ein paar Thesen einmal voll auf die Spitze zu treiben: Wer sich durch die Reiki-Kraft erfüllt fühlt, wird sich nicht unnötig mit womöglich auch noch ungesunden Kalorien wie Pommes mit Mayo vollstopfen. (Eine berechtigte Frage an dieser Stelle: Warum finden unsere Kinder gerade das so gut?)

Reiki ist zwar kein Garant gegen das Dickwerden, es kann aber durch den täglichen Energiezufluss das Gefühl einer inneren Rundung, des wohligen „Voll- Seins" erzeugen. Allein das ist schon interessant für alle, denen ihr Körpergewicht auf die Seele drückt. Reiki stärkt den Menschen von innen her...

Das wird sich früher oder später auch für die Umwelt bemerkbar machen, was wiederum Anerkennung bringt, die Selbstachtung stärkt und einfach ein gesteigertes Lebensgefühl auslöst und aufrechterhält. Ein gutes Gefühl von innen heraus demonstriert dem Umfeld Attraktivität, und dann bleiben neue Kontakte, falls diese gewünscht werden, sicher nicht aus. (Das nicht unbedingt bierernst zu nehmende Fazit kann also lauten: Schlank durch Reiki, beliebt durch Reiki, geliebt dank Reiki.)

Ein Hinweis in eigener Sache:
Zum Thema Frau-Mann-Liebe-Schönheitszwang-Anerkennung-Unabhängigkeit-Kreativität ist im gleichen Verlag ein Buch des Autors erschienen. (Siehe unter weitere Titel des Autors.)

INFORMATIONEN KÖNNEN BLOCKADEN LÖSEN

Aus den unterschiedlichsten Lebenshilfebüchern ist die Tatsache bekannt, daß sich im Körper aufgrund verschiedener Ursachen Blockaden entwickeln können. So gibt es die vielfältigsten Angebote zum Entschlacken und Entgiften, eine ganze Palette von Massagetechniken, eine Reihe von Wasseranwendungen und viele Kräuter-, Tee-, Salben- und Ölmischungen. Alles an seinem Platz und zur rechten Zeit und unter fachkundiger Anleitung hat seinen Wert.

Wenn gesundheitliche Beeinträchtigungen aufgelöst oder zumindest eingeschränkt werden können, so ist das eine große Hilfe für betroffene Menschen, von denen schon viele aufgrund eigener Erfahrungen erkannt haben, wie gut Reiki die genannten Methoden begleitet, verstärkt und ergänzt. Den meisten dieser Methoden ist gemeinsam, daß Informationen von Inhaltsstoffen auf den Körper positiv einwirken.

Bei den von vielen Patienten seit Jahren geschätzten Methoden Akupunktur, Akupressur, Shiatzu und beispielsweise auch der Fußreflexzonenmassage wird auf Energiepunkte des Körpers eingewirkt, ohne daß zusätzliche Stoffe oder Essenzen verwendet werden. Durch beide Vorgehensweisen hat wohl schon jeder von uns die Erfahrung gemacht, daß starke Beschwerden oder auch „nur" leichtere Befindlichkeitsstörungen abklingen.

Blickt man durch die körperlich–emotionale Ebene hindurch und traut sich zu, mehr und mehr gleichsam wie von außen unpersönlich, unbeteiligt - wie ein Fremder - gerade die Vorgänge des Kommens und Gehens von körperlichen (und gleichfalls bedeutsamen seelischen) Schmerzen zu beobachten, dann tritt unweigerlich die Erkenntnis ein: *Der Mensch ist weit mehr als der Körper!* Er umfasst weit mehr als seine persönliche Gedankenwelt und seine Emotionen! Er befindet sich mit seinem wahren Zentrum weit über einer Ebene von Gesundheit und letztlich auch der Unversehrbarkeit!

<u>Auch nur eine Ahnung davon, daß wir Geistwesen sind, läßt den sehr ermutigenden Schluss zu, daß unser Geisteszustand, unser bewusstes Denken und Wollen, einen großen Einfluß auf unser Leben insgesamt hat, natürlich damit auf unsere Gesundheit und unser Wohlbefinden in jedem Moment des Tages. Das ist auch eine wichtige Mitteilung dafür, wie wir mit körperlichen, sogar mehr noch mit seelischen Schmerzen umgehen.</u>

Gegen körperliche Schmerzen gibt es in letzter Konsequenz noch Morphium, gegen seelische letztlich nur ein Mittel: Bewußtheit.

Die Reiki-Symbole, von denen das wichtigste das so genannte Meister-Symbol DAI KOMIO ist, sind Energie-Katalysatoren und Informationsträger der feinstofflichen, der unmateriellen Ebene.

Sie gestatten im Rahmen des für uns Menschen erlaubten und förderlichen Eingreifens das Setzen von Impulsen über Zeit und Raum hinweg, und insofern ist Reiki nicht nur eine Methode, die aus dem Geistigen heraus direkt körperlich-seelisch wirkt, sondern auch auf der spirituellen Ebene das für uns Richtige zu unterstützen vermag.

Wer Reiki praktiziert und sich damit einen allgemeinen Energiezuwachs, eine Stabilisierung der Gesundheit und des seelischen Gleichgewichts wünscht, braucht sich im Rahmen dieser Praxis keine Gedanken darüber zu machen, wie Energiearmut und Energiefülle wohl in den Meridianen des Körpers ausgeglichen werden können, denn das geschieht automatisch und jenseits von therapeutischen Maßnahmen und Einsichten in die Behandlungsabläufe.

Nichts hält ewig an. Grundlage unseres ganzen Daseins in dieser dualen Welt der Probleme und der Gegensätze ist der Wandel, dieses Wechselspiel zwischen den komplementären Polen. Und da liegt die Hoffnung:

Auch das Leid hat keinen ewigen Bestand.

Auch hier ist Reiki mit seinen seit vielen Jahren erprobten Techniken eine große Hilfe, nämlich genau hier ein Stück ganz persönlicher Erkenntnis zu erlangen... und in sich selbst immer wieder etwas Neues zu erfahren in den so wichtigen Bereichen Lebendigkeit und Kreativität.

TEIL II: DIE WIRKUNGSWEISE DER REIKI-KRAFT

BESTANDSAUFNAHME UND AUFBRUCH

Es mag sehr provokativ klingen: Die meisten Menschen in unserer westlichen Welt haben sich von ihrer innersten Quelle entfernt. Wie zeigt sich das? Es zeigt sich in einem Gefühl des leidvollen Getrenntseins von anderen und von sich selbst, allerdings leider oft erst in Extremsituationen. Was heißt das?

Das Erkennen des Getrenntseins löst oft das Gefühl der Hilflosigkeit aus, oft auch Trauer, Wut und Schmerz. Diese werden manchmal erst durch einen massiven Einschnitt im Leben ausgelöst, zum Beispiel durch einen Unfall oder durch die Trennung von einem Lebenspartner, mit dem man vielleicht über viele Jahre hinweg zusammenlebte.

Es ist auf Dauer einfach nicht ohne Schaden auszuhalten, immer erfolgreich und "in", schick und leistungsfähig zu sein. Zum Glück finden viele ihren persönlichen Weg, um den Alltagsstress und die nagenden Frustrationserlebnisse körperlich abzubauen, gern zum Beispiel mit sportlichen Aktivitäten, die auch in dieser Hinsicht einen sehr hohen Stellenwert in unseren Gemeinwesen haben. Es ist allerdings auch eine Tatsache, daß praktisch nirgendwo Zeit und Gelegenheit ist, die eigene Situation wirklich auch seelisch zu verarbeiten und darüber hinaus in einem Tal Kraft zu schöpfen für den Aufstieg auf einem neuen Gipfel.

Wenn die Seele leidet, dann kann der Körper noch so stark, gestählt und geschmeidig und schön sein – der Mensch ist im Ungleichgewicht; und wenn er das ist, sind energetische Schieflagen und allerlei Unausgewogenheiten zu bereinigen. Geschieht das nicht, werden sich Symptome fehlenden Ausgewogenseins und fehlender Gesundheit früher oder später einstellen.

Jeder kennt das, von lästigen Kopfschmerzen und Magendruck bis zur Abgeschlagenheit, aus der heraus man gar nichts mehr will und kann. Und wenn nichts unternommen wird, wenn keine grundlegende Änderung der Situation und im Verhalten eintritt, ist schnell eine Unpässlichkeit zur Krankheit geworden - die sicher (zunächst) mit Medikamenten zu behandeln ist. Dabei bleibt es aber für die Betroffen sehr oft. Zunächst.

Niemand muß „Held, Indianer, harte Sportlerin, eindeutiger Sieger im Kampf gegen einen inneren Schweinehund" oder sonst etwas sein. Deshalb:

Achten Sie auf Alarmsignale Ihres Körpers.

Als Reiki-Schülerin bzw. als Reiki-Schüler wird Ihnen auch das vergleichsweise leicht fallen (also die Feststellung besorgniserregender Veränderungen sowie das entsprechende Handeln). Sehr viele unnötige Probleme lassen sich von vornherein ausschalten.

Die tägliche *Reiki-Selbstbehandlung* durch Handauflegen, die elementarer Bestandteil des ersten Reiki-Grades und jeder Reiki-Praxis ist, führt Sie automatisch zu einer gesteigerten Körperwahrnehmung. Und was kann das alles bewirken!...

**Mit dem Körper beginnt alles.
Also seien Sie gut zu ihm.**

Die wohl ewig zu schmalen Budgets im Gesundheitswesen deuten eindeutig in Richtung einer größeren Selbstverantwortung. Wohl niemand weiß mit Sicherheit, wieviel Geld für die Behandlung erkrankter Menschen künftig zur Verfügung stehen kann, wieviel für Maßnahmen der Gesunderhaltung. Dabei wäre es an der Zeit, sich nicht nur dem zu widmen, was Menschen krank macht, und das sowohl auf staatlicher wie auf privater Ebene.

Aber auf den armen Staat sollten wir weder warten, noch ihm Versäumnisse allzu sehr vorwerfen, denn die armen Politiker aller Richtungen haben mitunter allein mit ihrer persönlichen Vergangenheit und Gegenwart schon reichlich zu tun. Bleiben wir also bei uns, gehen wir neue Wege, nutzen wir effektvolle Möglichkeiten. Für uns selbst und für die Menschen um uns.

In diesem unüberschaubaren Dasein unserer Tage hat die ganz persönliche Lebensfreude gleich hinter Atemluft, Wasser, Nahrung und Schlaf einen ganz hohen Stellenwert. Hier Mittel und Wege zu kennen beziehungsweise Methoden zur Verfügung zu haben, die dem Menschen eine Richtung zeigen können, ist ein Glück.

ETWAS GEGEN ERSCHÖPFUNG TUN

Die übliche Frühjahrsmüdigkeit und die alljährlich auftretenden üblen Heuschnupfenattacken im Frühling, die Smog-Lethargie im August, im November die Grippe und dann die Vorweihnachtsdepressionen – was ist doch der Mensch unserer Breiten für ein bemitleidenswertes Geschöpf. Doch diese Anfälligkeit wie auch die normale Wetterfühligkeit, die hier zwanzig Millionen Menschen bescheinigt wird, sind ein Beweis für die Fähigkeit, Veränderungen in der Atmosphäre wahrzunehmen. Sie stehen bei genauerer Betrachtung für Aufnahmebereitschaft und Rezeptivität an sich.

Diese Information ist vielleicht für diejenigen Leserinnen und Leser interessant, die sich selbst für schlichtweg unsensibel halten und von daher meinen, sie seien damit „für so eine anspruchsvolle Angelegenheit wie Reiki" ungeeignet. - An diesem Punkt von vornherein das ganze Thema beiseite zulegen, wäre schade, denn oft sind wir mit unserer Selbstwahrnehmung, unserer Selbsteinschätzung nicht unbedingt auf dem neuesten Stand.

Aber forschen wir einmal weiter. Warum sind ein Frühnebel und der Nieselregen in der Zeit der gefallenen Blätter eigentlich schuld an schlechter Laune, und warum können uns zwitschernde Vögel in Feld und Flur an einem lauen Sommerabend ein beschwingtes Lebensgefühl vermitteln?

Unterschiedliche Reaktionen in wechselnden Umständen sind ein Beweis dafür, daß der Mensch über ein Sensorium verfügt, das auf das vegetative Nervensystem einwirkt, das hormonelle Gleichgewicht beeinflusst, das wiederum Veränderungen in der Hirnaktivität bewirkt. Schon schwache elektromagnetische Impulse lassen uns auf äußere Einflüsse reagieren. Wer das weiß, ist der Umwelt nicht mehr ganz so hilflos ausgeliefert.

Die Behauptung, daß Erschöpfung nicht sein muß, ist mehr als ein Werbetext. Tritt sie auf, so muß ihrer Ursache nachgegangen werden, um diese ausschalten zu können. Es kann eine Beeinträchtigung der körperlichen Verfassung dahinter stehen, aber es können ebenso psychische Hintergründe den Lebensmut und die Lebenslust eintrüben.

Wer den Job nicht mehr erträgt, die Kollegen und Kunden nicht mehr riechen kann, gar innerlich längst gekündigt hat, spürt schon am Sonntag-Nachmittag beim Gedanken an das sich nun abzeichnende Ende der zwei freien Tage die bekannten Magenschmerzen heranziehen. Und diese blockieren dann ihrerseits jeden Schwung, jeden Antrieb.

Reiki lindert nachweislich Schmerzen von eindeutig psychosomatischen Krankheitsbildern und hilft in der Stille durch Energie, durch die angewandten Methoden, durch leicht erlernbare Reiki-Techniken, schwierige und belastende Situationen in Beruf, Alltag und letzlich auch in der Partnerschaft besser zu verarbeiten.

Erkrankungen lassen sich damit lindern, heilen oder sogar verhindern. Aber: Reiki ist kein Heilmittel, das man unter Außerachtlassung aller sonstigen Aspekte wie eine Schmerztablette schluckt, damit dann alles wieder gut und beim Alten ist.

Reiki ist mehr, wirkt tiefer und nicht unbedingt so, wie man es gern hätte, denn *Universelle Lebensenergie* transportiert – um es ganz simpel zu sagen – für uns den Stoff, der geistiges Wachstum bewirkt.

Aus einer ganzheitlichen Sicht, oder auch nur längerfristig betrachtet, ist das wichtiger als „ein aspirinartiger Effekt". Reiki und Aspirin sind insofern nicht verwandt. Reiki bringt nicht unbedingt auf Bestellung Heilung oder durch den konsequenten Dauereinsatz das, was der Mensch erreichen will. Doch durch die Reiki-Praxis geschieht auf vollkommen natürliche Weise, was für uns das Beste ist. Freigesetzte Lebensenergie, die auch schon mal die eine oder andere Hitzewelle auslösen kann, belebt, aktiviert und gibt Impulse zum Handeln.

Aktivität nach der *Reiki-Selbstbehandlung* ist der Gegenpart zu Stille und Besinnung. Schon so mancher Reiki-Schüler hat sich darüber gewundert, woher nach einer Stunde der *Reiki-Behandlung* (als "Gebender" ebenso wie als Empfangender) plötzlich aus Ruhe und dem *Nicht-Tun* diese frischen Impulse, diese starken, nach Kreativität suchenden Energien kommen. Tja – woher kommen diese Energien, die ganzheitlich heilen können, erfrischen, stärken? – Sie kommen.... aus dem Nichts.

Ganz konkret: Die Reiki-Symbole, die Sie im zweiten und dritten Reiki-Grad anzuwenden lernen, lassen sich sehr effektiv zur Aktivierung körperlicher Kräfte und seelischer Ressourcen anwenden.

Vielleicht sind für Sie gerade jetzt die "Fragen an einen Reiki-Lehrer" von Interesse. Sie finden einen "bunten Strauß" davon im dritten Teil diese Buches. Und scheuen Sie sich nicht, sich vorab telefonisch über Reiki-Einweihungen zu informieren. Annoncen zum Thema Reiki finden Sie unter anderem in bekannten Veranstaltungs- und Stadtmagazinen.

Vergessen Sie also die Frühjahrsmüdigkeit und das Novemberwetter, begleiten Sie Ihre nächste Fasten- oder Aufbaukur mit Reiki. Falls Sie feststellen sollten, daß belastende Schwächezustände nicht aufhören, sollten Sie vorsichtshalber unbedingt Arzt oder Heilpraktiker aufsuchen. Eine Konsultation können Sie aber wiederum in dem Bewußtsein angehen, für alle Heilmaßnahmen in der Reiki-Kraft, an die Sie im Wege einer Reiki-Einweihung angeschlossen sind, eine wunderbare Unterstützung zu haben.

Um sich selbst wieder näher zu sein, um ein berufliches Leistungstief zu überwinden oder um auch "nur" weiterhin erwartungsgemäß die Aufgaben in Haushalt und Familie zu bewältigen, haben bisher schon viele Zehntausende von Reiki-Praktizierenden allein im deutsch-sprachigen Raum `Reiki´ zu einem Zauberwort für sich werden lassen. Dieser Zauber ist getragen von Selbstbestimmung und Ungebundenheit.

Interessierte Leserinnen und Leser sollten sich auch von der im Reiki aus Vereinfachungsgründen gängigen Gradeinteilung nicht in ihrem grundsätzlichen Interesse verunsichern lassen, nur weil Gradeinteilungen z. B. bei einer überaus zweifelhaften Organisation wie Scientology üblich sind. Hier stehen sich Welten gegenüber. Im übrigen wird ein guter Reiki-Lehrer (der erforderlich ist) auch die Stärke besitzen darauf hinzuweisen, daß Grade letztlich unwichtig sind und praktikablerweise nur dem Lernen und dem Hineinwachsen dienen.

Um die bestehenden *„Reiki-Organisationen"* brauchen sich neue Interessenten heutzutage nicht mehr zu kümmern. Ihre Aufgabe ist vornehmlich die Wahrung des Reiki, wofür sie allerdings inzwischen als entbehrlich angesehen werden. Noch ein kurzer Hinweis zur Zeit. Da sie für viele Menschen knapper als Geld und alles andere ist, sei den Überlasteten und Ungeduldigen gesagt, daß die im ersten Grad obligatorisch empfohlene tägliche Übungsstunde durch die Symbol-Techniken des zweiten Grades erheblich vermindert werden kann... auf Minuten, oder auch immer wieder für belebende Augenblicke zwischendurch.

INTUITION IM ALLTAG

Wer beruflich und womöglich auch noch privat „rein vom Kopf her" zu funktionieren meint, lächelt hier vielleicht milde, denn "alles läßt sich rational erklären und gedanklich steuern".... so denken viele – und drängen damit ihre Intuition in den Hintergrund. Dann passiert womöglich ein Einschnitt, der unerwartet alte vermeintliche Sicherheiten hinwegfegt und alte Konzepte auf die Etage der Bauklötze verweist. Manchen Menschen fällt erst dann auf, daß auch sie selbst tagtäglich intuitive Entscheidungen fällen. Diese aus dem Nebel des Unbewussten herauszuheben und mehr und mehr bewußt werden zu lassen, ist ein sehr befriedigender Aspekt der Reiki-Praxis.

Das soll jedoch nicht so verstanden werden, durch Reiki neue Eingriffsmöglichkeiten in das Leben im Sinne einer manipulativen Steuerung zu bekommen.

Die Möglichkeiten zur Gestaltung des Lebens, die uns die Reiki-Praxis eröffnet, sind als eine Hilfe zu sehen, das Richtige zur rechten Zeit und am passenden Ort zu tun.

Reiki hilft uns dabei, in den Fluss dessen zu kommen, was für uns stimmt, und mehr und mehr in die Rolle eines Beobachters dessen zu gelangen, was sich weiterhin für uns ergibt.

Jeder Mensch verfügt über sein eigenes ganz besonderes Maß an Intuition. Sie ist jedoch mitunter recht tief in unserem Innersten verborgen. Deshalb wird sie leicht mit besonders tiefgehenden Gedanken gleichgesetzt. "Ich denke, also bin ich", war vor langer Zeit eine wichtige Aussage. Allerdings ist das Denken immer nur linear und kann nicht lange bestehen, ohne durch Impulse von links oder rechts modifiziert zu werden. "Ich fühle, also bin ich" müsste für viele Menschen der Satz von Descartes heißen, doch selbst eine stimmige Allianz von Gefühl und Ratio würde nicht beschreiben können, was Intuition ist und was sie leistet. Die moderne Gehirnforschung sieht eine Verknüpfung von Verstand und Gefühl als bewiesen an, doch wo ist der Standort der Intuition, der höheren Eingebung? Und wie läßt sie sich schulen und entwickeln?

Wenn die Beobachtungen nicht völlig falsch sind, dann tragen heute die meisten größeren Schulkinder und so gut wie alle Jugendlichen völlig selbstverständlich ein Mobiltelefon mit sich herum. Ebenso selbstverständlich sitzen sie viele Stunden am Tag vor ihrem Computer, surfen im Internet, unterhalten sich mit anderen von zu Hause aus per Tastendruck im chat-room, sie verschicken e-mails, genießen Satellitenfernsehen – alles schön und gut, wenn es der positiven Entwicklung dient und nicht zu Abhängigkeiten führt.

Doch ist hier aus einer ganzheitlichen Sicht eine sich immer mehr aufbauende Gefahr zu nennen. Die Gefahr ist groß, daß Kinder und Jugendliche aufgrund dieser Umstände eine allzu einseitige Entwicklung nehmen.

Bei aller Beschäftigung mit faszinierenden technischen Geräten sollte eine kreative Entfaltung nicht zu kurz kommen, die von allen stromabhängigen Angelegenheiten frei ist. Wo vieles so sehr vorgefertigt und so endlos und jederzeit zur Unterhaltung abrufbar ist, muß die Frage nach einer sinnvollen Ausgewogenheit immer wieder gestellt werden.

Einfallsreiche Kurzmittelungen per Handy und ein anregender Austausch mit Hilfe der elektronischen Post haben ihren Wert und sind ohnehin nicht mehr wegzukriegen, aber geht nicht all das zu Lasten der zwar angeborenen aber doch noch weiter zu entwickelnden natürlichen Fähigkeiten, die auch ohne dieses hilfreiche Hightec auskommen? Unseren Kindern werden wir nicht unbedingt eine Sache wie Reiki schmackhaft machen können, wo allein in einer einzigen Stunde so sagenhaft viele Videoclips auf den Musiksendern runterrattern. Wir können ihnen aber durch die Hilfe, die uns Reiki gibt, etwas durch unser eigenes Verhalten verdeutlichen, was mit Worten wahrscheinlich nie ankäme.

Jeder kann sich im Alltag dahingehend testen, wie weit die Zeiger auf den inneren Intuitions-Instrumenten ausschlagen. Wenn Sie nachts wach werden – raten Sie, wie spät es ist. Schauen Sie erst dann auf die Uhr. Wenn das Telefon klingelt – spüren Sie hinein und raten Sie, wer anruft.

Und haben wir nicht alle schon erlebt, daß wir von weitem den Briefträger kommen sehen und einfach schon ganz genau wissen, von wem der Brief kommt, den er uns schließlich geben wird?.... Selbst wenn das auch nur auf einen Liebesbrief in einer schon lange vergangenen Periode unseres Lebens zutraf, so zeigt es uns, daß es geht. Reiki holt uns immer wieder mit gezielter Aufmerksamkeit zu uns selbst heran, dorthin, wo auch eine Quelle der Intuition zu vermuten ist.

Eine ganz praktische Hilfe im Alltag durch Reiki stellt eine gut ausgeprägte Intuition z. B. an einem durch „Mobbing" verseuchten oder beeinträchtigten Arbeitsplatz dar – sofern überhaupt noch positive Wendungen zu erwarten sind. Die Angst vor dem Verlust eines vielleicht schon gefährdeten Arbeitsplatzes verleitet bekanntlich immer mehr dazu, Kollegen hinter deren Rücken schlecht zu machen. Dies geht leider heutzutage offensichtlich über das früher schon bekannte Maß hinaus, und von daher ist gegen diesen krankmachenden idiotischen Terror die Intuition ein verlässlicher Schutzschirm.

Dieser wird durch eine durch die Reiki-Praxis aufgebaute Energie, die andere als Ausstrahlung wahrnehmen können, gestärkt. Wer mehr als andere in sich ruht, durch eine stärkende Methode wie Reiki gelassener ist als vorher, wer Wohlbefinden und Freundlichkeit ausstrahlt, wird wohl nicht so leicht zu einem Opfer fieser Machenschaften gemacht werden können.

Wer durch einen fortwährenden Prozess einhergehender Selbstbeobachtung innere Stärke gewinnt, wird ganz allgemein gesehen immer weniger für andere als ein Opfer in Frage kommen.

Bachblüten und homöopathische Mittel sind unter anderen sehr geeignet, in Verbindung mit Reiki von innen her zu stärken. Und vielleicht erinnert man sich ja an frühere Probleme im Leben, die auch zu bewältigen waren und stellt nun – mit Reiki an der Seite – gelassener als früher fest, daß uns gerade Schwierigkeiten dazu dienen, unsere Zuversicht und unseren Glauben an uns selbst auf die Probe zu stellen. Und ansonsten sind sie ja bekanntlich dazu da, um überwunden zu werden. Um Störfaktoren wie Unsicherheitsgefühle und Angstzustände mit Hilfe der Reiki-Kraft auszuschalten, gibt es letztlich keine Regeln außer der einen, sich der inneren Führung anzuvertrauen.

Therapeuten und auch schon viele Angst-Patienten wissen, daß nach 30 bis 40 Minuten andauernder Angst unser Körper kein Adrenalin, das die Angst in uns fühlbar macht, mehr ausschütten kann. Spätestens dann ist also die Gelegenheit da, die Intuition zu bemühen in der perplexen Gemütslage.

Die Erkenntnis der Harmlosigkeit vieler einstmals so angstbesetzter Situationen ist mit Sicherheit für viele schon ein großes Stück erfahrener Lebenskunst. Nur läßt sich das vom Verstand her kaum realisieren, denn nur die Realität ist real. Die über längere Zeit unzweifelhaft gespürte Reiki-Kraft, die ja durch eigene Impulse sozusagen ins eigene Leben geholt wurde, gibt an einem Punkt des Weges eine Sicherheit in das Alltagsgeschehen, die vorher noch nicht da war.

Je sicherer wir uns fühlen, desto intuitiver werden wir auch sein, zumindest was die Umsetzung der Intuition im Alltag betrifft. Sich alten Ängsten zu stellen, ist dann kein Drama mehr, sondern eher eine gelassener wahrgenommene Herausforderung des Lebens an unsere Bereitschaft, zu wachsen, zu erstarken und frei zu werden von jedem Zwang.

Reiki wirkt, das sei hier schon zusammenfassend gesagt, erprobtermaßen angstmindernd, im therapeutisch-konfrontativen Sinne stärkend und gerade "in der Nachsorge" sehr stabilisierend.

Seien Sie also mutig, vertrauen sie Ihrer Intuition, die Klippen umschiffen und Lücken zu nutzen hilft. Begeben Sie sich in einstmals gefürchtete Situationen mit dem Ziel, intuitiv geführt und intelligent-vorsichtig alte Barrieren zu überspringen. Angst ist (und das gehört zu jedem Entwicklungsprozess dazu) ein ganz vortrefflicher Lehrmeister. - Und es geht meistens genau da lang, wo die Angst ist - oder war.

SCHMERZEN

Bemerkungen über die Wirkungsweise der Reiki-Kraft im Alltag wären nicht gerade sehr vollständig, ohne den wichtigen und für viele Menschen so elementaren Bereich der Schmerzen zumindest kurz zu erwähnen. Eine beliebige Information zu diesem leider sehr umfassenden Thema ist, daß es Wirkstoffpflaster gibt, die schmerzstillende Medikamente durch die Haut an den Organismus abgeben... Wichtiger in diesem Buch ist allerdings die Frage, worin der tiefere Sinn des Schmerzes liegen kann, wie er zu beseitigen ist und ob das in jedem Fall überhaupt angebracht ist.

Schmerz, Krankheit, Leid und Heilung sind eng miteinander verknüpft. Sie werden im Kapitel "Was ist Heilung" in einem umfassenderen Zusammenhang beleuchtet werden, doch hier kann schon einmal festgestellt werden, daß sich Reiki, obwohl es nicht als ein reines Heilungssystem bezeichnet werden sollte, als heilend und somit auch als schmerzlindernd oder sogar schmerzstillend erwiesen hat.

Das Leid in Form des Schmerzes tritt nicht nur im körperlichen sondern auch im seelischen Bereich auf, wobei Grenzen verschwimmen und Ursachen überlappen.

Das persönliche Leiden des Individuums stellt eine der großen Fragen des menschlichen Lebens dar. Eine Methode wie Reiki, die als Weg zu Bewußtheit und Klarheit, Einsicht in das menschliche Dasein, in die Erkenntnis schlechthin vermitteln möchte, ist schwer gefordert, wenn es um diesen offensichtlichen Gegenpol zum Wohlgefühl und der Lebensfreude geht. Es ist Allah`s Wille, heißt es im Islam; Gott hat es so gewollt, sagen Juden und Christen; es ist dein schlechtes Karma, sagen Hindus und Buddhisten....und was sagen Sie??.... Lässt sich überhaupt viel sagen?...

Vielleicht ist etwas Wissenswertes aus der Vergangenheit hilfreich, um die direkte Erfahrung schwerer körperlicher Schmerzen einmal drastisch zu schildern. Die schärfste Waffe der Gegenreformation war der Orden der Jesuiten, dessen Begründer Ignatius von Loyola aufgrund eigenen Erlebens für sich erkannte: Schmerzen sind Erweckungserlebnisse! Sein durch eine Kanonenkugel verletztes, schlecht verheiltes Bein mußte erneut gebrochen werden...

Die Geschichte des Christentums ist voller Blut und Qualen. Verfolgung und Intoleranz, Hexenverbrennungen und sonstige Irrtümer mit schlimmen Folgen sind dokumentiert, wobei Glaube und Aberglaube gegeneinander stritten. Katholische Heiligenfiguren galten als Retter in vielen Lebenslagen, und noch heute geht von vielen dieser mitunter wunderbaren Kunstwerke eine beruhigende, mindestens sehr angenehme Schwingung aus. Aus gutem Grund haben mein Kollege Wolfgang Distel und ich unser Buch "Der Geist des Reiki" der Heiligen Maria gewidmet. - Der deutsche Philosoph Leibnitz bezeichnete unsere Welt als gut, weil ihr Schöpfer, der Herr, gnädig und großherzig ist. Doch warum dann Religionskriege?

Die Antwort ist ganz einfach: Weil alles, was Menschen im Namen der Religion anrichten, auf ihrem jeweiligen Glauben basiert, nicht unbedingt auf eigener Erkenntnis, wie sie z. B. im Buddhismus angestrebt wird. So sagte Buddha zu seinen Schülern: "Glaubt nichts, nur weil ich es sage. Ihr müsst es selbst erkennen."

Reiki ist – und das ist keine übertriebene Hoffnung oder vermessene Behauptung – eine endlich jedem zur Verfügung stehende Methode, die einen Weg zu sich selbst zu gehen ermöglicht, um für sich selbst Wahrheit jenseits von Dogmen, von Lehren, Priestern und Päpsten zu erkennen. Die Zeit im dritten Jahrtausend ist nun wirklich für jeden reif, um zu proklamieren:

Ich selbst kann erkennen, leben und etwas schaffen, genießen, teilen, helfen, frei sein – ich selbst sein!

Wem es gut geht in vielerlei Hinsicht, bleibt bequemerweise gern bei den alten Einstellungen zum Leben, beharrt auf den eigenen Anschauungen, "weiß es eben besser" als andere. Dann kommt vielleicht eines Tages ein Unfall daher, eine schwere Erkrankung, große Schmerzen, Leid. Und fast alles, was einmal so wichtig war, ist plötzlich ganz unwichtig. Kleinliche Streitigkeiten mit Nachbarn erscheinen plötzlich als dumme Energieverschwendung, als Verschwendung von kostbarer Lebenszeit...

Krankheit öffnet. Schmerzen lassen uns Dinge zwischen Himmel und Erde für möglich halten, die wir ohne sie als Blödsinn abgetan haben. Leid öffnet. Und bei näherem Hinsehen kann sich auch die Fragestellung ändern, nämlich vom "warum (ich) ?" zum "wozu?"

Daß Krankheit als ein Weg aufgefasst werden sollte, das weiß inzwischen zum Glück fast jeder, nur es selbst dann in der konkreten Situation so leben... "Ein bisschen Tod" durch Schmerz, Leid, Angst tut dem Leben gut, und da wir sowieso nichts ändern können an diesen Vorgaben für unser menschliches Dasein auf der Erde, ist es das Klügste, ganz simpel und einfach das Beste aus allem zu machen.

Selbst wer ans Bett gefesselt ist, kann (dort) wunderbar Reiki praktizieren (vielleicht sogar mit viel mehr Ruhe, mit viel mehr Hingabe als jemand, der nun auch das noch „erledigen" will). Und eine entsprechend angepasste Reiki-Einweihung durch den Reiki-Lehrer sollte keine Hürde sein, die nicht zu nehmen ist. (Auf die Frage nach einer krankheitsbedingten Sonderregelung hinsichtlich der Reiki-Einweihungen wird im dritten Teil dieses Buches unter Nr. 20 noch einmal ausführlicher eingegangen.)

Aber es muß ja nicht alles gleich schlimm oder dramatisch sein, um Neues zuzulassen. Auch ohne schwerwiegende Probleme läßt sich ungehörten – unerhörten – Vorschlägen folgen.

Vielleicht muß Schmerz zunächst im Kopf besiegt werden, aber nicht mit hammerharten chemischen Erzeugnissen, sondern durch die Kraft des Bewusstseins, als wohl eher sublimierender und neutralisierender Vorgang und weniger ein „Sieg".

"Das Hier Und Jetzt" zu sehen und zu akzeptieren, ist die Grundvoraussetzung dafür, daß konstruktive Auswege gefunden werden können. Das ist dann auch kein Kampf mehr „im Kopf", denn wer soll da gegen wen kämpfen und gewinnen, sondern es ist ein Sich-Lösen von der Ebene des Kämpfens, Denkens und des oft eingefahrenen Wegdrängen-Wollens insgesamt.

Damit steht dann auch der Schmerz als ein isoliertes Phänomen da. Ob er aufhört, ist damit nicht beantwortet, die Chance dazu ist aber ungleich größer geworden. Reiki bei all diesen Prozessen - mit oder auch ganz pur und hingegeben ohne Symboltechniken - anzuwenden ist es wert, von immer mehr Menschen erlebt zu werden, denn insofern gilt:

<u>Reiki ist mehr als eine alternative Schmerztherapie. Nicht zuletzt deswegen, weil Reiki gleichzeitig an den oft tiefen Depressionen auch auf tiefer Ebene ansetzt, für die sonst gesondert Medikamente und Therapien erforderlich sind.</u>

Schmerzen zwingen dazu, mehr aus dem Innen heraus zu leben, näher bei sich selbst zu sein, herauszufinden, wohin die weitere Lebensreise führen soll. Sie sind Wegweiser, die uns dabei helfen, herauszufinden, was wir wollen, was wir uns künftig wünschen.

DIE BEDEUTUNG DES 2. REIKI—GRADES

Wer die drei vorangegangenen Bücher über die Reiki-Kraft kennt, mag sich vielleicht über diese Überschrift wundern. Im Rahmen eines Buches über Lebenshilfe im allgemeinen, das besonders auf ein ganzheitliches Heil- und Wachstumssystem hinweist, sind wesentliche Hinweise zum zweiten Reiki-Grad angebracht. Es ist sehr wichtig, in aller Kürze aufzuzeigen, was für jeden Einzelnen an ganz praktischer Lebenshilfe durch die Symboltechniken des zweiten Grades möglich ist.

Strukturlose, gradlose, dogmenfreie Universelle Lebensenergie, die auch unpolar oder kosmisch genannt wird, ist ein Geschenk für jeden, der sich dem Reiki-Einweihungszeremoniell (für viele am schönsten allein mit dem Reiki-Lehrer) hingibt. Das kann spektakuläre Effekte und Auswirkungen haben, es kann aber auch "nichts besonderes" sein – je nachdem. So verschieden, wie die Menschen sind, so reichhaltig sind auch die Erfahrungen und die Berichte und die Fragen, die sie mit in den Reiki-Prozess nehmen, der mit dem ersten Grad seinen Anfang nimmt.

Eine gewisse Anzahl von Menschen ist einer alten Empfehlung aus den frühen Tagen nach der Wiederentdeckung der Reiki-Kraft gefolgt: Sie sind beim ersten Grad unter Ausschöpfung allen Reichtums, den die Einweihung in die Universelle Lebensenergie eröffnet, geblieben. Für sie ist auch noch nach Jahren der erste Grad alles, was sie wünschen. Für andere ist erst der dritte Grad als die krönende Abrundung des Systems der wahre Aufbruch zur wahren Meisterschaft über sich selbst. (Niemand wird durch die Einweihung in den dritten Reiki-Grad, wie es sich fälschlicherweise sprachlich leider eingefahren hatte, zu einem "Meister", und schon gar nicht über Kosmische Energie!.... mehr dazu im Kapitel über den dritten Grad.)

Wozu also eine gewissermaßen dazwischen geschobene, von manchen sogar als störend empfundene Ebene? Die Reiki-Energie ist wunderbar, Reiki ist als Einstieg für viele Grundlage meditativer Erfahrungen, und Reiki als System ist genial, was sich unter anderem hier an dieser Stelle unserer Betrachtung zeigt.

Der interessanterweise inzwischen gern verkannte zweite Reiki-Grad wird der Bezeichnung "System" gerecht, denn in ihm vereinen sich praktisch unendlich viele Anwendungsmöglichkeiten, die völlig individuell gestaltet werden können. So ist der zweite Grad ein wertvolles Betätigungs- und Lernfeld für Menschen, denen es bedeutsam erscheint, Mittel der Einflussnahme in die Hand zu bekommen.

Pflanzen, die man mit Reiki-Symbolen belegt, wachsen einfach besser. Wohn- und Geschäftsräume, die einen gewissen Mief bzw. eine Atmosphäre des Nichtgelingens angenommen haben, lassen sich mit der Technik der Raumreinigung beleben, aufladen und schützen.

Dieser kleine Hinweis aus dem Reservoir der Anwendungsmöglichkeiten der Reiki-Kraft mag den Leserinnen und Lesern ohne eine entsprechende eigene Erfahrung vielleicht etwas versponnen erscheinen, viele tausend Praktizierende haben es aber genau so erlebt, und sie sind in der Regel auch gern bereit, von ihren Erfahrungen mit der Reiki-Kraft zu berichten. Wo liegt also der tiefere Sinn des zweiten Reiki-Grades? Das besondere ist, mit den Symbol-Techniken auf Situationen im individuellen Bereich einwirken zu können, also selbst erfinderisch zu sein und damit vielleicht endlich einmal Einfluß nehmen zu können auf unbefriedigende Umstände, sie im Rahmen des Möglichen und Machbaren mit Hilfe der Reiki-Kraft zu verändern.... soweit das im größeren Rahmen besehen angebracht erscheint.

Vielen Menschen ist eben genau das nie gestattet worden, und viele andere haben es sich nie getraut. Nun endlich einmal in eigener Verantwortung etwas tun zu können, stärkt das Selbstwertgefühl, denn ohne das geht gar nichts.

Die Leistungsgesellschaft mit all ihren propagierten Idealen bietet eine Palette von Herausforderungen und kreiert Anforderungen, denen sich jeder einfach mehr oder weniger stellen muß. Und Reiki-Techniken sind geeignet, im individuellen Alltag dies oder das zu erreichen, dies oder das zu erleichtern – vielleicht einen Zahnarzttermin...

Die Reiki-Techniken helfen bei der Bewältigung des Vergangenen und ebnen den Weg für Zukünftiges.

Reiki-Techniken helfen uns, etwas „abzuhaken", damit wir weitergehen und das für uns wirklich Wesentliche erleben können.

Und jetzt kommt`s: Nur wer sich tatsächlich voll dafür eingesetzt hat, das zu erreichen, was für ihn bzw. sie erreichbar ist, kann danach auch loslassen – egal ob es erreicht wurde oder nicht. Nur wer loslassen kann, ist in der Lage einzusehen, daß auch sehr grobe Enttäuschungen zum Leben dazugehören.

Und das ist der verborgene und auch so leicht zu findende Schlüssel des zweiten Reiki-Grades: Wer mit den vielen verschiedenen Symbol-Techniken daran "gearbeitet" hat, das Leben immer minutiöser zu planen und es sich nach dem eigenen Geschmack einrichten zu wollen, wird letztlich an irgendeiner Stelle seines Weges und seiner Bemühungen klar fühlen, daß "Das Leben" größer ist als wir, daß eben nicht alles steuerbar ist, nur sehr bedingt planbar und auch eher nur im Kleinen auf effektive Abläufe zu trimmen.

.....Auch nicht mit Reiki, auch nicht mit Symbol-Techniken, die durchaus sehr erstaunliche Ergebnisse zu zeitigen vermögen..., aber halt nicht unbedingt nach dem Willen desjenigen, der sie gerade im Reiki-Seminar von ihrem technischen Ablauf her gelernt hat. Die Erde ist unsere Spielwiese, und so etwas wie Reiki ist ein wunderbares und wichtiges "Spielzeug" auf der Reise zur Vollkommenheit. Vielleicht sollte man es auf diese Weise sehen.

Hier ist "das Tor" zum dritten Reiki-Grad....

Hier enden Programme und Techniken. Hier beginnt das tiefere Verständnis darüber, daß "wir" nichts tun können, daß im Nicht-Tun der Schlüssel liegt zu tieferen Geheimnissen unseres Daseins.

Direkte Einflussnahme auszuüben bzw. sich in der Illusion dieses Tuns zu bewegen, ist für viele Menschen Grundlage weiteren Erkennens. Genau für diesen Personenkreis ist der zweite Reiki-Grad sehr viel mehr als nur eine kurze Durchgangsstation. Schwierige Lebenssituationen aus eigener Kraft und eigenem Antrieb heraus mit menschlichen Kräften angegangen zu sein, wird für sehr viele ein unerschütterliches Fundament der weiteren Entwicklung sein. Sich in eigener Sache entschlossen und kreativ eingesetzt zu haben, ist etwas, was als aufgebaute Lebenssubstanz nicht zu tilgen sein wird – denn nichts geht verloren.

AUFMERKSAMKEIT - INNEN UND AUSSEN

"Erkenne das, was ist, und erkenne das, was nicht ist.
Und erhebe Dich innerlich über alles, löse Dich davon."

So könnte ein Ausspruch von Buddha frei übersetzt und auf die Reiki-Praxis bezogen formuliert werden.

"Mich interessieren keine anderen Religionen"...ist mitunter die erste Reaktion auf eine Bemerkung wie diese. - Die Medien schwelgen in verheißungsvollen Bildern eines angeblich schönen Lebens im Spätkapitalismus, und der arme Konsument versucht, den Vorgaben gerecht zu werden, und allein daran ist zu sehen, wie zeitlos gültig dieser Rat für uns ist.

Ein wesentlicher Bestandteil der Lehre Buddha`s ist der Auftrag, Mitgefühl zu entwickeln, und das wiederum kann einen mitreißen und auf- und davon treiben, wenn man sieht, was alles an Ideen aufgeboten wird, um Aufmerksamkeit zu erlangen....vorausgesetzt man sieht, was los ist....

"Aber ich sehe doch, was um mich geschieht. Außerdem lese ich Zeitung und sehe die Nachrichten-Sendungen. Und was ich mache, das weiß ich doch besser als alle anderen....."

Mit fast allen Mitteln wird versucht, Aufmerksamkeit zu erregen und Energie von anderen über eben diese Aufmerksamkeit zu bekommen, um sich dadurch aufgewertet zu fühlen. Skandale im Bereich der Politik und im Show-Business machen jedoch immer wieder deutlich, wie fragwürdig es ist, Aufmerksamkeit mit ewig währender Sympathie gleichzusetzen. Wozu also diese immer wieder neu einsetzende Hatz und Zurschaustellung und Selbstpräsentation?

Sicher dürfte bisher deutlich geworden sein, daß es hier weder um den tollen Sportwagen, die angesagte Frisur, den tolerantesten Lover, das schicke Kostüm, noch um das tollste Handy oder den größten Silikonbusen gehen kann, denn all das ist Teil der Außenwelt, die äußerlich, insofern oberflächlich bis lächerlich bleiben wird bzw. muß und wohl auch „soll" ... und weil sie ohnehin gar nicht mehr oder anders oder besser kann!...

In diesem Buch über *Universelle Lebensenergie, Kreativität und Lebenskunst* inmitten von allen Äußerlichkeiten und allem propagierten Schwachsinn kann es auch nicht um kurzfristige Anerkennung durch erlangte Aufmerksamkeit anderer gehen, denn kurzfristige Befriedigungen wie diese sind vergänglich wie der Wind, der dreht.

Aber worum geht es? Was ist ein erster Schritt aus einer Massenmanipulation heraus, die Lebensqualität durch Arbeit, Leistung, Anpassung und ein gewisses Stillhalten fordert, die wirkliche Lebenskunst, die nicht in der Unterhaltungsbranche unterzubringen ist, in Wahrheit als nicht konform, als gefährlich-unangepasst ablehnt?

Werbung, Konsum, Massen-Verdummung –
was hat das mit Reiki zu tun?

Kommen wir der Sache näher, denn über irgendwelche versponnen wirkenden Esoterikgeschichten zu schwafeln, lockt niemanden mehr von der Sportschau oder der Rate-Show weg.

Was kann ein erster Schritt sein, die von uns allen mehr oder weniger als gegeben angenommenen Manipulationsmechanismen im Alltag, die sich belastend im Berufsleben auswirken und in die Freizeit und in das Familienleben hineinwirken, zu erkennen?

Die erste Erkenntnis:

>Ich muß nichts mitmachen, wozu ich über meine unabwendbaren Alltagspflichten hinaus keine Lust habe.< Das zu erwähnen ist schon deshalb außerordentlich relevant, weil viele Menschen aus sich selbst heraus nichts mehr unterscheiden und für sich (vernünftig) entscheiden können.

Eine Stunde des täglichen Ausspannens und des Einkehrens bei sich selbst, zu dem uns Reiki auffordert und dafür mit neuer Kraft und einem zentrierten Gefühl wieder in die Aufgaben des Tages entläßt, ist eine ganz wunderbare Gelegenheit, während des Fließens der Reiki-Kraft durch die zwölf Grundpositionen einmal eine Bestandsaufnahme vor dem inneren Auge ablaufen zu lassen - darüber, was eigentlich alles gut ist, was nicht gut ist, was von außen übernommen und was aus eigenem Antrieb heraus gemacht wurde und wird.

Das wirklich auseinanderhalten zu können, ist für viele Menschen nicht einfach. Nachgewiesenermaßen hat die Reiki-Selbstbehandlung in sehr vielen Fällen dazu beigetragen, neue und im Alltag praktisch einsetzbare Klarheit zu erlangen. Und es gibt viele Menschen, denen es erstmals in ihrem Leben widerfahren ist, daß sie sich überhaupt in diesem Sinne wahrgenommen haben – nämlich als ein eigenständiges Wesen, das nicht nur den Manipulationen durch andere unterliegt.

Ein Praxis-Buch über das Leben, das die Kreativität jedes Einzelnen im Blick hat und Hinweise geben möchte, wie jeder Mensch in seiner ganz individuellen Situation zu einem Lebenskünstler werden kann, muß auch durchaus mit – wie man weiß, sehr angebrachten und erwünschten Ermutigungen – aufwarten, und das ist nur auf den ersten Blick trivial!

Jahrelange Erfahrungen als Reiki-Lehrer bestätigen die nicht neue These, daß viele Menschen zunächst einmal dazu ermutigt werden müssen, sie selbst zu sein, um expansive Ideen überhaupt annehmen und umsetzen zu können.

Die zweite Erkenntnis kann nun, jetzt schon als ein Entschluß, viel weiterführender sein:

>Ich bestimme jetzt selbst, was ich will und was ich nicht will. Und ich bin auch sehr wohl in der Lage, besser und klarer zu erkennen als bisher, was gut für mich ist und was nicht.<

Und wie ist das alles möglich? Durch Aufmerksamkeit, die in uns ist und die bei uns selbst bleibt. Das ist möglich, auch wenn natürlich der Blick nicht nur nach innen gewandt ist, wie während der Reiki-Praxis, sondern auf natürliche Weise im Alltagsleben auch nach außen gehen muß, zu den Menschen, auf die Straße, zu den Wolken am Himmel, die ihre Bahn ziehen.

Die Beachtung durch andere Menschen als eine Form der Äußerlichkeit ist jedem bekannt, doch Klarheit durch Aufmerksamkeit unabhängig von anderen ist eine Form der Aufmerksamkeit, die jeder mit sich trägt, die jedoch mitunter sehr getrübt ist, die aber auch geschult werden kann.

Dabei geht es darum, den Vorgang des bewußten Wahrnehmens tatsächlich bewußt zu erleben. Es ist sicher noch anders, als wenn man völlig gebannt im Kino sitzt, alles vergisst, um dann benommen und völlig mit Eindrücken abgefüllt ins Freie zu torkeln.

Aufmerksamkeit, besser gesagt Wachsamkeit, klare Wachheit, *Bewußtheit*, denn dorthin soll alles führen ist eine starke Innenkraft, die ohne Anstrengung aber wohlwollend und nicht konzentriert, eher spielerisch von innen nach außen schaut. Es ist, als wenn wir am Nachmittag nach dem Kaffeetrinken im Garten den kleinen Sprösslingen bei ihren ersten Versuchen zuschauen, sich einen Ball zuzuwerfen. Das ist gelassene, wohlwollende Aufmerksamkeit. Diese gelassene, wohlwollende, in sich selbst ruhende Wachsamkeit in der Reiki-Praxis zu erleben, auch ohne daß angenehme Szenerien wie spielende Kinder zu sehen sind, ist ein wunderbares Erleben, denn es führt vom Außen weg nach Innen.

Während des täglichen Hineinversenkens in sich selbst in der Beobachtung des Reiki-Flusses zu bleiben, ist eine Grundlage dafür, diese Selbstbeobachtung auch mehr und mehr im Alltag beibehalten zu können, und zwar unabhängig davon, was wir tun.

Dann vergisst man nicht mehr so viel, dann kann man durch äußere Einwirkungen nicht mehr so erschreckt werden, denn man ist immer irgendwie aufmerksam auf sich selbst – und nicht so sehr in Gedanken, die einen über eine rote Ampel laufen lassen.

Anstrengungslose Aufmerksamkeit im Innern ist ganz automatisch sowohl nach innen wie nach außen gerichtet, und eine sich auf diese Weise nach und nach entwickelnde neue Tiefe der Bewusstheit ist ein ganz phänomenales und unbezahlbares Geschenk des Reiki an seine Praktizierenden.

<u>Von der Beobachtung des eigenen Körpers zur tieferen Wahrnehmung der eigenen Gedanken und Gefühle, von der Beobachtung des eigenen Innern zur klaren Wahrnehmung dessen, was uns draußen in der Welt umgibt und umtost – das ist Reiki, wie es bisher nur von wenigen erkannt und beschrieben wurde.</u>

Klar ist damit, daß es sich „mit Reiki" nicht um eine überflüssige, schwärmend-spirituelle Angelegenheit handelt, sondern um

eine außerordentlich einfache und effektive <u>Aufmerksamkeits-Schulung</u> für jedermann.

Reiki ist ein sehr direkter und sehr einfacher, naheliegender und müheloser Weg hinein in das, was als *Meditation* bezeichnet wird. Den Wert der Meditation für das tägliche Leben erkennen immer mehr Menschen bei uns. Über die größeren gesellschaftlichen Auswirkungen wird in einem späteren Kapitel gesprochen werden.

Also noch einmal zusammengefasst: Versuchen Sie nicht unbedingt eine erhöhte Konzentration auf ihre Tätigkeiten zu richten, sondern folgen Sie dem Rat, es eher mit einem leichten, ungezwungenen Zuschauen zu versuchen; wobei man in den eigenen vier Wänden beginnen sollte und nicht gleich auf der Autobahn.

Beobachten Sie sich in Ihren Alltagshandlungen, wenn sie mit dem Geschirr hantieren... zuschauen... und einmal nicht dabei an alles Mögliche denken.... nur Geschirr stapeln...

Das ist nicht anstrengend, sondern es gibt im Gegenteil *ganz neue Lebenskraft*, denn unbeteiligt und unangestrengt bewusst dabei zu sein, "wie ich da etwas tue", ist ein Meilenstein auf dem Weg des Menschen zu seiner Freiheit, seiner Klarheit, seiner Erkenntnis.

Wer die 21 Tage währende Konsolidierungsphase nach der ersten Reiki-Einweihung erlebt hat, wird verstehen, wovon hier die Rede ist.

DIE RECHTE MOTIVATION

Sind sie auch schon einmal in einer Situation gewesen, die rundherum ausweglos erschien? Und hätten Sie sich gewünscht, daß Ihnen inmitten aller Probleme etwas zur Seite steht, eine praktische Hilfe?... Für einen Großteil der Leserinnen und Leser mag eine körperliche Erkrankung ein Auslöser gewesen sein, ein Buch wie dieses zur Hand zu nehmen, und viele von ihnen werden nun auch die weiteren Schritte unternehmen, zum Beispiel das erste Grundlagenbuch des Autors mit dem Titel "Das Herz des Reiki" lesen, sich vielleicht eine Reiki-Gruppe suchen und eine passende Reiki-Lehrerin oder einen passenden Reiki-Lehrer finden. (Und vielleicht gibt es zu diesem Buch bald einen Paralleltitel...)

Dieses Buch ist ein Lesebuch, das Ihnen dabei helfen möchte, sich auf etwas einzustimmen. Es ist **auch ein Besinnungsbuch**, das nicht alle Fakten erläutert, sondern über die Basistechnik des Handauflegens (zunächst insbesondere nur auf den eigenen Körper) hinaus auch den Interessierten und den Neueinsteigern eine Lebenshaltung nahe bringt, die sich aus einer grundsätzlich eingeleiteten Selbst-Beobachtung und Selbst-Erforschung automatisch ergibt. Doch auch "alte Hasen" des Reiki stellen sich immer wieder einmal - besonders dann, wenn das Leben gerade ruhig und angenehm verläuft - die Frage:

„Was tue ich hier eigentlich?"
„Warum mache ich das?"

Auch ohne die Trübsal eines eintönigen Alltagslebens, ohne gravierende berufliche oder gesundheitliche Probleme läßt sich Reiki lernen, als Methode zur Verbesserung von Umständen einsetzen, als spirituellen Weg gehen und letztlich als Einstiegsmethode in die Meditation erfahren – und durchaus auch mehr.

Reiki ist eine Art zu leben.

Reiki an sich ist schon eine Form gelebter Lebenskunst. Und Reiki erinnert uns auch immer wieder daran, daß es möglich ist, das Alte abzustreifen und immer wieder das Neue, das Bessere zu finden.

<u>Reiki zeigt uns immer wieder mittels unserer wachsenden Alltags-Bewusstheit Wege auf, wie das Alte aufgegeben werden kann, ohne viel zu leiden, wie Platz geschaffen werden kann für neue expansive Räume, wie es uns möglich wird, in unserer individuellen Situation das Neue, das Schönere, das Passendere zuzulassen.</u> Wenn nach der rechten Motivation gefragt wird – das wäre eine Definition dafür.

Und worin besteht hauptsächlich die Motivation des Autors eines Buches über Reiki? Ich kann hier natürlich nur für mich selbst sprechen und nach den so wunderbar angenommenen drei vorausgegangenen Büchern an dieser Stelle sagen: Es geht mir darum, suchenden und fragenden Menschen einen einfachen und gangbaren Weg aufzuzeigen, der weit mehr zu bewirken vermag, als es ein reines Heilsystem könnte!

Es geht primär darum, Mut zu machen, damit aus Hoffnung Vertrauen werden kann, *Vertrauen in die eigenen Fähigkeiten*, in die eigene Lebenskraft, die einströmende Universelle Lebensenergie. Sie individuell und kreativ zu nutzen, ist Geburtsrecht jedes Menschen, und darauf aufmerksam zu machen, ist unter anderem Sinn dieses Buches.

Dazu muß allerdings auch ganz generell festgestellt werden, daß sich allzu persönliche, also letztlich sehr auf das "selbst" (groß oder klein geschrieben, wer weiß es schon genau..) bezogene, sprich sehr egoistische Gründe für den Beginn und die Fortführung einer spirituellen Praxis nicht eignen.

Die buddhistische Tradition Tibets beispielsweise, die sich seit Jahrhunderten den Fragen über umfassende Bewußtheit und Erkenntnis auf dem Weg widmet, spricht sich in diesem Sinne aus. Das breite Literaturangebot in diesem Bereich ist eine Quelle ersten Ranges!

Richtig ist aber auch, daß man einmal „westlich-psychologisch gesprochen" über den Zaun springen muß, um Veränderungen überhaupt möglich zu machen und auf alle Hilfsangebote auf dem Weg zurückgreifen zu können, von denen Reiki eines ist. Versuchen wir also alle immer wieder, einen mittleren Weg zu gehen, möglichst weit weg von allen Extremen.

Ein seltsamer Egotrip ist das angeblich so "segensreiche Dienen als Lichtschüler auf dem Lichtweg". Hier ist aus vielerlei Gründen ganz ausdrücklich zu warnen, denn das kann aller Wahrscheinlichkeit nach nur ein wirklich außerordentlich gefährlicher Egotrip sein, der lange und doch durchaus vermeidbare Umwege mit sich bringen kann!

Mein Rat: Seien wir in diesem Zusammenhang bitte nicht allzu empfänglich für vollkommen überzogene Versprechungen für Durchschnitts-Unerleuchtete. Jeder kann sein Leben auf dieser Erde selbst und >>ohne sogenannte „Aufgestiegene Meister"<< im Einklang mit der Universellen Lebensenergie leben. Wir sind dazu befähigt genug.

Dieser kleine Einschub ist unerlässlich, weil nicht wenige der besonders esoterisch ausgerichteten Damen und Herren der Ansicht sind, gerade Reiki wäre die besonders prädestinierte Eingangsschulung für derlei Unsinn! Sollten Sie auf Ihrem Reiki-Weg damit in Berührung kommen, so sei Ihnen äußerste Vorsicht und eine bestmögliche Kritikfähigkeit dringendst ans Herz gelegt!

Gehen wir also den Weg der Mitte, denn auf ihm werden wir am ehesten die Kraft zentrierten Handelns und Beobachtens auf unserer Seite haben. Letztlich ist nur "Der Mittlere Weg", von dem Buddha über vierzig Jahre nach seiner Erleuchtung sprach, dazu angetan, uns zur Klarheit und Erkenntnis zu führen... unserer Aufmerksamkeit nach innen und außen entsprechend.

Die Geschichte des Reiki und der Ursprung dieses Wachstumssystems, dieses Weges zur Erkenntnis, weisen unzweifelhaft auf Quellen hin, die in Indien, China, Tibet und Japan zu finden sind. Wo doch nun endlich einmal "Asien im Trend liegt".... sollten wir uns nun nicht auch dafür interessieren?

Wenn wir uns entschließen, einen Weg der Erkenntnis zu gehen, dann sollte es in jedem Fall ein Weg der Mitte sein. `*Mitte*´ meint in diesem Zusammenhang nicht nur, daß der Weg zwischen extremen Ansätzen, Versprechungen und Anforderungen angesiedelt ist. Der Mitte - und das ist das entscheidende Kriterium - zu folgen, heißt, daß der Mensch in seiner Einmaligkeit, in seiner Eigenständigkeit und Würde als Teil dieser Schöpfung der einzig entscheidende Maßstab ist. Und als solcher steht er im Mittelpunkt allen Geschehens.

Nur jeder einzelne Mensch darf im Mittelpunkt stehen, niemals sollte es ein Dogma, eine Religion, eine Schule oder Glaubensrichtung als ein einengendes System sein, gar ein Anspruch an Gehorsam.

Unter diesem Gesichtspunkt sind heute alle großen Religionen zu sehen, zu prüfen und danach zu beurteilen, inwieweit sie ihren Mitgliedern, nachdem die Doktrien an sie verbreitet wurden, wirkliche Freiheit des Erkennens, der Wahrheit und der Freiheit in der Entfaltung einzuräumen in der Lage sind!

Das Dilemma der etablierten Religionen besteht zu deren Nachteil darin, daß die seit Jahrhunderten abgedroschene Inhalte immer wieder weiter heruntergebetet werden sollen. Das hat eher einen abschreckenden, denn einen die Menschen für die Religionen einnehmenden Effekt.

Reiki ist etwas für ganz normale Menschen wie du und ich, und niemand muß dafür ein Held, ein verkappter Priester oder sonstwie besonders begabt sein, um mit Reiki zu beginnen.

Reiki ist keine neue Ersatzreligion,
sondern ein Weg der Erkenntnis.

Deshalb wird Reiki immer wieder so wärmstens empfohlen, denn dabei brauchen wir nichts von alledem außer uns selbst – vielleicht Freunde und Weggefährten, mit denen wir unsere Erfahrungen und sicher auch die eine oder andere Reiki-Behandlung austauschen können. Und allein in der Einfachheit dieses Austausches wird jedem klar werden, daß weder "Reiki-Priester oder Reiki-Bibeln" noch „jedwedes abgehobenes Geschwafel" über einen "Lichtweg" oder über "Lichtwesen" auf demselben gebraucht werden. – Mehr dazu im Kapitel über „Reiki im New Age" ab Seite 196...

An dieser Stelle kommt - aus guten Grund - auch gleich noch ein ganz wichtiger Hinweis zur Motivation, die unseren Reiki-Pfad nährt. Und das ist – das Lachen.

Daß das Lachen die beste Medizin ist (die neuerdings als eine angeblich ganz neue Form des Sich-Wohlfühlens entdeckt wurde), war schon seit langem bekannt – und oft hatten die Menschen wirklich auch keine andere Medizin.

Lachen – nicht heilig tun.

Das Lachen über alle komischen Ernsthaftigkeiten ohne relevanten Tiefgang, die uns auf unserem Weg ganz zwangsläufig wieder begegnen werden, kann auch eine wunderbare Motivation sein, weiterzugehen und sich zu fragen:

Wie bringe ich neue Spannung in mein Leben? - In dem Erkennen:

Ich kann nur das sein,
was ich bin,
wenn ich es werde.

TEIL III : DAS WEITERGEBEN DER REIKI-KRAFT

EINIGE VORBEMERKUNGEN ZU DEN
27 FRAGEN AN EINEN REIKI-LEHRER

Interessante Nachforschungen in Japan haben ein neues Licht auf die bereits bekannte Entstehungsgeschichte des Reiki geworfen, und doch ist sie nicht klar nachzuvollziehen. Der enge Bezug zu buddhistischen Quellen in China und Tibet einerseits und zu anderen Komponenten des Reiki aus Indien und Japan andererseits ist aber eindeutig. Die Ursprünge des Reiki sind zwar sehr alt, Reiki in seiner vor einem Jahrhundert entwickelten Fassung als Methode ist aber sehr lebendig, und das zeigt sich in den neuen Reiki-SchülerInnen immer wieder.

Reiki hat im Laufe der Jahre verschiedene Stadien durchlaufen, es hat von einer alten Starrheit verloren und im Rahmen dieses erhaltenswürdigen Systems einige Neuerungen und Erleichterungen erfahren. Und so kann heute Reiki von vielen Reiki-Lehrern „nebenbei" gelehrt werden, die nicht mehr den früher obligatorischen Organisationen angehören.

Auch wenn die überwiegende Mehrzahl aller alten und aller neuen ("freien") Reiki-Lehrer und Lehrerinnen mit Sicherheit eine dem Reiki dienliche verantwortungsvolle Arbeit macht, so hat die Öffnung auch viele Unsicherheiten und Unklarheiten mit sich gebracht.

Die hier zusammengestellten Fragen dienen dem Ziel, mehr Klarheit zu schaffen in den Bereichen, in denen eine ganze Reihe von verschiedenen Auffassungen und Verfahrensweisen miteinander konkurriert. So sind 27 Fragestellungen zu den wohl am meisten auftretenden Unklarheiten aufgenommen worden.

Die Antworten auf die Fragen können neuen Reiki-Lehrerinnen und Reiki-Lehrern über ihre Ausbildung hinaus Anregungen bieten, wie der eine oder andere Bereich alternativ gehandhabt werden kann.

<u>Zuweilen sind die Fragen und Antworten ganz bewußt in einer lockeren Weise formuliert worden, um auch damit dem Reiki eine mitunter entstandene Schwere und eine übertriebene Ernsthaftigkeit zu nehmen.</u>

Dieser dritte Teil des Buches, der intimere Einblicke in die Reiki-Praxis gewährt, ist auch für neue Reiki-Schülerinnen und Reiki-Schüler geeignet, denn selbst zwischen den Zeilen läßt sich eine Orientierungshilfe bei der Auswahl des Reiki-Lehrers und damit des von ihm (bzw. ihr) vertretenen Reiki-Systems erhalten. Reiki ist bekanntlich keine einheitliche Schule mehr, sondern weist durchaus wichtige Unterschiede auf, über die sich neue Schüler hier in diesem Rahmen informieren können, wenn es ihnen wichtig ist.

Im Interesse der Darstellung vieler aufgelaufener Fragen, von denen hier nur der (hoffentlich) wichtigste Teil eingebracht werden kann, ist eine mitunter etwas unverblümtere Sprache erforderlich. Diese wird zwangsläufig nicht überall Beifall finden.

Um etwaigen unnötigen Missverständnissen vorzubeugen, sei zu Beginn ausdrücklich festgehalten: Seit Jahren ist von vielen Reiki-Lehrerinnen und Reiki-Lehrern mit großem Einsatz an der Verbreitung des Reiki auch bei uns im deutschsprachigen Raum gearbeitet worden. Allein die Tatsache, daß inzwischen über eine halbe Million Menschen eine Einweihung in die Reiki-Kraft erhalten haben, ist nicht nur im spirituellen Bereich als ein Verdienst anzusehen.

Es ist auch im gesellschaftlichen Bereich eine große Leistung, deren wahrer Wert immer deutlicher zutage tritt. Vielen Menschen sehr dabei geholfen zu haben, ihr Leben schöner, reicher, erfüllter und kreativer zu gestalten, dafür gebührt allen Dank.

Dies sollte beim Lesen der Fragen und Antworten nicht vergessen werden, denn selbst bei einer zu harsch erscheinenden Kritik geht es nicht darum, wer Recht hat oder klüger ist, sondern darum, den Menschen, die den Umgang mit der Reiki-Kraft lernen wollen, behilflich zu sein und Vertrauen zu schaffen.

Obwohl dieses Buch im großen und ganzen nur einen Einblick in das Thema Reiki vermitteln möchte, ist sicher auch ein intensiverer Blick in die Reiki-Praxis der Lehrer relevant. Und die ist vielleicht auch gerade mit den Augen der Kreativität zu sehen und mit der Fähigkeit, das Leben als Kunstwerk zu leben.

Lehrer für das Fach "Universelle Lebensenergie" sind kraft ihres Hervortretens ganz automatisch ein Anschauungs-Subjekt für alle, die ihnen nacheifern, die ihnen aber nur aufgrund ihrer Position als Schülerin oder Schüler keinesfalls automatisch nachhinken müssen - weder rein menschlich, intellektuell, spirituell oder auch anderweitig. Auch der Schüler kann "in diesem Fach" dem Lehrer vorleben, was es heißt, auf dem Weg zu sein, weiter zu gehen, ja ein Schüler des Lebens zu sein.

Die nun folgenden Fragen und Antworten können sowohl für Reiki-SchülerInnen als auch für Reiki-LehrerInnen gleichermaßen interessant sein. Sie sind ein Querschnitt der in diesem Bereich am häufigsten auftretenden Themen.

Um einen besseren Überblick in diesem Teil des Buches zu geben, wurde jede Frage mit einer entsprechende Überschrift versehen.

1. Vorbereitung auf den ersten Reiki-Grad

Frage: Was sollte man den Reiki-Schülern vor der ersten Einweihung als elementaren Hintergrund sagen? Oder ist es besser, tiefere geistige Hintergründe erst einmal wegzulassen?

Antwort: Das kommt ganz auf den persönlichen Hintergrund der neuen Reiki-Schüler an. Wer aus einem christlichen Elternhaus stammt und in der Kirche aktiv ist, hat ein anderes Weltbild als jemand, der jahrelang beruflich durch die Länder Südostasiens gereist ist. Und es macht einen Unterschied, ob Reiki mit besonderen intellektuellen Ansprüchen begegnet wird, oder ob jemand schwer depressiv oder körperlich sehr krank ist und sich von Reiki Heilung und sonst weiter nichts erhofft.

Es zeichnet den guten Reiki-Lehrer aus, bei der Kontaktaufnahme zu erspüren, wo die Bedürfnisse liegen und dann - ohne Versprechungen zu machen - ein Interesse zu erwecken, das die Bereitschaft stärkt, Reiki zu lernen und auch anzuwenden. Nach positiven Bekundungen können allerdings immer wieder einmal Rückzieher seitens der Interessenten passieren, doch das steckt der kompetente Lehrer weg. - Im Ernst: Die Menschen sollten durchaus wissen, worauf sie sich einlassen, und sie sollten schon mit dem Gefühl anfangen, daß Reiki eben mehr ist als Handauflegen.

Universelle Lebensenergie ist stufenlos, aber sie muß für die Schüler fast ausnahmslos abgestuft gelehrt werden. Sie bringt aber von Beginn an alles, was wichtig ist. Das Ziel ist, ganz vereinfacht gesagt, daß man ein Schüler des Lebens wird.

Reiki als ein Superpaket besteht aus verschiedenen Schlüsseln für verschiede Bereiche.

Die Schülerin/der Schüler soll spüren, daß es eine Menge zu erforschen gibt, aber es sollte dadurch natürlich niemals so etwas wie vorab ein Minderwertigkeitskomplex kreiert werden.

Wenn es der Reiki-Lehrer versteht, etwas von der Tiefe des Reiki anklingen zu lassen, von der Ahnung, daß Reiki wie ein Fahrzeug für uns ist, dann muß auch keine platte Parole dabei sein. Mit reißerischen Phrasen Eindruck schinden, das hat niemand nötig, der weiß, daß er für andere Menschen diesen Kontakt herstellen kann. Eher in einer stilleren Kommunikation kann den Menschen bewußt werden, was sie wirklich suchen. Und dann können sie im Laufe der Zeit auch konkreter fragen und effektiver vorgehen, um alte Hemmnisse abzubauen. Und dann können sie Reiki auch von Anfang an als etwas anderes ansehen als ein pures Heilungs- oder Gesundmacher-System.

2. Reiki - eine Heilslehre?

Frage: Soll man Reiki als die Erleuchtungs-Schiene anpreisen? Oder ist Reiki so etwas wie eine Heilslehre?

Antwort: Nein. Aber Reiki kann bei vorbereiteten Menschen, denen spirituelle Abläufe nicht fremd erscheinen, tiefe Erlebnisse auslösen. Reiki kann z. B. für christlich ausgerichtete Menschen das Gespür für die Ebenen hinter der Kontemplation vertiefen, den Blick in die Welt meditativen Erlebens öffnen. Eine Erleuchtung im Sinne Buddha´s wollen wir aber lieber niemand versprechen.

Doch so viel ist zumindest gewiss: Reiki in seiner Form als Methode, die der Lehrer durch die Grade hindurch vermittelt, ist in seiner Ganzheit gesehen ein Weg. Und es ist letztlich von Anfang an ein Weg des Nicht-Handelns.

Anders gesagt, an dem Punkt, an dem Reiki aufhört, für den Schüler eine Methode zu sein, die er anwendet, (und was soll dann noch kommen - im Rahmen der Methode?) beginnt Reiki deutlich, ein Weg zu werden. Nun sollte natürlich niemand damit erschreckt werden, daß es um einen Weg des Nicht-Tuns geht, denn wo soll dann das schließlich hinführen?

Generell reicht es, Reiki als eine Methode vorzustellen, und wer dann später mehr wissen will, wird mehr erfahren. Die Reiki-Lehrer sollten sich nicht scheuen, sich auch selbst mit der Tatsache vertraut zu machen, daß es sich bei aller Bedeutung der Methodik des Handauflegens und der Symbol-Techniken nur um Zwischenstadien handelt, die früher oder später losgelassen, überwunden werden sollen. Oder sollen wir nun ewig das erste Symbol auf den Tomatensalat zeichnen?

Reiki ist ein Weg. Es ist ein Weg der Achtsamkeit. Reiki ist zwar eine Herzenergie, zumindest in dem Rahmen, in dem sie normalerweise zu erfassen ist - aber dann.... Was ist dann? Was bleibt, wenn wir auf die Ströme der Energie achten, die Kraft der Symbole spüren. Dann ist es unsere Bewußtheit, die da wirkt. Also ist Reiki letztlich ein Weg, der eindeutig zur Meditation führt. Und "der Weg" ist das Wichtigste im Leben überhaupt. Auf den Weg kommen.. mit Reiki, mit Hilfe des Reiki-Lehrers und mit Freunden - darum geht es. Den Weg gehen, ganz individuell, das muß jeder allein. Vor diesem Hintergrund läßt Reiki vom Herzen her erkennen, was wir wirklich suchen.

Und eine Heilslehre ist ja immer etwas, das einem das Blaue im Himmel verspricht. Das ist hier nicht der Fall. Wie gesagt, jeder muß nach dem einen oder anderen initiierenden Impuls den Weg allein gehen. Und welches Heil jeder sucht, das ist noch eine ganz andere Frage.

3. Reiki vitalisiert

Frage: Ich bin im Beruf erfolgreich, ich bin beliebt, ich halte mich fit, ich achte auf gesunde Ernährung. Trotzdem fühle ich mich oft wie ausgebrannt. Man hat mir schon gesagt, daß hinter meinen vielen Aktivitäten eine Depression steckt. Was würde Reiki bei mir bewirken?

Antwort: Fit-Sein heißt nicht unbedingt auch, daß der Mensch gesund ist. Wenn man beliebt ist, muß man deshalb nicht glücklich und zufrieden sein. Und eine Erfüllung im Beruf muß nicht gleichbedeutend sein mit einer Erfüllung in allen anderen Lebensbereichen. Man sollte also schon immer genauer hinsehen. Und da ist Reiki im Herausfinden dessen, was zu einem passt (und was nicht) eine große Hilfe. Und es muß keine ellenlange Analyse ablaufen, sondern es kann schon reichen, sich einfach einmal einen Überblick über die verschiedenen Techniken zu verschaffen. Was da interessant wirkt, ist es meist auch, und was man völlig ablehnt, das ist meist noch viel wichtiger, denn genau da liegt meist der Hase im Pfeffer.

Es ist einfach von unschätzbarem Wert, über eine Methode zu verfügen, mit deren Hilfe sich herausfinden läßt, was einem schadet. Gerade auf Alltagskontakte bezogen ist Reiki als ein wunderbarer Wahrheitsfinder sehr geeignet, denn wenn wir anderen Reiki geben, merken wir entschieden deutlicher als in einem normalen Alltagssituationen, was uns mit einem Menschen wirklich verbindet, beziehungsweise was uns voneinander trennt.

Reiki macht es uns einfacher, ehrlich miteinander umzugehen. Und auch "eine veredelte Schwermut" kommt durch Reiki sicher eines Tages zum Vorschein, damit wir das bereinigen können, was sich an Ballast in der Psyche angesammelt hat.

Aber Reiki wirkt nicht nur stimmungsaufhellend wie eine Tablette, die man aus reiner Bequemlichkeit einnimmt, sondern es kommen Hintergründe durch die Reiki-Praxis ans Tageslicht, die für die unbefriedigende Situation - auch für Überaktionismus - verantwortlich waren. Nichts ist gegen Leistung an sich zu sagen, und wer gern ein workoholic ist, möge es sein. Wer aber nur vor innerer Leere und fehlender innerer Freude davonläuft, sollte sich umsehen nach etwas Gutem.

Und noch etwas, was auch nicht zu unterschätzen ist: Wer mit einer Methode wie Reiki in Stille etwas an Selbstbeobachtung erfährt, gewinnt auch die Erkenntnis, daß das Nichts-Tun kein Makel ist, sondern im Gegenteil der essentielle Gegenpol zur Leistung, zur Aktion, zum Funktionieren. Es kommt vielleicht nur beim Chef (oder der Freundin oder dem Freund?) nicht gut an, einmal zwei Gänge herunterzuschalten. Und wer noch obendrein den Mut aufbringt, durch das weniger an Aktion das Risiko einer vielleicht sehr ungewohnten Selbstbegegnung einzugehen, ist mit Reiki gut beraten und ausgerüstet. - Oder es muß halt doch beim bisherigen (Berufs)-Motto bleiben, das da lautet: "Lebe schneller, dann bist du eher damit fertig."

4. Schnellverfahren und Abkürzungen

Frage: Gibt es so etwas wie seriöse Schnellverfahren oder eine gangbare Abkürzung im Reiki-Prozess, und was ist von schnellen Sonderangeboten und Kompaktlösungen zu halten?

Antwort: Es gibt leider Leute, die meinen, sich über alles Bewährte hinwegsetzen zu können, zum Beispiel auch über die sinnvoll abgestufte und energetisch in harmonischer Weise aufbauende Abfolge der Reiki-Grade.

Ob hier Geldinteressen im Vordergrund stehen, ist dabei gar nicht das wirkliche Thema, sondern vielmehr die Verantwortung für die Menschen, die vertrauensvoll zu einem Reiki-Lehrer kommen, von dem sie natürlich annehmen, daß er ganz genau weiß, was er tut. Es ist also bestimmt richtig, zweifelhafte Angebote besser auszuschlagen.

Das Alte muß nicht schlecht und etwas Neues nicht automatisch gut und richtiger sein. Nur die Praxis ist der Prüfstein für alles. Das, was gut funktioniert und den Menschen hilft und nicht schadet, das ist in Ordnung. Das althergebrachte orthodoxe Reiki-System war grundsätzlich nicht falsch, aber es war wohl für eine modernere Zeit mit reiferen und aufgeschlosseneren Menschen einfach zu starr und bei genauer Betrachtung nicht mehr schlüssig und nicht mehr logisch genug. (Und das Geld ist dabei noch ein ganz besonderes Thema, über das man am besten gar nicht sprechen sollte, weil dieser Bereich für viele Menschen zu heikel und mit zu großen Fehlurteilen behaftet ist.)

Das Abkürzen von Wegen ersehnt sich nur der Verstand, der schnell irgendwohin will. Das betrifft auch den Reiki-Prozess. Der Kopf denkt, diese ganzen langatmigen Angelegenheiten seien zu umgehen und Abläufe aus alter Zeit modern zu raffen und zu straffen. Doch der arme Verstand, der nur lernen und klug kombinieren, nicht aber wirklich erkennen will, muß daran erinnert werden, daß jeder Schritt auf dem Weg schon das Ziel ist. Und so ist auch jede Selbstbehandlung mit Reiki schon das Ziel in sich selbst.

Jeder schöne Augenblick, den wir mit Reiki erleben, ist Belohnung genug, wobei Ziel und Weg und Arbeit und Aufwand immer irrelevanter werden. Der Moment ist alles. Reiki fließt immer jetzt. Und hier.

Schnellverfahren bei der Einweihung sind in Notfällen sicher möglich, aber nur als Ausnahme. Schwere Erkrankungen sind als ein Grund dafür denkbar. Ansonsten sollte der bewährte "Fahrplan" für die "Reiki-Reise" unbedingt eingehalten werden. Wer meint, sich als Lehrer davon trennen zu können, bewegt sich an der Grenze zur Verantwortungslosigkeit. Generell gilt: Ein Reiki-Lehrer (gar Personen, die sich noch immer "Meister" nennen) sollte niemals vergessen, daß er/sie - bei aller Zurückhaltung - doch auch immer Vertrauensperson und Ansprechpartner ist in den Klärungs-, Befreiungs- und Gestaltungsprozessen, durch die die Reiki- Schülerinnen und Reiki-Schüler gehen.

5. "Anfänger und Fortgeschrittene"

Frage: Wenn ich morgens mit dem Autobus zur Arbeit fahre und als Reiki-SchülerIn des ersten Grades einfach nur mein Herz öffne für meine Mitmenschen, für meine Nächsten gerade in diesem Moment in diesem Autobus - ist das weniger wertvoll oder weniger wirksam, als wenn ich mit den Symboltechniken des zweiten Grades arbeite?

Antwort: Nur der Verstand interessiert sich für die angeblich qualitativen Unterschiede. Wer im Bus das Herz öffnet und dann - ohne Ziel, ohne Zweck - in der Schwingung des Herzens verharren kann... also Kanal ist für die Universelle Lebensenergie, für Reiki, ist angeschlossen an höhere Energien. Und allein das ist schon eine wunderbare Feststellung. Mit einer Technik zu arbeiten, verspricht zwar höhere Aktivität oder Spannung oder vermittelt den Eindruck von mehr Wichtigkeit, aber es sind alles nur Stufen der Betätigung und der Erkenntnis und des Loslassens. Aber gehen muß man halt; und wenn man keine Stufen erklimmt, die Treppe nicht raufgeht, dann hat man von oben keinen Ausblick.

Wenn man die Stufen hinaufgestiegen ist, sieht man die Absätze und Treppen usw. halt von oben. Und dann ist es einem auch egal, wie man hoch kam. Man ist eben jetzt oben, und das wollte man ja. Und von unten kann einem das Ziel sehr weit weg erscheinen, und deshalb ist es bestimmt nicht falsch, erst einmal bis zur ersten Etage zu kommen, und das auch noch relativ bequem Stufe für Stufe. Und wenn das nicht zu anstrengend war, dann geht es weiter. Immer weiter. Und wenn einem die Stelle hoch genug ist und der Ausblick weit genug, dann reicht´s doch. Es ist wie mit dem Klettern auf Bäume, was wir als Kinder alle so gern machen. Es ist wunderbar zu klettern, aber irgendwann geht´s nicht weiter, weil die Äste nicht mehr dick genug sind. Nur die Superleichtgewichte können noch etwas weiter hoch...

Reiki ist nicht polar, nicht gestaffelt, nicht hierarchisch. Die Grade mit den jeweiligen Abstufungen gibt es zum Lernen nur deshalb, damit Menschen, die sich dafür interessieren, auch intellektuell nachvollziehbar in das Thema und in die Schwingung des Reiki hineinwachsen können. Der Unterschied zwischen erstem und zweitem Grad ist letztlich eine Formalie, aber es ist auch so, daß die Erkenntnis dann eine Pyramidenstufe höher ist. Eigentlich kann man das alles nicht beschreiben. Wenn es ginge, dann hätten es die Meister früherer Zeiten längst getan. Statt dessen schweigen sie oft, oder sagten einfach, sie wissen nichts Besonderes zu sagen.

Doch um überhaupt erst einmal mit etwas beginnen zu können, muß etwas gesagt werden. Und Reiki ist so genial, daß nach der weitgehenden Sprachlosigkeit des ersten Grades die Fülle kommt, die mit den Techniken der Symbole individuell und praktisch unbegrenzt zu erkunden ist. Das ist gut und ganz wichtig, doch sollte man auch daran denken, daß es noch weiter geht. Und die Aufgabe der Reiki-Lehrers ist heute, darauf hinzuweisen.

Der dritte Grad ist ja lange Zeit nur denen zugänglich gewesen, die auch die Lehrer-Ausbildung machen wollten. Und das ist eben jetzt zum Glück anders. Aber weil für die Reiki-Schüler nach dem zweiten Grad ganz einfach Schluss war, weil sie mit den Symboltechniken auf dieser Ebene zurückgelassen wurden, entstand automatisch dieses Bild, daß die einen wenig können und die anderen sehr viel dürfen. Und das schuf „eine Klassengesellschaft" im "Reiki-Volk". (Und weit hinter dem Horizont und in den Wolken, dort waren die sogenannten "Reiki-Meister"... Sehr weit weg. Durch so etwas entstehen Neid, Hochmut und Egotrips und vieles mehr.)

Aber nun kann jeder nach dem zweiten Grad das 4. Symbol eingeweiht bekommen und erleben, wie sich die Ebene des zweiten Grades in die Ebenen des dritten Grades transzendiert. Das war früher den sogenannten "Reiki-Meistern" vorbehalten, und deshalb sind viele von denen auch sauer, weil sie ihre schöne exklusive Position nun nicht mehr haben. Dabei ist es wohl wichtiger, daß Zehntausende in die Schwingung des vierten Symbols kommen... Oder?

Eine Bewertung von Menschen aufgrund ihres voneinander abweichenden Reiki-Grades ist nun also wirklich nicht mehr zeitgemäß. Richtig ist dabei aber natürlich auch, daß Reiki-Grade etwas aussagen (können) über die Fähigkeit, sich selbst zu sehen, mit eigenen Schwächen und Stärken umzugehen und loszulassen von eigenem Wollen - sofern Reiki gut vermittelt wurde und sofern auf der Basis der erhaltenen Reiki-Einweihungen mit der Reiki-Kraft sinnvoll, intelligent und zum Wohle anderer umgegangen wird. Ein Denken in Unterschieden sollte aufhören, aufgrund absolvierter Reiki-Grade, also auch im Autobus, denn vielleicht sind ja mit uns auch noch andere Reiki-Leute im Bus unterwegs... und wer weiß, welche Grade die haben...

6. "Reiki-Sekten"

Frage: Was soll man davon halten, wenn behauptet wird, diese oder jene Richtung sei die einzig richtige? Es gibt sogar den Anspruch, das einzig authentische Reiki zu verbreiten. Was ist davon zu halten? Gibt es Reiki-Sekten?

Antwort: Es ist einfach lächerlich, einen Anspruch auf das einzig authentische Reiki zu erheben, denn das klingt ja so, als hätte die Urheberin, deren Namen hier nicht genannt sein soll, die aber in Deutschland durch ihre Werbemaßnahmen hinreichend bekannt ist, bei Dr. Usui auf dem Schoß gesessen. (Und im übrigen darf man sich über Kritik nicht wundern, wenn man einen derartigen staatskirchenmäßigen Alleinvertretungsanspruch in die Welt setzt!)

Wer will denn heute nach hundert Jahren noch irgendetwas genau wissen? Wenn das nicht so lächerlich wäre, wie es ist, dann könnte man sich sogar darüber ärgern.

Und all jenen, die sich jetzt aus diesen oder jenen Gründen ärgern, sei der Ursprung des Reiki in Erinnerung gerufen, besonders auch der genannten Begründerin einer dieser „Reiki-Möchtegern-Sekten", die sich gut unterrichteten Kreisen zufolge in der Zwischenzeit wohl doch eines besseren besonnen haben soll. Reiki hat seinen Ursprung im Buddhismus - nicht im Christentum.

Es muß von daher auch mit anderen Kriterien der Wahrheitsfindung in Zusammenhang gebracht werden. Die chinesischen Wurzeln des Reiki liegen in dem großartigen System *Qi Gong*, das auch bei uns immer bekannter wird. Die in Japan eingeflossenen und bei uns hervorgetretenen Elemente des *Shintoismus* haben Reiki diese Schönheit und Klarheit gegeben, auch den aus dieser ursprünglichen Naturreligion stammenden Bezug zur Natur.

Allein diese ganz kurze Beschreibung skizziert das Wesen von Reiki, das weder in ein kleines christlich-verstehbares Beschreibungskorsett voller Dogmen passt, noch einer außereuropäischen Religion direkt zuzuordnen ist. Gerade diese Freiheit ist es ja, die die Methode Reiki so attraktiv macht für uns in Europa und Amerika, und gerade dieser freie Geist, der die Grundlage von Reiki als Weg ist, schaltet sektiererische, egomäßige Ideen von vornherein aus, beziehungsweise der freie starke Geist, der uns im Reiki begegnet, führt diese Irrtümer früher oder später ad absurdum. Und wir sehen es ja.

Um es noch einmal ganz klar zu formulieren:
Es gibt keine Sekten im Reiki.
Und dabei wird es hoffentlich auch bleiben.

7. Wartezeit vor dem ersten Reiki-Grad?

Frage: Sollten Reiki-LehrerInnen neue Reiki-SchülerInnen erst einmal eine Weile auf den ersten Grad warten lassen? Ist es gut, eine gewisse Zeit der inneren Vorbereitung darauf durchleben zu müssen?

Antwort: Wer den Weg zu einem Reiki-Lehrer oder einer Reiki-Lehrerin seiner oder ihrer Wahl ... die Sprache ist manchmal seltsam. Also, es sind in diesem Buch immer alle Damen und Herren gleichermaßen gemeint, wobei als eine klare Selbstverständlichkeit für alle Gentlemen selbstverständlich den Damen der Vortritt gebührt. Wenn er aus rein dramaturgischen Gründen einmal - wie eben - den Damen leider nicht gewährt wurde, dann vielleicht sogar aus dem Wissen heraus, daß ein Autor provozieren darf und oft sogar muß, wann immer er es für richtig hält.... Also mit der Frage weiter:

Vorleistungen, Prüfungen oder sonst etwas sind mit Sicherheit nicht erforderlich, und sie wären in aller Regel auch sehr kontraproduktiv. Was der Einzelne nach der Einweihung mit der Reiki-Kraft für sich anfängt, das steht auf einem anderen Blatt.

Die Lehrer sollten auf jeden Fall erreichbar sein, falls einmal essentielle Fragen bei den Schülern auftreten sollten, und sie sollten selbstverständlich bereit sein, eventuelle "Problemfälle" im Auge zu behalten.

Rein pragmatisch gesehen - sowohl für die Lehrerin wie für den Schüler (oh, diese Sprachformalitäten...) - ist es sehr sinnvoll, sich anhand geeigneter Literatur (z. B. mit dem Buch "Das Herz des Reiki") einen guten Überblick über Reiki zu verschaffen. Denn: Mindestens neunzig Prozent aller Fragen lassen sich auf diese Weise einer jahrelangen Erfahrung gemäß dadurch von vornherein ausschalten. Dann bleiben Lehrer und Schüler, Lehrerin und Schülerin gleichermaßen mehr Raum, Zeit und Energie für das wirklich Wesentliche der Begegnung. Und das ist die Energieübertragung durch die Reiki-Einweihungen.

Wenn Sie also jetzt Reiki wollen, dann lesen sie am besten das eben genannte Buch, damit sie das Wichtigste für den ersten Grad und alles darüber hinaus wissen. - Und dann kann´s losgehen.

8. Vier Symbole oder mehr?

Frage: Vor einem Jahr habe ich nach meinem zweiten Reiki-Grad begonnen, mit den Symbol-Techniken zu arbeiten. Nun höre ich in letzter Zeit öfter, daß es mehr als nur vier Symbole gibt, ja daß zeitweilig „immer neue dazugekommen" sind. Was ist davon zu halten?

Antwort: Es ist traurig, daß verschiedene Reiki-LehrerInnen (und ganz sicher sind wieder viele darunter, die sich unbedingt "MeisterInnen" nennen müssen) meinen, neue und supertolle und wirklich selbstentdeckte und natürlich viel effektivere (sonst wären sie ja sinnlos) Symbole entdeckt zu haben. Viele erheben den Anspruch, sie "gechannelt" zu haben. Aber was heißt das schon? Von wem? Und vor allem - wozu?

Mit Sicherheit wird dem Betrachter dieser Abläufe hier ein netter und aufschlussreicher Einblick in den netten kleinen Konkurrenzkampf gewährt, den die Damen und Herren Symbol-Entdecker mit diesen neuen gezinkten Karten im Kampf um neue Reiki-Schüler auf diese Weise glauben führen zu müssen. Hier wird eher mit schäbigen Tricks versucht, traditionell und gradlinig gebliebene Kollegen materiell auszutricksen und bei der Gelegenheit auch noch gleich spirituell - wie sie meinen - zu überholen. Das kann nur ein Trugschluss sein.

Wer ein Gespür für die Größe des Reiki hat, wer die Möglichkeiten erfahren hat, die das System bietet, wer davon zu berichten weiß, was Reiki auch als Weg zu bewirken vermag, kann nicht auf die Idee kommen, hier etwas an Symbolen einzufügen.

Das vierte Symbol, das der elementare Bestandteil des Reiki ist, wurde offengelegt, um der Menschen Hilfe zuteil werden zu lassen, die benötigt wurde. Und insofern können hier auch keine Vergleiche angestellt werden, denn das 4. Symbol war nicht neu.

Aber manche Leute glauben, nun unbedingt etwas Neues bringen zu müssen, weil sie Reiki durch die damals erforderliche Veröffentlichung des sogenannten Meistersymbols in der Gefahr sehen, langweilig zu werden. Sicher ist: Die Welt geht nicht davon unter, daß sich Dinge ändern.

Und so würde auch mit Sicherheit Reiki als starke Methode und wunderbarer "Weg der Bewußtheit" allerlei Neuerungen in dieser Hinsicht wegstecken bzw. integrieren können, aber es ist gar nicht nötig! An diesem genialen System mit den Kräften und Möglichkeiten der vier Reiki-Symbole noch erweiternd herumpfuschen zu müssen in der Wahnvorstellung, es durch eigene gechannelte Phantasie-Kreationen aller Art verbessern zu können, legt einiges offen. Und hier ist es egal, ob es aus einer wie auch immer gearteten "Neo-Ecke" oder aus der "Schamanenklause" einer sogenannten neuen Heilerin stammt. Letztlich wird sich immer nur das durchsetzen, was funktioniert, denn nur das ist die Wahrheit. Buddha hat es so formuliert.

Diese Vorgänge zeigen, daß das ganze System nicht verstanden wurde. Doch es besteht sicher die Möglichkeit, einiges im Wege einer Nachschulung nachzuholen, wie es zum Beispiel bei der vorher erwähnten "Begründerin des sogenannten authentischen Reiki" geschehen ist.

Aber natürlich soll mit dieser Bewertung niemand grundsätzlich davon abgeraten werden, sich mit allem, was zu hören und lernen ist, zu beschäftigen. Daß es viele Neuerungen im New Age gibt, ist ja gerade das Gute an diesem neuen Zeitalter. Wer also dem geweckten Interesse folgen möchte, möge es tun. Letztlich ist nichts falsch oder umsonst, nur ob es mit dem Reiki, wie es sich täglich immer wieder in ungezählter Weise bewährt, zu tun hat, das ist die Frage.

Reiki vor unnötigen Zusätzen aller Art zu bewahren, das sollte der Wunsch aller Reiki-Lehrer sein. Man kann ja auf die Welt bringen, was man will, nur dann soll man es anders nennen und diese Dinge und sich selbst nicht an das Reiki heranhängen, weil es schon bekannt, stark und anerkannt ist.

9. Reiki-Lehrer als Experten für alles?

Frage: Wie wichtig ist es für Reiki-Lehrer, die Techniken zu beherrschen? Oder reicht es, gute Einweihungen geben zu können?

Antwort: Es ist rein theoretisch im Ausnahmefall möglich, gute Einweihungen zu machen, ohne vorher die Techniken eingehend praktiziert und in ihrer Vielfalt kennen gelernt zu haben. Dann allerdings hat der Lehrer dem Schüler nach der Einweihung nichts mehr zu sagen. Und das kann nicht Sinn der Übung sein. Um Schülern bei der Vermittlung von Reiki behilflich zu sein, ist es wichtig, die Energien der Symbole mit ihrem jeweiligen geistigen Hintergrund verinnerlicht zu haben, denn nur so kann man Techniken erläutern, die auf ihnen aufbauen. Sehr gute Hintergrundinformationen zu den Symbolen sind in dem Buch von Frank Petter mit dem Titel "Das Reiki-Feuer" zu finden.

Andererseits ist es mit Sicherheit nicht erstrebenswert, für jeden neuen Schüler die Symboltechniken standardgemäß herunterzuspulen. Das merkt nämlich jeder, und nur wenige werden das ganz naiv für eine begrüßenswerte Routine halten. Ein immer wieder gleiches Programm abzuspulen, wird auch für den Lehrer langweilig und letztlich unbefriedigend, und das trägt sicher nicht zur Atmosphäre bei.

Reiki sollte nicht „zum Job verkommen", den man halt macht, weil man damit so schön und leicht gutes Geld verdienen kann und weil einen dabei ja auch niemand zu kontrollieren vermag. Die Wissensvermittlung ist eine Komponente im liebevoll-einfühlsamen individuellen Rahmen des Geschehens. Daß in ihm energetisch wirksame Einweihungen stattfinden, sollte selbstverständlich sein, denn nur für ein angenehmes Plaudern am Nachmittag bei Tee und Plätzchen ist der Preis für die Einweihungen zu hoch.

Diese wiederum auf qualifizierte Weise geben zu können, ist mehr, als ein inzwischen leider nachzulesendes (verkürztes) Einweihungsritual runterzuspulen. Hierzu gehört sehr viel mehr, und darauf ist auch seitens des Schülers Wert zu legen. Nun weiß man vorher nichts ganz genau, und muß deshalb auf die eigene Intuition vertrauen, vorher schon - oder Lehrgeld bezahlen.

Reiki-Einweihungen sind Energie-Übertragungen, und der Lehrer ist dabei _ein Vermittler_ zwischen Mensch und Kosmos.

Der Vermittler stellt sich selbst als Kanal zur Verfügung, und die Energien wirken durch ihn. Niemand als unerleuchteter Normalmensch kann "selbst" "einweihen". _Man ist Lehrer, nicht Meister._

Niemand kann gleich zu Beginn perfekt sein. Insofern muß natürlich auch den neuen Lehrern eine gewisse Einarbeitungszeit (selbst nach einer längeren Ausbildung) zugebilligt werden. Ein offenes Herz für die Belange der Reiki-Schüler ist dabei immer ein guter Ratgeber, und die Einzeleinweihung ist sicher der größere Garant als ein Seminar für eine ganze Gruppe, tatsächlich etwas Bleibendes ins Leben mitnehmen zu können. Die ganze Zeit den Lehrer für sich allein zu haben, ist nun einmal in aller Regel wirkungsvoller. Wer nicht unbedingt die Gruppe als eine Stütze braucht, sollte deshalb auf einer Einzeleinweihung bestehen.

10. Traditionell?

Frage: Worin besteht der Unterschied zwischen einer traditionellen Weitergabe des Reiki und einer durch freie Reiki-Lehrer?

(Dieser Text ist nicht für das Jahr 2016 aktualisiert. Anm. d. V.)

Antwort: Der Unterschied ist gewaltig. Gleich vorweg: Es gibt keine bessere Reiki-Energie für mehr Geld, und eine Einweihung oder Ausbildung muß nicht schlechter sein, nur weil die alten Standardpreise nicht mehr verlangt werden. Die Zugehörigkeit zu einer der bekannten Reiki-Organisationen bürgt nicht unbedingt für Qualität, und freie Lehrer, die sich irgendetwas Neues ausgedacht haben, sind wohl besser mit Vorsicht zu genießen. Es ist wie früher mit dem Kaiser. Als es den noch gab, war alles klar, alles war geregelt, und jeder wusste genau, was er zu tun hatte.

Wer auf den Tenor geachtet hat, wird bemerkt haben, worauf die Betonung liegt: Auf der freien Entfaltung aller Beteiligten. (Vom Geld sollte in bezug auf die orthodoxen Organisationen lieber nicht zu eingehend gesprochen werden... So soll nur festgehalten werden, daß die Einteilung der Reiki-Grade, die Preisgestaltung und auch die Ausbildungsanforderungen gerade auch hinsichtlich einer Bindung an den Lehrer und die Organisation Kriterien sind, die bei der Wahl des Lehrers eine große Rolle spielen. Wer glaubt, auf Nummer sicher zu gehen, indem eine Organisation mit dem Vertrauen beehrt wird, muß heutzutage nicht mehr automatisch das Beste bekommen, was an Reiki-Vermittlung zu bekommen ist. - Es ist leider so, daß "die Zeiten nach dem Kaiserreich" unüberschaubarer geworden sind.

Also gilt es, in jeder Hinsicht aufmerksam und kritisch zu sein, eigenen Impulsen zu folgen, genau zu prüfen, was angeboten oder "vom Himmel herunter" versprochen wird. Machen Sie nicht leichtgläubig das erste mit, nur weil es so mystisch und esoterisch einmalig oder zumindest bequem erscheint. Fahren Sie notfalls lieber in die nächste oder übernächste Stadt! Wer sich nach der ersten Prüfung von Angeboten und der ersten Bewertung von Berichten unsicher fühlt, sollte sich vielleicht erst grundlegend über Reiki informieren.

Doch seien Sie gewiss: Was auch immer Sie tun, im Bereich Reiki kann es nicht völlig falsch sein, eher - und das zu 95 Prozent - sehr richtig. Aber es muß in einem Buch wie diesem auf die Unwägbarkeiten hingewiesen werden, sonst heißt es, man hätte dem Publikum auf der Ebene der Blauäugigkeit etwas einzureden versucht. Seien sie gewiss, daß es letztlich nur eine einzige Reiki-Kraft gibt, die mit Sicherheit stark genug ist, uns weiterzuleiten, auch wenn wir einmal - zu Lernzwecken - irgendwo auf der Sandbank gestrandet sind.

11. Gibt es eine Gefahr der Krankheitsübertragung?

Frage: Können bei einer Reiki-Behandlung für schwer erkrankte Menschen, also z. B. Menschen mit Aids oder Krebs, diese Krankheiten auf den Behandler übertragen werden?

Antwort: In der Reiki-Literatur ist bisher von keinem derartigen Fall berichtet worden. Und das ist auch nicht verwunderlich, denn es wird im Gegenteil davon gesprochen, daß eine Reiki-Einweihung, über die der Behandelnde ja verfügt, einen Schutz vor negativen Fremdenergien bietet.

Das bedeutet, daß ein Reiki-Praktizierender schon des ersten Grades normalerweise nicht von der Energie eines Kranken in Mitleidenschaft gezogen werden kann. Das dürfte auch auf Spätstadien von Krankheiten zutreffen, die als unheilbar gelten. Das ist die Grundannahme, aber eine eindeutige Beweislage gibt es nicht, weil niemand bisher großangelegte Reihenversuche unternommen hat. Von großer Bedeutung ist, daß der Behandelnde nicht sich selbst als HeilerIn sieht, denn dann könnten Energievermischungen eintreten, die sich jeder Kontrolle entziehen.

Energie fließen zu lassen, ohne selbst über hochentwickelte Fähigkeiten eines Geistheilers zu verfügen, das ist ja unter anderem gerade das Interessante am Reiki. <u>Nur muß klar sein, daß wir in der Reiki-Behandlung alle immer nur Mittler sind, nicht Heiler in einem Heilungsgeschehen.</u>

Die Reiki-Kraft unterstützt viele bekannte Methoden, so z. B. die Wirkung von homöopathischen Mitteln, Bachblüten und ätherischen Ölen. Reiki parallel zur Akupunktur und Akupressur gegeben, ist eine gute Verbindung, wenn es darum geht, Energien zum Fließen zu bringen und Kräfte zu konsolidieren.

Nach einer Reiki-Behandlung, in der der Behandelnde grundsätzlich energetisch weitestgehend geschützt ist, kann im Gespräch eine krankheitsbedingte seelische Anspannung des Kranken auf den Reiki-Behandler übergehen. Hier ist dann die Reiki-Behandlung als Energiefluss allerdings bereits beendet, und so sollte in dieser Hinsicht darauf geachtet werden, was vor sich geht. Wenn die Stille der Begegnung und der Fluß der Reiki-Kraft aufhören zugunsten der alltäglichen Verstandestätigkeit, also im Gespräch, dann ist es in der Regel auch mit dem Reiki-Schutz vorbei. Was auf Ärzte und medizinische Hilfsberufe zutrifft, ist noch ein gesondertes Thema. Etwas absolut Allgemeingültiges läßt sich wohl nicht sagen.

12. <u>Wartefristen nach dem ersten und zweiten Grad</u>

Frage: Wie lange muß ein Reiki-Schüler im Normalfall warten, bis nach dem ersten Reiki-Grad der zweite absolviert werden kann? Wie lange muß mit den Techniken des zweiten Grades experimentiert worden sein, bis ein Schüler "reif genug" ist für den dritten Grad, die Einweihung in DAI KOMIO?

Antwort: Die "Öffnung zum freien Reiki-Lehrertum" hat es mit sich gebracht, daß manche Reiki-LehrerInnen aus falsch verstandenen sozialen Ambitionen heraus die bewährte Praxis bezüglich des Zeitrahmens verlassen haben. Das nutzt niemandem, denn fast ausnahmslos jeder neue Reiki-Schüler benötigt Zeit, um sich an die Energie, den Ablauf, ja auch an das Geschehen über den Intellekt zu gewöhnen. Die bewährte Praxis, mindestens drei Wochen nach jedem Grad verstreichen zu lassen, sollte auf keinen Fall aufgegeben werden, zumal dieser Zeitraum keine willkürlich gewählte Zeitspanne ist.

In der Reiki-Literatur ist immer wieder auf die Konsolidierungsphase eingegangen worden, die sich an die Einweihungen anschließt. In dieser Zeit der Reinigung und Läuterung, wie sie früher vorwiegend genannt wurde, stimmt sich der Organismus, der ätherische und der Mentalkörper usw. von einem Chakra zum nächsten auf die neue Schwingung ein. Diese Zeit sollte auch jeder Schüler so bewußt, so aufmerksam wie nur möglich für sich nutzen, denn die stattfindenden Veränderungen, die nicht willentlich herbeigeführt sind und es auch nicht können, sind sonst nicht allzu oft zu erleben... Hier liegt eine wunderbare Chance, sich tiefer und intensiver zu erleben.

Insofern ist es nicht nur unsinnig, sondern auch unverantwortlich und traurig zugleich, wenn alles auf einmal verkauft wird als „die große Errungenschaft des schnellsten Reikis der Welt". Selbst der erste Grad kann so viel bewirken, daß es schade wäre, darüber hinwegzufegen. Allerdings gibt es natürlich auch Menschen, denen der erste Grad - vielleicht nach den wunderbaren Einweihungserlebnissen - in der Drei-Wochen-Periode nichts mehr bringt, was im äußeren Erleben motivierend wäre. Wenn dann der Wunsch nach dem zweiten Grad besteht, sollte er umgehend gegeben werden.

Die Erfahrung zeigt, daß viele Menschen scheinbar seit Äonen darauf gewartet haben, endlich einmal mit geeigneten Mitteln geistig arbeiten zu können.

Das ist der Personenkreis, der nach einer gewissen Zeit vielleicht sogar daran erinnert werden kann, daß es zur Abrundung des Systems noch den dritten Grad mit dem Meister-Symbol DAI KOMIO gibt. In der Regel sind die Praktizierenden des Reiki dann auch bestens vorbereitet, nach der Phase des Handelns (bzw. des Nicht-Handelns mit den Symboltechniken) in den dritten Grad zu gehen.

Allen SchülerInnen steht der dritte Reiki-Grad zu!

Die Entscheidung, wann es jeweils soweit ist, ist als Teil der Lehrer-Einweihung dem Lehrer intuitiv deutlich. "Die Reife" der Schüler zum Weitergehen muß der Lehrer bewerten und auch so verdeutlichen. Ein überhastetes Vorgehen aus welchen Gründen auch immer sollte es nicht geben.

13. Was darf Reiki kosten?

Frage: Eigentlich kann man sagen, daß Energie einfach vorhanden ist, oder daß sie von Gott kommt. Müsste Reiki da nicht umsonst sein? Also, was darf eine Reiki-Behandlung oder eine Reiki-Einweihung kosten?

Antwort: Wenn wir davon ausgehen, daß Reiki auf den Wiederentdecker und Begründer Dr. Usui zurückgeht, dann ist es für alle Praktizierenden des Reiki eigentlich ganz klar, daß ein angemessener Austausch stattfindet. Das ist alles überall lang und breit nachzulesen.

Und da wir uns nicht mehr in einer vorgeschichtlichen Tauschgesellschaft befinden, ist die Bezahlung mit Geld die praktische Methode dafür. Schöner, aber in der Praxis meistens nicht möglich, ist der Austausch ohne Geld. Das simple Motto lautet hier: Ich gebe dir eine Reiki-Behandlung, und du gibst mir eine schöne Massage.

Auf der Ebene der Einweihung, die ja eine ganz andere Qualität allein wegen der bleibenden Energie-Effekte hat, ist das schon schwieriger. Versuche, untereinander Reiki-Einweihungen gegen andere Leistungen wie Sessions oder Ausbildungen oder so etwas zu tauschen, bergen erfahrungsgemäß leider sehr viel Konfliktstoff in sich. Es sei also davon abgeraten. Wer etwas haben möchte, muß dafür (Bar-) Geld hinlegen. So ist es überall. (Auch Schecks und spätere Überweisungen usw. sind ungeeignet, weil der direkte Eindruck von Geldscheinen, die überreicht und angenommen werden, dem Bild des angemessenen Austausches am ehesten entsprechen. Und wenn das alles vorher ganz klar verabredet ist, dann treten auch keine Probleme auf.)

Natürlich ist es so, daß Energie und Bewußtheit usw. umsonst sind. Das trifft auf Reiki genauso zu. Niemand bezahlt mit Banknoten „für drei Kilowattstunden Reiki" zweihundert Euro.

Bezahlt wird die Leistung der Lehrerin bei der Einweihung, die auch die Vorbereitung und eine "Nachsorge" beinhaltet. Das gleiche trifft sinngemäß auf die Reiki-Behandlung zu.

Die Empfehlung ist hier vielleicht für die Reiki-Schüler angebracht, nicht sofort zu versuchen, mit Behandlungen gegen Bares den für die Einweihung aufgewandten Betrag wieder hereinzuholen. Das kann ja durchaus noch geschehen, aber es ist besser, wenn das nicht im Vordergrund der Praxis steht.

Es ist sicher die bessere Idee, Reiki erst einmal für sich selbst einzusetzen. Das gilt für den zweiten Grad ebenso. Gerade hier ist die Verlockung groß, mit den Fähigkeiten auch Geld zu verdienen. Nichts ist daran falsch, denn Reiki wird gebraucht. Aber das Motiv sollte sich jeder vorher selbst verdeutlichen. Es kann auch mit dem Reiki-Lehrer einmal besprochen werden. Vielleicht ist es sehr interessant, was dabei herauskommt.

Das Land ist groß und die Unterschiede in den Bedürfnislagen verschiedener Menschen ebenso, deshalb kann eigentlich nur auf die hochqualifizierte Tätigkeit des Reiki-Lehrers (von der hier als Richtlinie ausgegangen wird) hingewiesen werden, wenn es darum geht, über Preise zu sprechen. Letztlich kann jeder alles verlangen bzw. alles zahlen. Vernünftig ist wohl heute, daß der erste Grad als Einstieg nicht mehr und nicht weniger als 150 bis 200 Euro kosten sollte, der zweite merkbar aber nicht unverhältnismäßig mehr.

Für den dritten Grad - also für die drei Einweihungen in das Meistersymbol - inklusive einer spirituellen Beratung und soweit gewünscht auch Begleitung - kann als ein Richtwert ein Betrag von 500 Euro angesetzt werden.

Das klingt vielleicht viel, aber es steckt oft eine lebenslange Leistung und eine große Kompetenz des Reiki-Lehrers dahinter, und die muß einfach entsprechend bezahlt werden. Das ist ein Vorschlag, aber wer es lieber alles ganz anders macht, weil inzwischen andere Erkenntnisse in der Waagschale sind, möge es halt für sich anders machen. Die Erfahrung hat leider immer wieder gezeigt, daß Reiki nicht geschätzt wird, daß es bedauerlicherweise nicht genutzt wird, daß es nicht erkannt wird, wenn es umsonst war, oder wenn man es "für einen Appel und ein Ei" bekam.

Apropos: Wer vermögend ist und dieses Prinzip nicht nur im Kopf versteht, sondern im Herzen begreift, kann über den Geldaustausch mit dem Lehrer hinaus etwas an eine gemeinnützige Einrichtung spenden. Und wer auf der anderen Seite der Wohlstandsgesellschaft lebt, ja dem kann unter Umständen, die im Einzelfall geklärt sein müssen, ein Reiki-Grad auch geschenkt werden. Auch das sollte man als Reiki-Lehrer erlebt haben. Es ist eine schöne und wertvolle Erfahrung außer der Reihe, die zu einem umfassenden Verständnis dazugehört.

Reiki ist keine nette Weichspülermethode, mit der man sich über die Nöte des Alltags hinwegtrösten kann.

<u>Reiki ist eine Methode der Selbsterfahrung, der Bewußtmachung.</u>

Reiki ist eine Energie für mehr Klarheit und für die Entfaltung einer individuellen Lebenskreativität, die die Freude am Leben stärkt und die Kraft für ein schöneres Leben vervielfachen hilft.

Reiki ist keine Spielerei. Reiki ist etwas sehr Wertvolles. Das kann und das darf es nicht umsonst geben, sonst ist es kein Ziel, auf das man zustrebt. Der Begründer des Reiki hat vor hundert Jahren diese Zusammenhänge erkannt und sie als ein Prinzip aus gutem Grund so festgelegt. Wir sollten uns in aller Regel daran halten.

(Es ist verständlich, daß Reiki vor vielen Jahren als eine neue Geldmacher-Methode in Verruf geriet, als nämlich bekannt wurde, daß von den orthodoxen Reiki-Organisationen für den zweiten Grad 600 Euro (damals 1200DM) und für den Lehrergrad - der dritte Grad wurde nicht beziehungsweise nur vereinzelt gesondert angeboten - zehn Tausend Euro (20 Tausend DM!) verlangt wurden. Heutzutage sind alle Preise praktisch völlig offen. Das ist eine große Chance, die von jedem genutzt werden sollte.)

14. "Das Arbeiten" mit DAI KOMIO

Frage: Warum ist DAI KOMIO so wichtig, und wie soll man damit arbeiten?

Antwort: Was heißt eigentlich DAI KOMIO? Es ist bezeichnend, wenn eine Frage wie diese auf gewohnt hektische Weise gestellt wird. Wer sich noch nicht mit Reiki beschäftigt hat, kann selbstverständlich die Tiefe einer solchen Frage nicht ermessen, und damit ist sie vollkommen in Ordnung so. Doch Reiki-Praktizierenden kann an dieser Stelle einmal empfohlen werden, nicht immer und wie gewohnt Fragen aus dem Kopf herausplappern zu lassen. Bei einem Thema wie diesem ist es angebracht, vorher inne zu halten und den unruhigen journalistenartigen Quatschkopf, der sich so gern wichtigtuerisch in den Vordergrund stellt, etwas zu beruhigen. - Aber Fragen kommen nun einmal aus der Gespaltenheit. Und letztlich können sie auch nur auf der Ebene der Dualität beantwortet werden.

Was heißt DAI KOMIO? Es heißt "Großes, Leuchtendes Licht", es ist die allgegenwärtige Energie des Bewußtseins. Wer in die hohe Energieschwingung des Reiki-Meister-Symbols tritt, spürt leuchtendes Eins-Sein als Mensch im Kosmos, fühlt den Auftrag, eins zu werden mit dem inneren Meister.

Insofern ist Ausgangspunkt jeder Praxis mit dem vierten Symbol das Loslassen persönlicher Zielvorstellungen und Wünsche zugunsten einer uns allen übergeordneten Führungskraft, einer Intelligenz und Gnade. (Gnade ist etwas ganz anderes als ein verstaubter Begriff aus der alten Beschreibungskiste des Reiki.)

Mit DAI KOMIO, kann niemand "arbeiten". Man kann es benutzen, besser gesagt, um Hilfe bitten, um Übungen damit zu machen.

Für Experimente, die Aufschluss über unsere innere Struktur zu geben vermögen, gibt es eine Reihe von sehr wesentlichen Anregungen. Es ist aber nicht zu erwarten, mit dem Symbol und der durch das Symbol wirkenden Energie Prozesse willentlich abwickeln zu wollen.

Hier zeigt sich eine interessante Möglichkeit der Differenzierung, die im Lichte eines Energieträgers klarer ausfällt: Man kennt die Auffassung, nach der man alles total tun soll. Die Betonung liegt auf dem Tun. Könnte es sein, daß das Wollen an sich das Misslingen automatisch im Gepäck hat? Ist es möglich, daß jede misslungene Angelegenheit in unserem Leben, besonders die im Bereich der Liebe und Partnerschaft, effektive Prüfungen für uns sind, in denen wir Verständnis über unser Tun und über das Nicht-Wollen erlangen sollen?

Wenn davon ausgegangen werden muß, daß all unser Bestreben normalerweise aus dem Ego kommt, das automatisch mit den Absichten und Plänen aller anderen Menschen um uns herum kollidieren muß, wäre es dann nicht besser, zumindest den Versuch zu unternehmen, etwas weniger zu wollen und sich mehr dem Strom des Lebens zu überlassen?

Sich total dahinterklemmen, Erfolgskurse machen, Ziele formulieren, Pläne ständig affirmieren, "das eigene Ding machen", „alles voll total durchziehen" - das ist der Tenor, der jungen Berufsanfängern als die seligmachende Devise vorgehalten wird. Das mag ja auch gut und wichtig sein, nur ist es mit dem Erreichen von Zielen nicht getan, denn die Frage ist, was dann kommt...? Noch mehr neue und immer wieder endlos andere Ziele, noch mehr Prozentpunkte von irgendwas und noch mehr Nachrichtensender auf dem Handy, dem smartphone, wie es nun zur Veröffentlichung des Buches allgemein verwendet wird...?

Man soll nicht gleich das Liegen auf der Bärenhaut praktizieren, wie hier vielleicht angenommen werden kann, sondern das eigene Leben aus einer etwas anderen, weniger effektiv-pragmatischen Sicht heraus gestalten. Damit ist kein neues "Verlierertum" zu befürchten, sondern im Gegenteil ein tragfähiges Fundament für alles Handeln, im wachsender "Nicht - Tun".

Wie aus dem Ego, das beansprucht, der Handelnde zu sein, herauskommen? Das ist für diejenigen, die das als Meilenstein der menschlichen Entwicklung erkannt haben, schon sehr lange die große Frage. Die heiligen Schriften der Religionen befassten sich damit, und heute ist nicht selten „ein Reisender in Sachen Spirit" zu hören, der genau weiß, wie es geht... Die Schwingung des DAI KOMIO ist ein Angebot, sich der Lösung dieser Frage zu nähern, aber nicht in der Abgeschiedenheit, sondern gerade mitten im Alltag, inmitten der Klärung unserer Situation und bei der Bewältigung aller anstehenden Herausforderungen.

Und wenn wir davon den entsprechenden Geschmack bekommen haben und verstehen und begreifen, was das eigentlich sein soll, dieses Vertrauen in das Leben, in die Richtigkeit der Abläufe aus einer höherer Warte, die wir einzunehmen aufgerufen sind - dann kann auch die Rückkehr zu dem kommen, von dem wir uns erst einmal auf der so quasi unteren Etage des Verständnisses lösen mussten. - Dann können wir wieder richtig total sein, voller Kraft und Schwung und guten Mutes mit der Energie des DAI KOMIO in den Tag gehen....

Dann wird auch die Arbeit - und es wird immer weniger die falsche sein und stattdessen immer mehr die richtige werden - keine Quälerei mehr sein, sondern Freude.

Dann bringt uns die Totalität wachsende Bewußtheit.

15. Reiki in der Beziehung

Frage: Der wichtigste Lebensbereich ist für viele Menschen die Ehe, die Familie, die Partnerschaft, das Erleben von Liebe und Sexualität. Was hat uns Reiki hier zu geben?

Antwort: Vor unserer Zeit wurden auf die Frage, wo die kleinen Kinder herkommen, mehr oder weniger passende Vergleiche zu Tierreich und Botanik angestellt. Aus heutiger Sicht erscheint es lächerlich und zeugt von Hilflosigkeit und Schwäche. Wir sind nun heutzutage alle ganz prima aufgeklärt, halten uns für frei und meinen, selbstbestimmt das zu wählen, was wir wollen. Jeder hofft, befriedigend und frei zu leben, und wenn das alles so ist, dann ist es gut so, zumindest schon mal sehr viel besser, als in den düsteren Zeiten, in denen Krampf und Frust, Fehlinformationen, ein Korsett aus Vorschriften, Angst und Leid vorherrschten.

Ein Reiki-Buch ist nichts, das in die Sparte der "Ratschläge von Dr. Sommer" passt, und es will sich auch nicht in die Ratgeberregale zu diesen ausgeschlachteten Themen einreihen. Tatsache ist, daß Sexualwissenschaftler und Familientherapeuten, Scheidungsrichter und Redaktionen aller Art sehr beschäftigt sind, denn von wirklich befriedigenden Umständen für das Individuum im gesellschaftlichen Rahmen kann keine Rede sein. Es ist ebenfalls eine Tatsache, daß Sex eine Ware ist, die sehr dabei hilft, andere Waren besser zu vermarkten.

Das Internet beschleunigt die Entwicklung der Sexualität zum Konsumartikel, was der Information, dem Verständnis und auch über das Chatten, einer neuen Form des Kennenlernens, dienen mag. Aber es ist damit zu rechnen, daß ein Rückzug in die eigenen vier Wände das Verharren in die eigenen Wunsch- und Traumwelten fördert.

Und damit ist die Gefahr gegeben, daß die echte und tatsächliche Kommunikation in ihrer Weiterentwicklung zurückgeworfen wird.

Außerdem ist der Fernsehzuschauer und nun also auch noch der passionierte Surver im Internet mit raffiniertesten Fantasievorgaben konfrontiert, die im Alltag praktisch niemals zu haben sind. Das kann eine Spaltung im Menschen hervorrufen, und das kann letzten Endes zu schizophrenen Verhaltensweisen führen, wenn nicht entsprechend gegengesteuert wird.

Das hat auch keine guten Auswirkungen auf die Stabilität von Beziehungen, denn alles virtuell und visuell Erlebbare passiert zu Hause nicht. Die angeregte Fantasie läuft in der realen Welt ins Leere, der angeregte Appetit wird nicht befriedigt, weil zuviel Vorgefertigtes im Kopf schwirrt. Dabei ist die beflügelnde Erotik in der Beziehung so wichtig, denn das Knistern zeigt uns, daß Erotik mehr ist als Sex. Was soll uns nun Reiki in all diesen Verwicklungen verdeutlichen und erleichtern?

Daß man durch das Erleben der Reiki-Kraft tiefer lieben kann, mehr geliebt wird als andere, daß man durch Reiki besseren und schöneren Sex erlebt oder leichter die passenden Wunschpartner findet bzw. sich problemloser wieder von ihnen zu lösen vermag, all das kann sein. Es kann für den Einzelnen zum wichtigen Feld der Selbsterkundung werden. Diese Dinge werden überall mehr als genug besprochen, allerdings ohne den Bezug zu Reiki.

Und da alles immer mehr in Richtung Alleingang geht, und sich die Bereiche des Lebens, die einmal zusammengehörten, immer mehr voneinander entfernen, ist eine verbindende Komponente gefragt. Und genau hier ist Reiki sehr hilfreich. Die Frage nach dem Entstehen der kleinen Kinder ist für die Praktizierenden des Reiki tatsächlich sehr relevant.

Die Berichterstattung in den Medien zeigt die biologischen Abläufe als Innenansicht oder im mikroskopischen Bereich, und die Betrachter dieser Bilder haben sich daran gewöhnt, daß es so aussieht und abläuft ... der Embryo im Mutterleib usw. Aber warum geschieht es überhaupt? Und in jedem neuen Frühling gibt es plötzlich Schneeglöckchen und Krokusse, die aus dem Laub des Vorjahres herausschauen, dann bekommen die Katzen ihre Babys... Dieses Leben, von dem wir Menschen Teil sind - ist es nicht unglaublich, unfassbar und wunderschön?

Daß Energie aus unseren Händen strömt, anderen Menschen in dieser Stille der Berührung Wohlbefinden gibt, vielleicht Kopfschmerzen rasch vergehen läßt... vielleicht sind die Börsendaten des Tages und diese ewige Parkplatzsuche und die Fünf der Tochter in Mathe doch nicht ganz so furchtbar - angesichts des Flieders am Gartentor... Daß wir überhaupt da sind in dieser Welt, daß wir die Gelegenheit haben, zu wachsen und zu reifen, an uns zu arbeiten und unseren geistigen Ursprung zu entdecken.... ist das nicht fantastisch?

Wenn wir bewußt daran arbeiten, gute Beziehungen zu haben, eine harmonische Ehe zu führen, in einer Familie zu leben, in der nicht nur die verschiedenen Fremdbestimmungen wirken, sondern in der von Innen heraus gelebt werden kann, zum Beispiel durch Reiki im Alltag - hat man dann nicht Grund zur Dankbarkeit?...

Auch wenn nicht alles zum Besten steht, muß sich niemand in dieses nervtötende Geflimmer der vielen Bildschirme in der ganzen Wohnung flüchten und sich vor sich selbst und allen anderen abschotten. Das heißt nicht, daß alle sich andauernd Reiki geben sollen, aber das Wissen um diese Dinge ist schon ein Halt, der - man sieht es an der Jugendgewalt und der Orientierungs- und Perspektivlosigkeit - sehr gebraucht wird.

Früher wurde das im Wege der reinen Glaubensvermittlung von der Kirche geleistet, doch das greift nicht mehr. Auch heute wird von engagierten Geistlichen in einem Bereich, der leider immer künstlicher und virtueller und immer mehr entfremdeter ist, viel erreicht. - Auch wenn der Kirche als Institution heftigste Kritik gebührt, diesen engagierten Geistlichen gebührt Anerkennung!

Reiki ist eine Brücke, die Menschen, Paare, Partner und Familien verbindet. Das kommt dem sich ausweitenden Druck, eine erfolgreiche Ehe oder eine umwerfend ungebundene Partnerschaft zu führen, sehr entgegen.

Die Praxis des Reiki gibt innere Sicherheit und hilft dabei, das Urteil Außenstehender entspannter zu sehen. Es relativiert auch den tief verwurzelten Wunsch, anerkannt zu werden, gebraucht zu werden. Reiki macht deutlich, wo wir in einer eingefahrenen Weise Defizite mit Ersatzbefriedigungen zu kompensieren versuchen.

Die Sicherheit in der Beziehung ist das, wonach wir alle suchen. Den Verlust der Sicherheit fürchten wir sehr, denn dann sind wir plötzlich allein. Wenn unsere Selbstsicherheit aber nur auf der Partnerschaft beruht, die jederzeit beendet sein kann durch unendlich viele Unwägbarkeiten, sind wir sicher schlecht beraten.

Reiki zeigt uns, daß Lebendigkeit für jeden einzelnen nicht vom Einklang mit dem anderen abhängen muß, wobei es wunderbar ist, wenn er da ist.

Sich selbst zu lieben und mit sich selbst im Einklang zu sein, ist die wichtigste Grundlage für das Leben mit den anderen.

Reiki hilft über unsinnige Komplexe hinweg, es wird uns in unserer unverwechselbaren Individualität und Schönheit bestärken.

16. Feinstoffliche Lebensbereiche

Frage: Für einige - besonders weibliche - Reiki-Praktizierende scheint es zum Reiki-Weg zu gehören, mit Engeln zu kommunizieren. Gehören Reiki und Engel, der Bereich des Mystischen und das ganze New-Age-Wissen untrennbar zusammen?

Antwort: Reiki ist sicher nicht das Heilsystem, als das es neuerdings auch schon in den gut gemeinten und gut gemachten Apotheken- und sonstigen artverwandten Zeitschriften beschrieben wird. Das heißt nun aber nicht, daß alles, was an Glaubensfragen und Religionsphilosophien, Esoterik-Gebäuden mit allen Trends und Neuerungen und jede Entwicklung auf diesen und womöglich allen noch angrenzenden Interessensgebieten Gegenstand des Reiki-Prozesses sein muß.

Damit ist aber auch nicht gesagt worden, daß die Reiki-Lehrerinnen und Reiki-Lehrer nun alles als Schmarren abtun können, was nicht in ihr eigenes Weltbild passt oder was in ihren eigenen Ausrichtungen und Geschmacksrichtungen keinen Widerhall findet. Das neue Zeitalter ist ein Zeitalter des Geistes und der Freiheit, und dazu gehört es, daß mindestens jeder zweite neue Reiki-Schüler mit eigenen Plänen und Ideen und Erwartungen und Fragen und Problemen und Enttäuschungen den Reiki-Lehrer schon vor Beginn eines Zusammengehens im Reiki-Prozeß etwas testet ... mit Recht. Nun tut es nicht jeder, aber man sollte sich doch mehr auf eine derartige Entwicklung einstellen. Reiki unterstützt alles, was an guten und bewährten Methoden auf dem Weg zur Erkenntnis und Freiheit erprobt ist. Es wird sich nicht mit anderen Weisheitslehren reiben, stets ergänzend wirken durch das Erleben der frischen Lebenskraft anspornen, eigene Weg zu gehen und alles Erlernte zu vervollkommnen. - Und dabei mögen auch Engel behilflich sein... wer weiß.

Der Mensch hat Zukunftsängste und durchläuft Lebenskrisen, es gibt Unglück und Verzweiflung und auch immer wieder neue Alltagsängste - und es gibt Menschen, die davon berichten, daß ihnen von Führungsengeln geholfen wurde. - Wer einmal in akuter Lebensgefahr war, vielleicht dabei vollkommen wach - und es ging gut. Wer vielleicht kurz davor war, ermordet zu werden... und dann plötzlich seinen Schutzengel "sah" ...... wird dieser Mensch Gelächter ernten, wenn er voller Dankbarkeit anderen davon berichtet?

Es sind wohl weniger `die Sinnfragen´ als die Lebenskrisen (besonders die ganz aktuellen), die uns etwas über die Existenz von Engeln erfahren lassen. Wer gern an sie glauben möchte oder wer meint, sie verneinen zu müssen, gehört nicht zur Gruppe derer, die selbst und ganz real etwas wirklich Relevantes erlebt haben. Insofern ist auch keine Überzeugungsarbeit zu leisten, und den üblichen Negativ-Argumenten aller "Neunmalklugen" muß auch niemand Beachtung schenken.

Reiki und andere Wege der Hinwendung, also auch die Begegnung mit dem "Reich der Engel" haben eine schöne Gemeinsamkeit. Das ist die Hinwendung nach Innen, die Einstimmung auf tiefere Ebenen unseres Seins. In ihnen sind Kontakte zu unserem tieferen Sein und zu den so oft verspotteten "Parallelwelten" und ihrer Elementarwesen möglich, die sich normalerweise hinter dem Schleier „nüchterner und verstandesbetonter Sichtweisen" verbergen. Die Hinwendung nach Innen ist wie bei der Reiki-Selbstbehandlung oder der Behandlung für andere am besten durch das Schließen der Augen zu erleben, denn mit geschlossenen Augen sieht man mehr....

Über das Spüren unseres Körpers, über das Fühlen von Energien finden wir Zugang zu den uns sonst nicht zugänglichen Ebenen.

Nur aus der Intuition und dem Wunsch nach einem schönen und kreativen Dasein wird sich vielleicht eine Empfehlung formulieren lassen: Vielleicht können wir noch erfüllter leben, wenn wir der Existenz der Engel nachspüren.

Es ist ein sensibles Thema und es geht um eine sehr wichtige Frage. Gerade hier gehen unter den Reiki-Praktizierenden die Meinungen weit auseinander. Für "die Realos" sind esoterische Beschäftigungen eher sinnlos, für "die Esoteriker" "unter den Reiki-Leuten" sind alle ohne jenseitige Erfahrungen Gebliebenen arme Anfänger. Wo liegt die Wahrheit? Was soll man empfehlen? Wer schon einmal seinen Schutzengel ohne jeden Zweifel gespürt oder sogar `gesehen´ hat, kann es nur so berichten. Aber vielleicht sollte hier doch mehr gesagt werden:

Reiki praktizieren heißt, still zu werden, nach Innen zu hören und auf das Wesentliche zu achten, sich von Innen führen zu lassen. Für eine Kontaktaufnahme mit dem Reich der Engel und Elementarwesen trifft das sicher genauso zu. Wenn Sie nun die Erfahrung gemacht haben, daß Sie "Ihr Schutzengel" beschützt, daß Sie "Ihr Führungsengel" durch die kleinen und großen Misshelligkeiten des Alltags führt und daß "Ihr Sonnenengel" immer wieder Inspiration für die weiteren Schritte zum Umsetzen des Lebensentwurfes gibt, dann ist "das Ergebnis" von dem der Reiki-Praxis nicht zu unterscheiden...

Wir stellen immer wieder einmal Fragen nach dem "Sinn". Oder wir wissen einfach nicht mehr weiter. Aber da muß es nicht gleich um die Entstehungsgeschichte unserer Erde als Erklärungsmodell der Probleme unserer Tochter von heute Vormittag gehen.

Und natürlich kennt jeder das Gefühl der Leere, das sich einstellt, wenn wir uns ruhig und ernsthaft die Frage stellen:

Was kann ich jetzt tun? Haben Sie es schon einmal erlebt, daß dann plötzlich eine Stimme da ist, `die spricht´, während Sie weder nach innen lauschen noch etwas erwarten, sondern einfach nur schweigen? - Und wenn es um Geld gehen sollte, das Sie "verloren" haben, dann sagen Sie sich doch einfach, daß es nicht "weg" ist, weil es ja gar nicht "weg" sein kann - es hat nur gerade jemand anders.

Ob es nun Engel sind, die helfend eingreifen, das sonst kaum vernehmbare höhere Selbst, das kluge innere Kind oder die innere Zwillingsseele, der energetische Gegenpart, Gott, ein Avatar, ein verkörperter oder ein aufgestiegener Meister, der unbenennbare Raum des Nicht-Selbst oder sonstwas ... vielleicht die durch eine Reiki-Selbstbehandlung empfangene Intuition von nirgendwoher... ist das alles wichtig? Kommt es nicht nur darauf an, daß wir ein erfülltes Leben führen?

Auch Abendländer wissen heute, daß sich ein Mysterium nicht nur den Gläubigen erschließt, zum Beispiel nicht nur den Katholiken, sondern auch denen, die sich über geeignete Methoden leer "machen" können. Wer sich selbst als Ego der umfassenden Wahrheit nicht in den Weg stellt, nichts anderes will als das, was ohnehin zu geschehen hat, ist automatisch der Klarheit ein Stück näher. Denn es sind die großen und kleinen Erwartungen, die wir mit uns herumtragen, die den Fluß unseres Lebens behindern. Es erfordert oft schmerzhafte Prozesse, um zu der Einsicht zu gelangen, daß es unmöglich für den Menschen ist, auf direktem Wege in sein kleines Vorstellungsparadies zu gelangen, das er sich ausgedacht und ausgemalt hat.

Es gibt viele geistig ausgerichtete Menschen, die unbestreitbar hehre Ziele verfolgen. Um sie zu erreichen, wird nicht selten auch mit Engeln "gearbeitet".

Und es gehört für viele zum Leben mit Reiki, ausgefeilte und auf das persönliche Leben abgestellte Erfolgs-Affirmationen mit den Symboltechniken zu unterstützen. Auf einer ähnlichen Argumentations- und Motivationsebene werden somit auch die Engel "eingesetzt". - Der Glaube hinter der Motivation mag rein und untadelig sein, doch es muß auch damit gerechnet werden, daß die unerwartete Wahrheit die Aktivisten schneller als erwartet einholt. Sie werden dann - ohne das jemals erwartet zu haben - mehr oder weniger frustriert feststellen müssen, daß es einmal mehr das Ego war, das wieder etwas vorzugaukeln beliebte.... entgegen aller Erwartungen....

"Die Welt ist, was der Fall ist", sagte Wittgenstein, und das dürfte tatsächlich auf alle diesseitigen und jenseitigen Erscheinungsformen und Daseinsebenen zutreffen. Wenn man davon ausgeht, daß der zum Naturreich zählende einzelne Mensch eigentlich nichts machen kann (obwohl er internationale Raumstationen und interstellare Raumsonden zu ersinnen und zu bauen vermag), dann könnte man der These folgen, daß die uns wohlgesonnenen Vertreter einer Parallel-Wirklichkeit, in diesem Fall aus dem Reich der Engel, uns Menschen leiten.

Sie führen und leiten jeden Menschen in das für ihn vorgesehene Terrain, und damit in äußere Umstände, die die jeweils anstehenden Erfahrungen ermöglichen. Warum wohl sonst fahren wir plötzlich in Urlaub, obwohl wir gestern noch gemütlich eine Woche zu Hause bleiben wollten? Weil wir an diesem Ort, der uns nie in den Sinn gekommen wäre, einem Menschen begegnen, der uns vielleicht geschäftlich weiterbringt. Warum - und Last-Minute-Flieger wissen das - macht das Verreisen auf der totalen Überraschungswelle so viel Spaß?

Weil eben alles drin ist an tollen Überraschungen.

Und dann gibt es ja auch noch diese überraschenden Anrufe, aufgrund derer man dann einen Zug später fährt - und das Zugunglück nicht life erlebt, sondern davon in den Nachrichten hört... Wie ist es alles zu erklären? Mit Zufall? Mit Karma? Mit Schicksal? Sind es Engel, die uns helfen?

Dem Menschen bleibt als Aufgabe, die Botschaft in allen Ereignissen und Entwicklungen weise zu deuten und den höheren Willen zu akzeptieren. Mehr können wir einfach nicht tun. Die Christen sagen, es sei Gottes Wille; die Moslems sagen, es sei der Wille Allah´s. Ob es uns gefällt oder nicht - das Leben lebt uns.

Diesen Einsichten zufolge können wir uns entgegen aller Ängste aufmachen, um gut funktionierende Begreiforgane und Empfangsantennen zu entwickeln, um möglichst unabhängig von den viel zu lange propagierten Wegen der Annäherung an die Wahrheit zu kommen. Der Glaube an Gott ist nicht nur hilfreich für die, die schwach, arm im Geist oder in Bedrängnis sind... die den allmächtigen und gütigen, den abrufbaren personifizierten Papa-Gott brauchen, wobei es wie bei den Hindus auch viele Gott-Mamas und viele Gott-Papas sein können. Möglicherweise sind Engel die in gewisser Weise personifizierten Aspekte des Göttlichen, die Menschen mit dem Bedürfnis nach einer intensiven Hinwendung durch ihre Anwesenheit eben dies ermöglichen.

Diesem Thema sollte viel Raum zugestanden werden, denn hier handelt es sich um einen dem Reiki sehr nahe verwandten Themenbereich, zwar nicht von der ursprünglichen Energie her, dafür aber durch die in vielen wunderbaren Menschen entstandenen Erfahrungen. Das soll aber nicht bedeuten, und damit sei die Eingangsfrage beantwortet, daß jeder Reiki-Schüler an die Existenz von Engeln glauben sollte oder müsste. Wir sind frei zu glauben, zu erfahren, zu teilen.

17. Reiki wissenschaftlich belegt

Frage: Ist es möglich, die Wirkungsweise der Reiki-Kraft naturwissenschaftlich zu belegen?

Antwort: Die `Reiki-Kraft´ ist eine Bezeichnung für `Universelle Lebensenergie´, und das wiederum ist letztlich das, was im Universum anzutreffen ist - was der Fall ist. Die Sterngucker des Altertums und die Astronomen des späten Mittelalters haben sich wohl immer wieder gefragt, was ist es, das alles bewegt, zusammenhält und überhaupt erschaffen hat? Für Gläubige ist es Gott, und alle seine Schöpfungen sind sein Werk und so geht es alles weiter bis zum Jüngsten Tag. Und dann kommen die Guten und die Gläubigen in das Paradies, die Bösen hingegen in die Hölle.

Nach heutiger Erkenntnis könnte man vielleicht "das Schwarze Loch" als höllenmäßige Erscheinung erwähnen, denn alles, was in seine Nähe kommt, wird unweigerlich in den schlundartigen Ansaugtrichter dieser Höllenerscheinung gerissen, unrettbar und vorläufig auf ewig. Der Witz ist, daß im schwarzen Loch die Zeit rückwärts läuft, was für Gläubige eventuell an diesem Höllenstrudel verlockend sein kann, denn auf diese Weise kann man womöglich die Apostel und Propheten kennen lernen bis zurück zum Stammvater Abraham. Tja, und dann wird es allerdings sehr interessant, denn in letzter Konsequenz nähert man sich ja wohl dem Schöpfer persönlich.

Wer zurück zu Gott und zum letztendlichen Ursprung will, wird am ehesten verstehen, daß die Gravitationskraft die stärkste Kraft im Weltall ist. Sie wird auch inzwischen anschaulich durch die vielen Satelliten und Raumsonden, die unter Ausnutzung der Schwerkraft der Planeten zusätzlichen Schwung im Vorbeiflug bekommen.

Nach vielen Jahren können sie unser heimisches Planetensystem verlassen, nicht ohne von unterwegs fantastische Bilder der entfernten Planeten und ihrer Monde zur Erde gefunkt zu haben. Die Elektromagnetische Kraft macht Entwicklungen möglich, die früher undenkbar waren. Der Mensch muß halt nur alles zu nutzen verstehen, und das für friedliche Zwecke.

Die beiden anderen Kräfte, von der uns die Physik berichtet, sind Kräfte innerhalb der Atome, die mit der Gravitation und mit der elektromagnetischen Kraft in Verbindung stehen. Diese vier Urkräfte sind Bestandteile der einen Urkraft, die auf den Beginn es Universums, den Urknall, zurückführen. Dieser Beginn der Materie war auch der Beginn des Raumes, der durch Zeit zu erfassen ist.... und da das alles laut Einstein sehr viel Energie darstellt.... Das physikalische Weltbild ist noch unvollständig, aber daß wir immerhin schon so viel wissen, ist doch wunderbar beruhigend. Oder nicht?

Der Reiki-Schüler glaubt gern, daß die Quantenphysik leider immer noch nicht alle Elementarteilchen beschreiben kann. Man weiß jedoch, daß die Lichtteilchen, die Photonen, über keine eigene Masse verfügen, und daß Teilchen an sich sehr gern nicht lokalisierbar sind, sondern daß nur Wahrscheinlichkeiten für ihr Erscheinen angenommen werden können, ist auch gut zu wissen...

Und jetzt kommt´s: Bei der Entstehung von Sternen und durch das Sterben der Sterne werden Elementarteilchen mit der Bezeichnung *Neutrino* frei. Diese Neutrinos sind in der Lage, den menschlichen Körper zu durchdringen. Wir Erdbewohner sind also von einer explodierenden Supernova zur nächsten einem Beschuß durch kosmische Teilchen ausgesetzt. Aber was das heißt, das kann sich jeder nun selbst ausschmücken. Sofern man überhaupt Spaß dran findet an derlei Problemfeldern...

Der Wissensdrang im Menschen war und ist der Garant dafür, daß aus Steinzeitkeulen große Raumschiffe werden, wie es am Anfang des Filmes "2001-Odyssee im Weltraum" schon vor vielen Jahren so wunderbar gezeigt wurde. Wo sich allerdings auch ein Ende der grundsätzlich ja immer richtigen optimistischen Grundhaltung zeigt, ist jetzt im Bereich der Geschäftserwartungen der Informations-technologie zu sehen. Die große Internet-Euphorie der Industrie ist fragil, weil sich zeigen muss, wie lange noch all diese netten kleinen Spielzeuge von Konsumenten erworben werden wollen.

Die Universelle Kraft in ihren durchaus auch physikalisch zu erkundenden Strukturen läßt den Menschen den Freiraum der Erkundung ebenso wie die Einsicht, daß die Vernunft und mit ihr eine gewisse Selbstbeschränkung genauso wichtig ist.

Neutrinos sind stabil, aber sie sind ungeladen, haben selbst auch Antiteilchen und wenn sie mit einer Masse behaftet sind, können sie einen Anteil zur dunklen Materie liefern. - Tja. - Sind sie es, die Energie übermitteln, die uns das hohe Bewußtsein z. B. eines tibetischen Rinpoches blitzartig spüren lassen, sowie er den Raum betritt? Vielleicht können sie deshalb so gut etwas transportieren, weil sie eben selbst keine Ladung haben und nach dem Transport wieder leer sind?

Die Seele spürt Energien, hohes Bewußtsein, doch wer trägt „das Etwas", was zu spüren ist, zu ihr? Also was ist mit den Neutrinos los? - Man hätte wohl auch andere Beispiele wählen können, die womöglich allgemeinverständlicher wären oder auch nicht.

Aber darauf kommt es eigentlich gar nicht an, wobei es natürlich interessant wäre, den hier aufgeworfenen Fragen in geeigneten wissenschaftlichen Versuchen nachzugehen.

Vielleicht wird es ja einmal Reiki-Lehrer geben, die auch Physiker sind, und die Freude daran haben. Und das ist gar nicht abwegig, denn schon vor Jahren sind Fakire und Yogis hinsichtlich ihrer teilweise sensationellen Fähigkeiten wissenschaftlich begleitet worden. Warum sollte sich nicht auch Reiki durch "Versuche von vorher-nachher" physikalisch objektivieren lassen und damit naturwissenschaftlich belegen, was in diesen Büchern besprochen wird? Medizinisch wurden an Menschen, die in Meditation sind oder die mit dem Autogenen Training arbeiten, längst Veränderungen der Gehirnströme, der Atemfrequenz, des Blutdrucks usw. gemessen.

Aber vielleicht ist es ja auch nicht nötig, denn es ist eindeutig, was passiert: Wenn ich meine Hand auf Ihren Arm lege, fließt Reiki. Meine Hand beginnt zu kribbeln und warm zu werden, und Ihnen wird es ähnlich ergehen.

18. Reiki ist keine Eintagsfliege

Frage: Ich habe im Bekanntenkreis miterlebt, daß das anfängliche Interesse der Teilnehmer an Reiki nach den Reiki-Seminaren für die Einweihung in den ersten Reiki-Grad recht schnell wieder in sich zusammengefallen ist. Spirituell nicht gerade unterentwickelte Menschen haben als Grund für eine Abkehr vom Reiki nicht zuletzt das für sie zu stark im Vordergrund stehende Ego ihres Reiki-Lehrers angeführt. Und für die, die trotzdem weitermachten, war es nicht angenehm, eine Bindung an den Lehrer zu erleben und auszuhalten. Was ist dazu zu sagen?

Antwort: Es gibt überall Wichtigtuer und Aufschneider, und der Reiki-Lehrer-Status bietet keine Gewähr dafür, daß unter wunderbaren Lehrern und einfühlsamen Lehrerinnen nicht auch Selbstbeweihräucherer und Scharlatane als schwarzen Schafe dabei sind.

Scheinheilige und alle möglichen Möchtegern-Autoritäten werden mit Sicherheit früher oder später auf die eine oder andere Weise entlarvt und enttarnt werden. Ganz sicher wird niemand von ihnen lange damit fortfahren können. Es gibt inzwischen Beispiele dafür.

Nur wer wirklich offenen Herzens und bestimmt nicht aus überwiegend materiellen Interessen heraus Reiki in Form von Einweihungen weitergibt und wer Menschen damit auch wirklich helfen kann, ihre Lebensqualität selbst zu bestimmen, wird letztlich bestehen können. Den Menschen etwas vom wunderbaren Geheimnis eines kreativen Lebens vermitteln zu können, ist dabei sicher ein besonderer Punkt, den es hervorzuheben gilt.

Vielleicht ist es etwas zu idealistisch gedacht, vielleicht aber auch nicht: Die Reiki-Lehrerinnen und Reiki-Lehrer sollten zumindest mitunter oder für einen Teil ihrer Schülerinnen und Schüler etwas von dem Flair ausstrahlen, daß uns nämlich durch die Reiki-Kraft eine höhere Macht an die Hand nimmt. Welchem „System" dabei gefolgt wird, welche besonderen Gepflogenheiten in den einzelnen „Schulen" dabei herausgestellt werden, ist angesichts der mit Reiki im allgemeinen möglichen Quantensprünge im Menschen unerheblich. Reiki kann zu einem Wanderstab für die Reisen zwischen den Welten werden, eine leicht begehbare Brücke zwischen Körper und Geist sein und Reiki-Praktizierenden dazu anregen, eigene Aphorismen zu sammeln, zu denen sie auf ihrem Weg inspiriert worden sind.

Wer der Mittler bei all dem gewesen ist, verliert an Bedeutung, doch ist von großer Bedeutung, sich dem individuell passenden Reiki-Lehrer anzuvertrauen, sich die wirklich passende Reiki-Lehrerin zu suchen. Grundsätzlich sollte man immer beim einmal gewählten Lehrer bleiben. Doch wenn offenkundig ist, daß es gar nicht mehr weitergeht, dann muß es zu einem Wechsel kommen.

19. Einweihung - Einstimmung

Frage: Interessierte Reiki-Aspiranten werden vielfach durch unterschiedliche Begriffe verwirrt. Was ist der Unterschied zwischen der Einweihung und der Einstimmung?

Antwort: Die getroffene Auswahl aus den beiden zur Verfügung stehenden Bezeichnungen für ein und denselben Vorgang läßt erkennen, welches Verständnis Reiki-LehrerInnen von Reiki, ihrer Funktion als LehrerInnen und dem Tiefgang der ganzen Angelegenheit haben. Der „unbedarfte", uninformierte, unvorbelastete und herzensoffene Mensch, der eine wunderschöne Reiki-Behandlung durch eine in Reiki eingeweihte Person bekommen hat, wird mit voller Überzeugung sagen können, auf diese Energie, diese Methode, diese Welle, diese Richtung der Entwicklung durch diese Behandlung "eingestimmt" worden zu sein.

Ein Vorgeschmack kann schon ein wunderbares Erlebnis sein. Und auf dieser Grundlage kann dann auch der Wunsch entstehen, nun selbst auch Reiki praktizieren zu können. Und so ist es ja auch.

Um selbst Reiki praktizieren (und eben auch anderen geben) zu können, bedarf es eines förmlichen Einweihungsaktes durch den autorisierten und ausgebildeten Reiki-Lehrer. Daher stammt auch die allgemein verwendete und anerkannte Bezeichnung "Reiki-Einweihung".

Diese findet unter anderem aus den der tibetischen Tradition entlehnten Überlieferungen auf förmliche Weise statt. Sie ermöglicht die förmliche und anhaltende Einweihung in die Reiki-Kraft. Leicht voneinander abweichende Formen sind gleich wirksam und für die Schüler keinerlei Grund zur Besorgnis, denn alles funktioniert gleich gut, wie Recherchen längst ergeben haben.

Das ist die Reiki-Einweihung, von der jeweils mehrere für jeden Reiki-Grad gegeben werden. Andere Formen, „Spielarten" und Methoden der Energieübertragung oder der Selbstfindung, der Intuition, einer „Selbst"-Erleuchtung, der „Selbst"-Einweihung, des Channelings oder sonstwas sind etwas anderes als die Reiki-Einweihung.

Damit ist keine Wertung verbunden,
aber es muß einfach eines klar bleiben:

Reiki ist Reiki, und alles andere ist eben etwas anderes.
Und das ist doch vollkommen in Ordnung so.

Kursierende und zum Teil auch publizierte Gerüchte über die allerneuesten Möglichkeiten der „Reiki-Selbsteinweihung" sollte jeder Leser und Reiki-Schüler als absolut unseriös von sich weisen, zumal hier aus rein geschäftemacherischen Gründen heraus der dumme Versuch unternommen wird, dem Reiki das Schöne, das wunderbar Geheimnisvolle, das Mystisch-Unerklärliche zu nehmen.

Zu dieser Form der "Selbsteinweihung", die es im weiten Feld des Magisch-Mystischen natürlich gibt, darf kein unvorbereiteter Mensch ohne Aufsicht und Anleitung und Führung verleitet werden. - Bitte seien Sie wachsam, wenn Ihnen einmal derlei Ansinnen begegnen.

Wenn Ihnen der Begriff "Einstimmung" begegnet, dann fragen Sie bitte genau nach, ob damit die klassische Einweihung gemeint ist, und warum dafür der Begriff "Einstimmung" verwendet wird.

Der Effekt der Einweihung bleibt erhalten,
eine "Stimmung" kann vergehen.

Hier muß Klarheit herrschen im Interesse der Schüler.

20. Ausnahmen für schwer erkrankte Menschen

Frage: Es gibt kranke Menschen, die an das Bett gefesselt sind. Kann ihnen eine Ausnahme hinsichtlich des Einweihungsrituals zugebilligt werden, sofern sie den Wunsch nach einer Reiki-Einweihung haben?

Antwort: Die praktische Lösung dieser Frage stellt den Reiki-Lehrer vor eine in der Tat kreative Herausforderung. Was ist zu tun, wenn jemand nicht für die Dauer der Einweihungen auf einem Hocker sitzen kann? Zweifellos sollten natürlich alle nur denkbaren Möglichkeiten ausgeschöpft werden, um einem Kranken den Wunsch nach Reiki zu ermöglichen. Die Fähigkeit zur Improvisation des Reiki-Lehrers ist hier in besonderer Weise gefordert, hängt von den Fähigkeiten des Patienten ab, und kann allein schon deshalb im einzelnen gar nicht besprochen werden. Es sollte natürlich darauf geachtet werden, daß vom Einweihungsritual so viele Einweihungspositionen wie möglich auch für den liegenden Reiki-Schüler durchlaufen werden können.

Es ist selbstverständlich, daß sehr viel Zeit und Einfühlungsvermögen aufgebracht werden, und es ist sicher auch hilfreich, Angehörige über das Grundsätzliche des Reiki zu informieren, falls es ihnen unbekannt sein sollte. Inwieweit eventuell chronische Schmerzen ganz oder zumindest für den Vorgang der vier Einweihungen für den ersten Grad ausgeschaltete werden können, ist ebenfalls zu klären. Vielleicht lassen sich mit Akupunktur schmerzstillende Phasen für die Einweihungen einleiten. So sollten als Maximum einer Streckung an vier aufeinander folgenden Tagen die vier Einweihungen erfolgen können. Es sollte auf alles eingegangen werden, was dem Patienten hilft, in eine möglichst gelöste Stimmung zu kommen, in der die Aufnahmefähigkeit und die Stille möglichst nicht durch die Krankheit beeinträchtigt werden.

Dazu zählt besonders Musik, denn sie lenkt nicht nur vom Krank-Sein ab, sondern sie hilft auch, Ängste und Verspannungen zu lösen. Allein schon durch die Musik beginnt Energie zu fließen. Und das ist auch schon ein Stück Heilung. Außerdem stellt der Akt der Einweihungen für den Patienten, der zum Reiki-Schüler wird, auch eine Unterbrechung der meist krankheitsbedingten festgefahrenen Verhaltensmuster dar. Zumindest ein gewisser alter Widerstand seitens des Patienten muß aber losgelassen werden.

Auf schmerzleitende Systeme Einfluß ausüben, das dürfte zunächst das Ziel sein, und es wird ja bekanntlich durchaus von der Reiki-Kraft in der Hinsicht von guten Erfolgen berichtet.

Die Praxis der Reiki-Selbstbehandlung des Patienten-Schülers, die in Ruhe im Liegen sehr rasch etwas bewirkt, wird neue individuelle Umgangsformen mit der Krankheit deutlich werden lassen, und es werden sich kleine oder größere neue Bewältigungs-Mechanismen zur Erleichterung der Situation zeigen. Und dann steht ja nach drei Wochen dem zweiten Grad nichts im Wege... Gerade die relevanten Techniken des zweiten Grades, die sich ebenfalls im Bett wunderbar praktizieren lassen, bringen einen kranken Menschen näher zu sich selbst.

21. Kreative Pausen

Frage: Soll man als Reiki-Lehrer ständig und überall zur Verfügung stehen, so quasi wie ein guter Engel? Oder soll man einfach einmal aussteigen und pausieren.

Antwort: Es gibt Leute, die sich selbst zum Reiki-Fließbandarbeiter gemacht haben, bei denen kein Wochenende mehr ohne ein veranstaltetes Reiki-Seminar abläuft.

Vielleicht haben sich einige Reiki-Lehrer die Gefahr zu sehr zu Herzen genommen, die vom Schreckgespenst der neuen Armut in der Gesellschaft ausgeht. Im Ernst: Alle die regelmäßig Seminare abhalten und Einzeleinweihungen geben, sollten von Zeit zu Zeit für einen längeren Zeitraum pausieren, sonst wird das ganze zum Job, in dem man einmal im Jahr vier Wochen Urlaub macht.

Eine Pause inmitten der Einweihungspraxis ist wichtig, denn etwas abspulen oder aus Gewohnheit immer so weiter machen, schadet der Qualität. Gerade wer als ein Kanal Universeller Lebensenergie fungiert, also bei jeder Einweihung durchströmt wird von Kräften, die anderen Menschen nicht in dieser Weise zuteil werden, ist energetisch näher dran an Veränderungs- und Wachstums- potentialen. Und es ist auch eine gewisse Verantwortung sich selbst gegenüber damit verbunden, denn man sollte in diesen Prozessen und in den vielen Begegnungen mit anderen Menschen auf einer intensiven Ebene sich selbst Aufmerksamkeit und Zeit geben, mit sich selbst im Reinen zu sein. Und da sind Pausen, deren kreativer Gehalt sich oft erst hinterher zeigt, sehr wichtig. Und schön.

Abstand gewinnen - das ist für die allermeisten arbeitenden Menschen die kleine Rettung am Wochenende und der große Traum im Urlaub während der immer so gern als die kostbarsten Wochen des Jahres bezeichneten Urlaubstage. Abstand ist für Reiki-Lehrer eine unabdingbare Voraussetzung, um sich immer wieder einstellen zu können auf immer neue Menschen. Auch wenn der Rahmen gleich bleibt, die Abläufe der Einweihungen Routine sind, so sind doch die energetischen Prozesse nicht gleich, und sie sollten auch seitens der Reiki-Lehrer nicht unterschätzt werden. Reiki gibt uns zwar gerade noch einmal mit dem vierten Grad einen neuen Intuitions-Schub, aber wir sollten ihn nicht zu sehr ausreizen.

Außerdem gibt es noch ein anderes wichtiges Thema im Zusammenhang mit dem so wichtigen Abstand. Es ist nämlich kein Geheimnis, daß spirituell ausgerichtete Menschen sich gern im Wege einer Weltflucht zurückziehen, mit weltlichen Menschen nichts mehr zu tun haben wollen - und sehr rasch den Kontakt zu dieser bösen verschmähten Welt verlieren. High sein ist wunderbar, klar dabei sein, ist noch besser. Dabei ohne Abneigung und entspannt und ohne Angst mitten in der Welt sein - das ist sicher ein guter Test, dem man sich als Reiki-LehrerIn öfter einmal unterziehen sollte. Es gilt Schuhe zu tragen, durch die man den Boden spürt. Man kann ja mal eine Weile als Waldarbeiter einlegen.... oder vielleicht als Kellnerin für eine paar Wochen... Und sich auch einmal fragen: Habe ich eigentlich noch einen Freund ohne Reiki als Hintergrund?

22. Reiki im Alter

Frage: Was läßt sich über die Reiki-Praxis in einem fortgeschrittenen Lebensalter sagen?

Antwort: Es ist sicher nicht gerade die Ausnahme, wenn Menschen schlichtweg Angst vor dem Alter haben. Wer schwer krank ist, verarmt, vereinsamt und womöglich auch nicht mehr im Vollbesitz ehemaliger geistiger Kapazitäten hat wenig Grund, den Lebensabend zu genießen. Das ist die Ebene des Pflegeheimes, und da läßt sich in der Regel auch nur noch von seiten des so sehr zu bewundernden Pflegepersonals und der Angehörigen etwas lindern.

Aber zum Glück gibt es ja heutzutage viel mehr recht gesunde, sehr aktive und am Leben kreativ teilnehmende Senioren, von denen man gar nicht sagen möchte, daß sie alt seien.

In einer reichen Gesellschaft ist es eher möglich, im Alter fit und gesund zu sein. Und "Das Alter" kann heute sehr früh begonnen werden... Volkshochschule, Internetkurs, immer wieder mal eine Städtereise nach Rom, Paris oder Wien, Yoga-Gruppe und vielleicht auch ein großes Engagement in einer Partei oder einem Verband oder Verein sind heute Selbstverständlichkeiten. Und es ist wunderbar, daß es so ist, und es ist auch gut zu vermerken, daß die nachgerückten "Alten" das Bild des abgearbeiteten Land- oder Fabrikarbeiters früherer Tage revidieren konnten.

Das muß man sich alles erst einmal vergegenwärtigen, bevor man sich so einer Frage nähert, denn es grassiert doch immer noch das alte Bild von den störrischen Omas und den verbitterten und mit dem Stock drohenden Opas. Dabei hat die Werbung längst die ungeheuren finanziellen Kapazitäten der Senioren erkannt, und stellt alles darauf ab und viel an, um diese Konsumenten für die Angebote zu interessieren. Und wenn man sich das einmal näher ansieht, dann ist vom Alter im bisherigen Sinne gar nicht die Rede, sondern nur davon, was für alle anderen Altersgruppen auch gilt, also vom guten Befinden und guten "Drauf-Sein" bis zur Anerkennung aller Leistungen. Und gerade das gilt jetzt auch immer mehr im Alter.

Für sehr viele Menschen hat sich die Situation von einem ehemals umfassenden und viel Sicherheit gebenden Aufgehoben-Sein im Familienverband gewandelt zu einer weitgehend selbstbestimmten Wohn- und Lebenssituation mit Gleichaltrigen und immer mehr auch Gleichgesinnten. Es gibt zum Glück viele hervorragende Wohnanlagen (zugestandenermaßen für die etwas vermögenderen SeniorInnen), in denen alle Möglichkeiten einer gesunden, sinnvollen und umfassenden Lebensweise gegeben sind. Und gerade dort hat sich aus Gesprächskreisen und kulturellen Veranstaltungen heraus auch ein Interesse für Reiki entwickelt.

Das ist auch aus der anderen, der Gesundheits-Richtung gekommen, denn es wird zum Glück nicht nur für die besten Knoblauch-Präparate geworben, sondern es wird auch über viele Maßnahmen und seriöse Möglichkeiten zum ganzheitlichen Jung-Bleiben berichtet. Aber es muß niemand zu den gut-"berenteten" oder stets rastlosen neuen Senioren gehören, die sich zum Kulturabend treffen, um Reiki zu erleben, denn es geht auch ganz allein. Und das Alt-Sein bzw. Nicht-Mehr-Jung-Sein muß keinerlei Extreme mit sich bringen, und Reiki betreiben kann man in jedem Alter, denn es ist zeitlos, nicht anstrengend, und es passt im Grunde zu allen nur denkbaren Betätigungen.

Reiki hält den Lebensstrom am Fließen, Reiki unterstützt körperliche, geistige und seelische Prozesse und damit auch die Jugendlichkeit. Die bestehenden Kontakte können um neue sinnvolle Gemeinsamkeiten erweitert werden, und Reiki als ein umfassend wirksames Mittel ist letztlich ein wunderbar anregender Faktor bei der Entwicklung der Kommunikation.

Reiki kann auch helfen, lebenslang gewachsene Verhaltensweisen aufzuweichen, und durch ein neu entstehendes Miteinander-Umgehen neue Formen der Kreativität, der Anerkennung und der Lebensfreude zu entfalten. Immer wieder Energie tanken zu können, allein und durch andere, ist eine fortwährende Quelle der Freude, der Motivation und Ermunterung, besonders wenn es einem an manchen Tagen einmal nicht so gut geht. - Reiki ist sozusagen Ihr ganzheitliches Energiedepot für jeden Tag und für alle Fälle. Und falls Sie es einmal vergessen sollten, werden die anderen Sie bestimmt daran erinnern. Früher war es normal, daß die Jungen oder Jüngeren in allem die Regie hatten, je älter die Alten wurden. Heutzutage hören "die Alten", dass Menschen Anfang der Fünfzig größte Probleme damit haben, eine neue Arbeit zu finden.

Und in der gleichen Zeitung lesen sie dann etwas über Reiki, über Yoga, über Ayurveda, über Entspannungsmethoden, über Meditation. Und oft haben "die Alten" das Geld für diese wunderbaren Angebote, und leider "die Jungen" nicht.

Und dann kommt es auch vor, daß die Oma den Enkelinnen die Reiki-Einweihungen zu Weihnachten schenkt... Auch wenn "die Oma" vielleicht selbst nicht mitmacht (aber sich später dann sehr gern ab und zu mal eine Reiki-Behandlung geben läßt), so weiß sie doch in vielen Fällen aus eigenem Erleben, wie beruhigend, wie schön, wie wichtig auch die Stille ist; sie kennt sie von der Andacht in der Kirche, und sie weiß auch aus ihrer Lebenserfahrung, wie lebensverlängernd Gebete wirken können.

Diese Parallele zur Reiki-Praxis mag weit hergeholt erscheinen, aber sie ist es nicht. Wer im weitesten Sinne religiös ist, wird mit dem Alter, mit Krankheit und Leid besser fertig, weil der Glaube, die Ausrichtung nach innen bzw. oben seelischen Halt gibt. Das ist einfach so, und das trifft auf Reiki mindestens genauso zu, denn es bleibt ja nicht dabei, sich die Hände auf den Bauch zu legen.

Ein mehr oder weniger vitales Interesse für alle Rand- und Begleitthemen wird automatisch ertstehen oder zumindest von anderen mitgeteilt werden - und allein das ist ja auch wieder eine Spritze mit Jungbrunnenflüssigkeit und einem geistig allgemein frisch erhaltenden Lebenselixier. Gute soziale Kontakte, wie sie in Kirchengemeinden häufig bestehen, sind ebenso über die Praxis des Reiki zu erleben.

Das In-Sich-Gehen an sich und also auch über Reiki mindert medizinischen Studien zufolge Anspannung, Angst und Stress, hat positive Auswirkungen auf den Blutdruck und damit auf das Infarkt- und Schlaganfallrisiko und den Cholesterinspiegel.

23. DAI KOMIO als Sterbe-Begleitung

Frage: Wie läßt sich Reiki auf besondere Weise für alte Menschen einsetzen, vielleicht sogar als eine Form der Sterbebegleitung?

Antwort: Die Mutter eines alten Freundes sagte einmal halb scherzhaft und halb verständnislos auf ihre Freunde und Bekannten gemünzt: "Je älter die alle werden, desto geiziger werden die auch." - Der sich mitunter bis ins Krankhafte steigernde Altersgeiz ist eine traurige Sache, denn er dokumentiert über eine große Lebensenttäuschung hinaus das Festhalten an allem, er enthüllt die Verkrampfung des alten Menschen und vor allem die große Angst, etwas loslassen zu sollen, etwas aufgeben zu müssen. Wer geizig ist, dessen Leben ist unerfüllt geblieben, und das äußert sich auch im Neid, den alte Menschen oftmals mit sich herumtragen, um ihn bei jeder Gelegenheit an den Jüngeren auszulassen.

Ein glückliches Leben kann normalerweise im Alter nur der führen, der nicht gegen sich selbst gelebt hat. Und auf Dauer kann nur der bestehen, der innerlich gefestigt ist. Im Alter ist nicht mehr das Ausreißen der Bäume gefragt, wohl aber ein liebevoller Umgang mit sich selbst, der auch Grundlage für ein verständnisvolles Akzeptieren der Mitmenschen ist.

Ältere Menschen sind am ehesten in der Lage zu erkennen, was im Leben wirklich wichtig ist und was Bestand hat. Und deshalb kann es eigentlich nie zu spät sein, mit Reiki zu beginnen, denn es zeigt uns auf vielen Ebenen, wie wir liebevoll sein können. Das Wichtigste, so sagen viele alte Menschen, ist die Liebe.

Reiki ist eine Energie, die Liebe in unser Leben transportiert, ganz egal wie alt wir schon sind.

Frauen haben in vieler Hinsicht eine schwerere Rolle als Männer zu durchleben, denn ihr Leben reicht nicht nur vom Stadium des jungen Menschen hinein in das des alten Menschen. Bei Frauen ist ein enormer Bogen möglich von der Attraktivität des Vamp oder Filmstars über das Älterwerden bis hin zum normalen Greisenalter. Und das muß sich jeder Mensch in gewisser Weise selbst kreieren durch eine beizeiten geistig ausgerichtete Lebens- und Denkweise. Und das fällt Frauen, die den Beifall der Männer und die zu ihren Füßen ausgebreiteten Reichtümer der Welt gewohnt sind, mitunter sehr schwer.

Das höhere Lebensalter geht naturgemäß mit dem Verfall der Jugendlichkeit einher, doch dafür wächst bekanntlich auf der anderen Seite unter günstigen Voraussetzungen die geistige Kapazität. Das Wort von der Altersweisheit, die auf einem gewissen Abgeklärt-Sein beruht, ist keine Fiktion. Dies zu bewältigen, ist für Frauen nicht leicht. Männer haben es da leichter, weil ihre Situation nicht wie das der Frau von der Natur her so augenscheinlich auf Schönheit und auf eine biologische Reproduktion abgestellt ist. Sie scheint Frauen - vielleicht durch das Beobachten extremerer Veränderungen im Leben - im allgemeinen leichter zu gelingen.

Meditation und Gebet sind Schlüssel zu einem geistigen Leben, das in Würde und Leichtigkeit das von der Natur vorgesehene physische Ende nimmt. Aber niemand muß im kirchlichen Sinne gläubig sein bzw. unbedingt einer der fernöstlichen Schulen der Meditation angehören.

Was wichtig ist, das ist die innere Überzeugung, aus der heraus man ein spiritueller Mensch ist. Wer das von sich sagen kann, wird auch spüren, ob andere Menschen in der Umgebung zufrieden sind, ob sie mit sich und der Welt und ihrem Leben im reinen sind.

Wer den Beginn des Rentenalters zum Beispiel mit Reiki erlebte, um das entstehende Vakuum zu füllen, wird unendlich viele Gelegenheiten haben für neue Eindrücke und Wahrnehmungen, für Kontakte und Gelegenheiten zu neuer Lebensfreude, zu neu erlebter Kreativität.

Im Alter kommt gewöhnlich alles Unterdrückte mit Macht hervor, weil irgendwann einmal die Kraft ausgeht, die Unterdrückung weiterhin aufrechtzuerhalten. Dann ist es auch allerhöchste Zeit, den Versuch zu unternehmen, positive Wendungen herbeizuführen. Je älter und je verhärteter der Mensch geworden ist, desto schwerer wird es sein, die Bereitschaft für etwas Neues, etwas Fortschrittliches aufzubringen. Konditionierungen loszulassen, ist immer schwer.

Aus dem alten Tibet ist *das tibetanische Totenbuch* bekannt, das auch bei uns zu lesen ist, und das vielen Menschen die Entwicklung eines erweiterten Blickwinkels auf das Phänomen von Leben und Tod ermöglicht hat. Es ist in Tibet seit alters her zur Sterbebegleitung benutzt worden. Die Tibeter hatten und haben im Vergleich zu uns den unvergleichlichen Vorteil, ein Leben lang in ein religiöses Weltbild eingebettet zu sein.

Von daher ist es für sie auch nicht nur als Buddhisten, die selbstverständlich an die Inkarnation glauben, eine klare Sache, sich als bereits Verstorbener aus eben diesem „Totenbuch" vorlesen zu lassen.

Die sich aus dem Körper lösende Seele wird von Ebene zu Ebene und von einem Stadium der Lösung zum nächsten durch die sogenannten "Bardos" geleitet. Auch wenn der christliche Mensch das etwas anders sieht, so dürfte auch nach christlicher Überzeugung eine gewisse Aufgeschlossenheit dafür anzutreffen sein.

Es ist bekannt, daß aus Gründen der Kostenersparnis bei sterbenden Menschen hier bei uns Therapiebegrenzungen vorgenommen werden, was aus ethisch-moralischer Sicht wohl nicht gerade sehr begrüßenswert ist.

Und genau hier ist die Gelegenheit, mit einem machtvollen Mittel Hilfe zu leisten. Es wird wahrscheinlich nur in den wenigsten Fällen möglich sein, den Sterbenden den Inhalt des Geschehens zu verdeutlichen, wenn sie noch nichts von Reiki wissen. Wer selbst in DAI KOMIO eingeweiht ist, wird sich ohnehin ganz anders auf den Wechsel in die andere Welt vorbereitet haben können. Da alte Menschen psychisch ohnehin meist nur noch schwer zugänglich sind, ist es zu empfehlen, in Stille DAI KOMIO zu rezitieren. Als Reiki-Lehrer kann man - sofern man sich dazu in der Lage sieht - dem Sterbenden oder bereits Gestorbenen eine Einweihung in DAI KOMIO (nach Maßgabe für den bettlägerigen Reiki-Schüler) geben. Das ist ein Vorschlag, den jeder für sich selbst prüfen muß.

Auf jeden Fall ist es sinnvoll, in den energetischen Raum des Meister-Symbols zu gehen und den Sterbenden darin einzuhüllen. In einer energetischen Intensiv-Situation wie dieser wird dann die Intuition das entsprechend Richtige gestalten. Vielleicht nimmt die Seele durch diese Hilfe von außen die Erinnerung (für das nächste Leben) mit, daß das Leben nicht nur ein Jammertal ist und daß das Alt-Werden nicht zwangsläufig ein unabwendbarer Enttäuschungsvorgang sein muß. Die Reiki-LehrerInnen, die sich dazu berufen fühlen und glauben, eine *Sterbe-Begleitung* in diesem Sinne leisten zu können, haben mit dieser Hilfeleistung (die im neuen Zeitalter, in dem wir uns nun befinden, nicht mehr nur allein den Priestern überlassen sein wird und die eine "Sterbehilfe in besonderer Weise" ist) eine sehr spezielle und auch wunderbare Gelegenheit, wahrhaft spirituelle Arbeit zu leisten.

Der Tod, der bisher bei uns überwiegend als Tabu-Thema abgehandelt wird, kann dann vielleicht endlich etwas mehr in den Rahmen der allgemein akzeptierten Lebensthemen eintreten.

Die Reiki-Praktizierenden können an einer Veränderung dahingehend arbeiten, daß "die Alten" mehr in die Reiki-Praxis einbezogen werden, und das möglichst lange bevor es zu spät ist. Ältere Menschen, die oftmals so viel zu geben haben, sollten nicht weiter das Gefühl haben, als uninteressant abgeschoben zu werden. Reiki in seiner Ausprägung als Herz-Energie ist auch der Auftrag an uns, "die Alten" zu ermuntern, sich ihrerseits kreativ einzubringen. Viele alte Menschen haben ein schweres Leben gehabt, und es tut uns Jüngeren sehr gut, ihnen mit unserer Aufmerksamkeit zu dem zu verhelfen, was das Motto unseres eigenen Lebens ist, nämlich Kreativität und Lebensfreude.

Bewusstseinsklarheit durch Reiki ist generationenübergreifend, und da die Praxis des Reiki weder körperliche Anstrengungen noch üble Verrenkungen erfordert, ist sie die einfachste Gelegenheit gerade auch für alte Menschen, noch tiefer und direkter mit sich selbst zu sein. <u>Universelle Lebensenergie wirkt mit Neunzig und mit Vierzehn.</u> Jede Phase unseres Lebens mit Reiki zu begleiten, ist ein guter Vorsatz. Und eines Tages wird für jeden von uns dieses Leben, diese Inkarnation, zu Ende sein. Wenn wir dann wissen, was DAI KOMIO ist, wird es uns leicht fallen, uns in diese Schwingung hineinfallen zu lassen.

24. <u>Reiki für das neue und junge Leben</u>

Frage: Wie kann man Reiki Kindern erklären, wie kann es Jugendlichen nahegebracht werden, und wie wichtig kann Reiki für das ungeborene Kind sein?

Antwort: In Indien gibt es große Tempel mit wundervollen Abbildungen über die Erscheinungsformen des Lebens in allen Nuancen und Spielarten. Die Steinmetze haben die Szenen des Alltags eingefangen, die Götter in ihren typischen und einmaligen Charaktermerkmalen in Stein gehauen, und last not least das Energiespiel von Mann und Frau in aller Deutlichkeit dem Betrachter vorgeführt - und aus allem atmet sie... die Hymne des Lebens.

Bevor unser irdischer Pilgerpfad nach hinduistischer und nach buddhistischer Auffassung ein Ende finden kann, gilt es, Erkenntnis und Tugend zu verwirklichen, doch dafür sind immer wieder neue Lebensreisen erforderlich. Die beeindruckenden tantrischen Skulpturen einiger jahrhundertealter Tempelfassaden zeigen die Vergeistigung des Sinnlichen in der Verschmelzung der männlichen und weiblichen Energien; sie sind aber auch eine Erinnerung daran, daß alles Menschliche aus dieser Vereinigung entsteht.

Ja, und dann sind sie eines Tages da, die lieben Kindlein, die Wunschkinder, die Aspiranten für die Adoptionsvorgänge, die Sprösslinge aus der Samenbank oder auch all die anderen ganz normalen neuen Erdenbürger. Vielleicht wissen sie ganz genau, aus welcher Sphäre der geistigen Welt sie zu uns kommen, was sie hier so vorhaben und was sie uns schönes erzählen möchten. –

Leider können sie erst dann darüber sprechen, wenn ihre wertvollen Erinnerungen zum größten Teil verblasst sind. In der Zwischenzeit werden sie dann schon mit allerlei Lerninhalten behelligt, nachdem sie bereits als Säuglinge angehalten wurden, mit dem allerneuesten Erdenwissen zu experimentieren - hier natürlich im denkbar besten Fall innovativer hilfreicher Pädagogik ausgesetzt.

Was die Kinder mitbringen und uns verbildeten Kultur- und Intellekt-Idioten sagen könnten, das interessiert leider niemand. Die meist sehr bemühten, aber oft gestressten Eltern sorgen dafür, daß das kindliche Grundbedürfnis nach Lernen für die in der Gesellschaft gerade benötigten Zwecke ausgeschlachtet wird. Hier wäre ein ganz wesentlicher Ansatzpunkt für die Reiki-Kraft. Gerade hyperaktiven oder auch nur ganz normal lebendigen Kindern kann von den Eltern in ruhigen Momenten, in denen sie müde und vom Toben erschöpft sind, Reiki gegeben werden.

Die kindliche Seele wird sich aus der zugeführten Energie das herausnehmen, was sie jetzt gerade braucht, und auf diese Weise läßt sich ein ganzheitlicher Wachstumsprozess mit Universeller Lebensenergie unterstützen. Und das gilt für die größeren Kinder und Jugendlichen auch. Man kann ihnen Angebote machen, etwas vorleben, aber das auch möglichst ohne übertriebene Schwärmerei und Indoktrination.

Die Jugend hat sich - aus welchen Gründen auch immer - dafür entschieden, "cool" sein zu wollen. Da kann man ihnen nicht mit allzu Hausbackenem kommen... bis sie es vielleicht selbst einmal dringend nötig haben.

Kinder wollen die Welt entdecken, und das parallel zu dem Wissen, das sie zur Überraschung ihrer Eltern bereits haben. (Der Film "Little Buddha" hat das in ganz herausragender Weise deutlich gemacht.) Und daß die Kinder, die wir zwar zeugten und auf die Welt brachten, nicht unsere Produkte oder gar unsere geistigen Ableger sind, das ist auch schon lange klar. Die verschiedenen Kulturen auf unserem Globus investieren sehr unterschiedlich in das `Gut Kindheit´. Und an dem Punkt haben wir in unserem Land ganz allgemein mit Sicherheit noch einiges nachzuholen.

Doch wenn das Thema einmal aus der Sicht "der Alten" betrachtet wird, und eben nicht immer nur aus dem Blickwinkel des nun auch (freiwillig oder eher gezwungenermaßen) völlig cool bleibenden Lehrers und Erziehers, bekommt das Ganze auch mehr Wärme und echte Nähe. Dann läßt sich vielleicht ein Gegengewicht schaffen zu dieser ganzen dummen Coolness, die einmal mehr als eine Form eines völlig unnötigen Imports aus den USA eingeführt wurde.

Die Zeit ist nicht mehr fern, daß eine Generation in die Reihe der Großväter eingerückt ist, die sich nichts mehr aus den Tagen deutschen Fehlverhaltens vorzuwerfen hat, und von daher auch diese in vielen Fällen recht angebrachte Zurückhaltung nun nicht mehr braucht. Es ist auch zu wünschen, daß aus der die alten Märchen erzählenden Großmutter eine Kraft geworden ist, die zwar noch immer die alten Märchen erzählen kann, die sie aber auch noch esoterisch zu interpretieren vermag. Wer sich jetzt in der Situation sieht, bald Enkel begleiten zu können, wird ihnen mit Sicherheit etwas anderes erzählen können als das, was sie selbst an katastrophalen Jugenderinnerungen ansammeln mussten.

Es ist ein Unterschied, ob man Kindern von einer Panzerschlacht bei Kursk als Mitglied einer SS-Panzerdivision oder vom Vorrücken der Roten Armee in Ostpreußen erzählt, oder ob man Reiseeindrücke schildert, in denen der goldene Tempel von Amritsar oder das unvergleichliche Taj Mahal vorkommen... Der Schatz an Weisheit und Lebenserfahrung der älteren Generation wird künftig noch viel intensiver abgefragt und auch besser genutzt werden können, weil die Sprachlosigkeit abnimmt, weil die Erzählinhalte aufbauender werden, und weil vor allem die Individualität der nun kommenden Kinder viel besser gefördert werden kann, als es in der Kindheit der werdenden Großmütter von heute noch der Fall war.

Eine Fern-Reiki-Behandlung aus dem Sessel heraus, die die ganze Familie und besonders die Kinder draußen von der Oma bekommen - ist das nicht etwas Wunderschönes? Es ist höchste Zeit, daß das christliche Abendland auch einmal etwas von den alten Kulturen des Orients hinzulernt, denn dort werden die Schätze der Weisheit und der Erfahrung der älteren Menschen sehr hoch geschätzt.

Ohne einem Aufleben orientalischen Patriarchats zureden zu wollen, muß doch einmal angesichts der Jugendgewalt an den Schulen und der Jugendkriminalität in den Ballungsgebieten konstatiert werden, wohin eine Gesellschaft driftet, die sich nur an Fun, Fitness und Coolness orientiert. - Was können Eltern und Erzieher über das Setzen von Regeln tun? Liebe geben und ein Vorbild sein. Das ist und bleibt das Allerwichtigste.

"We don`t need no education, we don`t need no thought-control" ist ein Slogan, der von den unvergleichlichen Pink Floyd als Song erschien. Daß Kinder vernachlässigt werden, ist eine Schande, daß sie gedrillt und in ihrer individuellen Entfaltung gebremst werden, ebenfalls. Das kleine Kind braucht absoluten Freiraum, und volle Terminkalender von kaum Sechsjährigen sagen alles über den bedenklich pathologischen Geisteszustand der Eltern aus. Wenn hingegen eine Energie der Freude, der Stille und des Loslassens, des Geschehen-Lassens herrscht, kann es nie zu diesen völlig überzogenen Ambitionen kommen, die das Menschenkind verkrüppeln.

Die Ambitionen der Eltern werden oft schon vor der Geburt für das Kind festgelegt. Wer sich auf diese Weise in seinen Kindern selbst verwirklichen will, gehört eigentlich in das vorletzte Jahrhundert – Aber heute sind das die bekannten Helicopter-Eltern, modern formuliert, also kann es als o. k. gelten. Oder nicht?

Es gibt Eltern, denen ihr eigenes Leben und Fortkommen wichtiger ist als ihre Kinder, von denen sie annehmen, daß sie alles schon irgendwie hinkriegen werden. Auch ein Ansatz.

Hinter allem steht Selbstbezogenheit und ein falscher Ehrgeiz, und das (und noch viel mehr) kann durch die Praxis des Reiki zutage treten. Hier liegt eine große Chance, falsche Wege zu verlassen.

Es kann letztlich nie - und schon gar nicht mit Reiki - um eine egozentrische Selbst-Verwirklichung gehen. Das wird in dem Bild deutlich, das uns die werdende Mutter vor Augen hält, die ihre Hände auf den Bauch legt und sich selbst und vor allem dem Kind Reiki gibt...

Der Ehrgeiz oder mehr noch die Vorfreude auf das Kind kann werdenden Eltern die Idee suggerieren, mit den Symboltechniken des zweiten Reiki-Grades dem Kind zu helfen oder es zu stärken oder gar heilen zu wollen usw. Dies ist sicher gut gemeint, aber aus der Sicht der Schwingung des Nicht-Handelns, des Nicht-Intervenierens, ist davon abzuraten. Von unserer dualen Ebene aus in den Kosmos - und da ist das Kind ja noch - eingreifen zu wollen, ist vermessen.

Das Bild der Frau mit den Händen auf dem Bauch ist genau das, was Reiki ist... Liebe, Loslassen, Bewußtheit, Stille. Die Empfehlung an dieser Stelle ist also, Reiki absichtslos fließen zu lassen. Die Geburt und den Geburtsvorbereitung mit der hohen Schwingung des DAI KOMIO für alle Beteiligten zu begleiten, ist aber sicher ganz im Sinne dessen, der da bei uns vorbeikommt...

DAI KOMIO ist Anfang und Ende, strukturlos, grenzenlos. Daß wir Menschen mit einer Schwingung wie dieser umgehen dürfen, sie in unser Leben bitten dürfen. ist eigentlich kaum zu fassen.

Liebe, Zuneigung und enger körperlicher Kontakt mit den Eltern sind für das Kind von größter Bedeutung, denn man wächst nicht durch die Milch allein. Die Kraft der Liebe unter den Menschen - und die Bindung von Mutter und Kind ist die stärkste, die es unter Menschen geben kann - ist ein Ausdruck dessen, was uns alle auf geheimnisvolle Weise belebt. Es ist die Kraft des Universums, an die wir uns zuweilen erinnern, wenn ein Mensch geht - und dafür ein anderer, ein junger, kommt.

25. Reiki und die lieben Freunde

Frage: Kann man durch Reiki mehr Freunde finden?

Antwort: "All you need is love", sangen vor bald vierzig Jahren die Beatles, und das war gut so, denn damit wurde endlich einmal *eine allseits bekannte Selbst-Verständlichkeit* formuliert und vertont. Eine große Bewegung begann, die Jugend brach auf, wurde rebellisch und langhaarig, viele stiegen aus und verschwanden, um später verwandelt wieder aufzutauchen. Und da wir alle nicht allein sind und auch allein nicht viel ausrichten können, findet der Mensch auf seiner Lebensreise Partner, Begleiter und Freunde. Manche sind echt, manche nicht, manche tauchen unter, aber die wirklich guten, die bleiben ein Leben lang.

Einige Jahre vergingen, und dann kam es an der amerikanischen Ostküste zu einem Ereignis, das niemand in dieser Dimension für möglich gehalten hätte: Eine Million junger Menschen trafen sich in Woodstock, um drei Tage lang Musik zu hören und ein nie geahntes Gefühl von Verbundenheit, Frieden, Liebe und Einheit zu erleben. Es war Krieg in Vietnam, und Jimi Hendrix spielte die amerikanische Nationalhymne auf eine ganz besondere Weise. Und Joe Cocker sang: "With a little help from my friends"....

Helfende Freunde.... Wer kennt es nicht, dieses zähe Gefühl im Magen, das sich zeigt, wenn man mit der eigenen Langeweile und Untätigkeit sich selbst nicht mehr viel Freude bereiten kann, dabei aber auch nicht weiß, wie man die alte Dynamik wieder anfachen kann. Und dann klingelt das Telefon, ein Freund schlägt einen Ausflug vor, eine Freundin einen Bummel, und schon ist dem Stillstand wieder ein Kick versetzt worden. Man hat manchmal ein gewisses Desinteresse am eigenen Werdegang, oder man will einfach nichts mehr hören und niemand sehen - nur die beste Freundin, die den Draht zur Welt neu knüpft, nur den besten Freund, mit dem man eine Flasche Wein trinkt.

Wir brauchen Pausen und wir brauchen vermeintlichen Stillstand zum erneuten Weitergehen. Wir brauchen Freunde, um allzu eingeschliffene Verhaltensweisen gespiegelt zu bekommen; und um unsere Reaktionen zu sehen mit den Augen einer Person, die uns in Solidarität und Loyalität verbunden ist. Die Freundschaft ist mit und ohne Reiki ein hohes Gut, und manche Freundschaft unter Männern oder unter Frauen überdauert selbst die verschiedensten Lebensphasen, mehrere Ehen und Berufe.

"Die Arbeit an uns selbst", zu der sich der zunehmend bewusster werdende Mensch aus innerster Überzeugung heraus verpflichtet fühlt, weil er/sie gar nicht anders kann, ist mit der Freundschaft lieber Menschen im Rücken leichter und schöner und meist einfach auch viel lustiger. So werden aus Einzelgängern, Einzelkämpfern und Überlebenskünstlern mitunter tolle Gespanne, die auch der Umgebung etwas zu bringen haben. Die Art, wie Laurel und Hardy als "Dick und Doof" im wahrsten Sinne des Wortes gemeinsam durch dick und dünn gehen, ist eingegangen in das morphische Feld der ganzen Menschheit. Freunde stärken das Selbstwertgefühl und helfen uns, in der Welt zu bestehen, und wenn sich zwei ergänzen wie "Dick und Doof", ist es gar köstlich gewesen....

Aber die Frage ist ja spezieller formuliert worden, und in einer Zeit der scheiternden Ehen und Beziehungen und der zunehmenden Single-Scharen in den Biergärten steht die Freundschaft unter Frauen bzw. unter Männern ganz oben auf der Liste der Lebensprioritäten, zu denen durchaus auch Reiki gehören kann.

Einen guten Fundus von Freunden zu haben, ist ein großer Sicherheitsfaktor im Leben. Bei Männern spielen sich Männerkontakte (und hier ist nur die Rede von heterosexuellen Männern) viel auf der Kollegen-Ebene ab, wobei die Kumpanei und die Verbundenheit mit Sportkameraden schon die Steigerung davon ist. Wirkliche Nähe gibt es im klassischen Fall vielleicht nicht nur bei Winnetou und Old Shatterhand, denn die Männer sind neu und aktiv, sie reden über ihre Probleme, sie sitzen gemeinsam in Schwitzhütten im Wald, und reißen damit zumindest zum Teil das Bild des Mannes wieder heraus aus dem Sumpf, der für viele leider immer noch aus Auto, Sportschau, Bier und Basteln als Lebenserfüllung besteht.

Das modifiziert zu haben, können sich die vielen neuen spirituellen Männer als Verdienst vermerken. Auch wenn sie im Vergleich zu den Frauen im spirituellen Bereich immer noch eine Minderheit sind, so haben sie doch schon viel bewirkt, und Reiki ist dabei für viele Männer ganz im klassischen Reiki-Sinne eine Einstiegs-Methode gewesen. Selbst wenn es dabei bleibt, so ist doch durch die Reiki-Praxis ein neues Verständnis gewachsen, eine neue Toleranz den Schwächeren gegenüber, eine neue Weichheit auch, die Frauen so gut finden... angeblich.

Reiki ist für Mann und Frau, mit großen weiteren spirituellen Ambitionen oder auch ohne sie, ein Sprung in ein anderes Gewahrwerden der meditativen Selbstwahrnehmung und einer erweiterten Kommunikationsfähigkeit.

Meditation durch den Reiki-Anstoß hat unzähligen Menschen ein neues Lebensgefühl vermittelt und zu einem kreativen Leben verholfen. Auf dieser Ebene Freundinnen und Freunde in dieser Gemeinsamkeit zu finden, ist schon eine besondere Freude. Wie viele nun jeder Einzelne zu finden vermag, das läßt sich natürlich nicht sagen, aber Reiki und die damit einhergehende meditative Lebensausrichtung sind mit Sicherheit eine gute Grundlage für Freundschaft und ein gemeinsames Vorwärtsgehen.

Aber ein so schön aussehendes Thema wie Reiki trägt in sich auch eine Gefahr, und die liegt in der Abschottung gegen alles andere und gegen alle anderen, die das nicht so hundertprozentig mitmachen wie der eigene Freundeskreis. Das ist als Selbst-Findungsphase vielleicht erst einmal nicht verkehrt, aber wenn es zu lange dabei bleibt, wird es eindeutig kontraproduktiv.

Und es gibt natürlich auch unter "Reiki-Leuten" Missverständnisse und kleinere oder größere Unstimmigkeiten, aber das Verbindende des Reiki bietet als Angebot zum Verstehen wohl mehr als allgemein üblich immer wieder Gelegenheiten zum neuen Konsens. Aber es ist auch in einem Bereich der Erfahrung wie Reiki mit eigentümlichen Vorfällen zu rechnen, die uns die Gelegenheit bieten, uns selbst in unerwarteten Situationen kennen zu lernen, und das vorzugsweise mit den lieben Freunden. - Seien sie also bei aller Offenheit und Freundlichkeit, bei aller Jovialität und Hilfsbereitschaft kritisch und wachsam, denn auch das ist Reiki.

26. "Reiki-Meisterschaften"

Frage: Wie könnte ein genereller Hinweis zur Ausbildung der Reiki-LehrerInnen lauten?

Antwort: Alle Reiki-Schülerinnen und Reiki-Schüler bekommen mit dem ersten Reiki-Grad den Auftrag, als ein unpersönlicher Kanal leer zu sein und sich selbst und anderen zu helfen, über den bisher begrenzten Rahmen des Denkens und Handelns hinauszugehen. Viele, viele Tausend Menschen haben es bisher für sich so erfahren. Sie haben durch ihre Praxis mit der Universellen Lebensenergie auch das verstanden: Reiki ist auch ein Name für Selbstlosigkeit.

Leider hat die Erfahrung gezeigt, daß merkwürdige esoterische Geschäftemacher und zweifelhafte Gesundbeter die Gunst der Stunde zu nutzen versuchten, um mit einem Trend und in ihm mit einem wunderbaren Geschenk für die Menschen auf leichte Weise Geld zu machen. Es haben sich leider auch dubiose Gestalten als "Reiki-Meister" in Szene gesetzt, in der Hoffnung, daß die gutgläubigen Menschen nicht zu ermessen vermögen, was mit wahrer Meisterschaft verbunden ist. Für die fernöstlichen Schulen der Zen-Meditation ist es ohne jeden Zweifel ein hoher Grad der Verwirklichung, der mit dem Titel "Meister" verbunden wird, doch davon haben die genannten Kreise wohl noch nie etwas gehört.

Abgesehen vom speziellen Reiki-Fachwissen sind als Voraussetzungen für gute Reiki-LehrerInnen die persönliche Reife und Lebenserfahrung zu nennen. Auch wenn heute nicht mehr die horrenden Preise von damals gezahlt werden müssen, die oft mit einer monatelangen (kostenlosen) Mitarbeit begründet wurden, so haben alle neuen Reiki-SchülerInnen einen Anspruch auf eine fundierte und tragfähige Ausbildung.

Das setzt voraus, daß der Lehrer oder die Lehrerin über einen ethisch-moralischen Standard verfügt, der jenseits der puren Einweihungszeremonien und auch jenseits der wichtigen von Dr. Usui überlieferten Lebensweisheiten angesiedelt ist.

Des weiteren erwartet jeder neue Schüler zunächst einmal ein gewisses Maß an Mitmenschlichkeit und Einfühlungsvermögen. Und wenn die Reiki-Lehrerin sogar über psychologische Erfahrungen verfügt, dann ist das eine gute Grundlage, auf der im allgemeinen Reiki vermittelt werden kann. Die Erfahrung zeigt, daß - nach einer gewissen Ablehnungsphase der alten verstaubten Reiki-Lehrer-Ausbildung - doch eine neue und allgemein anerkannte, einem Mindeststandard genügende Ausbildung fehlt. Es gibt in vielen Fällen schon eine ausgereifte und umfassende Schulung zum Reiki-Lehrer, aber die Angebote werden sich noch vermehren müssen. Je schneller es dazu kommt, desto mehr wäre das zu begrüßen.

Für die Mitteilung einer so positiven Angelegenheit, wie es Universelle Lebensenergie ist, sind über die Einweihung hinaus etwas mehr Hilfestellungen und Informationen erforderlich. Ein bekannter Psychologie-Professor hat hinsichtlich der Ausbildung der Psychotherapeuten die ihm „recht unzureichend" erscheinende Qualifikation der Aspiranten bedauert, denn wenn sie als Mediziner bei ihm erscheinen, dann wissen sie viel über die Anatomie, aber leider so gut wie nichts über die Psyche, und kommen sie als Psychologen von der Universität, bringen sie eigentlich nur Theorie mit. Und was in der Ausbildung zum Psychotherapeuten gemeinhin gelehrt wird, ist nur eine bestimmte Sichtweise einer bestimmten Schule, die von einem mehr oder weniger einseitigen Lehranalytiker vermittelt wird.

Als Pendant dazu wäre sinngemäß durchaus einmal nach der Qualifikation der Reiki-LehrerInnen zu fragen. Neben den bereits erwähnten Aspekten ist wohl das Wichtigste eine umfassende Kenntnis aller spirituellen Lehren und Methoden. Sie sind das Rüstzeug, das an sich alle Reiki-LehrerInnen mit sich herumtragen müssten.

Doch die Öffnung des Reiki hat es mit sich gebracht, daß im Interesse einer raschen Ausbreitung des Reiki viele neue Reiki-Lehrer in die Welt kamen, die zu einem großen Teil nicht die Ausbildung erhielten, die früher die Regel war. Aber es läßt sich ja zum Glück einiges nachholen, zum Beispiel mit geeigneten Büchern und Kursen.

Vom Autor ist ein Nachschlagewerk für diesen Zweck erschienen. In diesem Handbuch sind ganzheitliche Methoden der persönlichen Entwicklung, der Harmonisierung und Heilung beschrieben. Der Titel "Die eigenen Stärken entwickeln" steht für das, was mit der Praxis des Reiki beabsichtigt ist. Mit diesem und ähnlichen Büchern lassen sich nicht nur Wissenslücken schließen, sondern auch Fehlinformationen revidieren. Es ist in jedem Fall von großer Wichtigkeit, sich ein gutes Rüstzeug zuzulegen.

Insofern ist es für alle Reiki-Lehrer wichtig, eine ständige Weiterbildung zu betreiben. Es liegt nahe, daß diese hier angeregte Qualifikation natürlich nicht jeder erbringen kann, aber es zumindest anstreben, das kann jeder.

Doch ein Hinweis wie dieser ist ein Zeichen dafür, daß sich die Dinge wandeln. Nachdem sich das Reiki-System durch frischen Wind und durch neue Impulse, letztlich aber doch von innen her erneuert hat, und nachdem sich die freien Reiki-Lehrer in die Szene des New-Age ergossen haben, ist es nun auch als ein Ausdruck der Befreiungsphase und als Abschied von alten Verkrustungen an der Zeit, auf einer befreiteren Basis mehr Qualität einzufordern. Das Tragische ist, daß das Missverständnis grassiert, man müsse nur ein paar kleine neue New-Age-Hilfsmittel kennen, und dann sei man mit Reiki schon automatisch im Club derer integriert, die sich vom Rest der materialistisch eingestellten Gesellschaft lobenswert abheben.

Aber die kleinen New-Age-Techniken sind nicht mit den alten, klassischen, spirituellen Wegen und Methoden zu vergleichen, von denen sie in der Regel nur hier und dort etwas zusammengeklaut haben. Es kann sicher nicht von allen Reiki-Lehrern verlangt werden, auf allen Gebieten der Spiritualität Experte zu sein, doch es sollte zumindest eine Ahnung darüber bestehen, daß es dieses oder jenes um das Reiki herum überhaupt gibt.

Die Schüler gut auszubilden, und sie dann frei zu lassen - das ist Aufgabe im Dienst einer besseren Welt, an der wir mitarbeiten dürfen. Aus der Unmittelbarkeit heraus leben, also in der Gegenwart agierend als der Handelnde im Nicht-Handeln, wird im ewigen Hier und Jetzt und damit auch künftig unser Motto sein. Wer davon Stück für Stück erfährt, wird vielleicht auch etwas zur eigenen Überraschung spüren, daß wir auch etwas "zurückgeben" können. Und das ist unsere Dankbarkeit angesichts all dieser Geschenke.

DAI KOMIO heißt großes, leuchtendes Licht. Der Mensch, der es in der Welt verkörpert, ist der Mensch, der in der Einheit des Großen lebt, im Bewußtsein, daß er das strahlende Licht ist. Das ist die Chance und der Auftrag für alle, die Reiki in ihr Leben eingeladen haben.

27. Ausblick

Frage: Was ist Reiki in der heutigen Zeit für uns, und was wird es künftig sein?

Antwort: Jesus ging der Überlieferung zufolge für vierzig Tage in die Wüste, und diesem Vorbild wird noch immer gefolgt. In der totalen Abgeschiedenheit mit sich allein unter dem weiten Himmel.

Unter der brennenden Sonne des Tages und unter den Sternen der Nacht, das ist für manche Menschen das große Auftanken. Wenn sie dann wieder in die sogenannte Zivilisation zurückkehren, läßt sich einmal mehr ein Stück wahrgewordener Innerlichkeit im Alltag erleben und neu umsetzen.

Das Auftanken in der Wüste entspricht für andere Menschen dem Reinigen der Aura oder dem Gebet in einer Kirche, aber welche Form der Besinnung und des Sich-Aufladen-Lassens auch bevorzugt werden mag, wird der Wunsch nach Aktualisierung des geistig-seelischen Potentials allen gemeinsam sein. Der starke innere Drang nach Expansion, nach der großen neuen Ausdehnung ist der Motor, der immer wieder neue Wege gehen läßt.

Die andere Variante einer gelungenen Expansion, die meist unvermittelt in unser Leben tritt und den Frühling mit sich bringt, das ist die große Liebe im Leben. Die Weltliteratur ist voll davon, doch manche Menschen haben davon nur noch die Nase voll, selbst wenn es sie wirklich nur einmal geben sollte, weil das Leid einer Trennung einfach zu groß ist für den kleinen Menschen, als daß er es noch einmal erleben möchte.

Die Liebe zum Traummann, zur Traumfrau, ist die mitunter länger anhaltende, mitunter auch wieder recht abrupt endende Verwirklichungsphase des Traumes vom Glück und der Vision vom Gehen des Weges zu zweit. Beides sieht zuweilen gut aus, erfüllt uns mit der Ahnung des ganz Großen, doch daß es fast ausschließlich nur Illusion ist, zeigt sich früher oder später.

Eines ist - von der klassischen Vorgehens- und Lebensweise des Tantra einmal abgesehen - einfach nicht zu ändern:

Jeder muß seinen Weg für sich allein gehen.

Die Menschen, die auf ihrem Weg ein Stück in der Wüste verweilt haben (und jeder muß auf dem Weg einmal "in der Wüste der Einsamkeit" sein, bevor daraus die Kraft im Alleinsein werden kann), berichten davon, daß das nicht nur ein tiefes Erlebnis ist, sondern daß nach drei Wochen der Verstand mit seiner gewohnten Tätigkeit aufhört, sich über alles Sorgen zu machen und alles zu kommentieren. Es gibt halt nichts mehr zu reden.

Das ist es wohl auch, was wir aus der Geschichte um Jesus entnehmen können. Und die Parallele der drei Wochen andauernden Konsolidierungsphase im Reiki ist ebenfalls bemerkenswert.... vielleicht ist Reiki tatsächlich ein Allheilmittel gegen Ängste und Depressionen? Vielleicht hilft es uns tatsächlich dabei, die Grenzen der persönlichen Kapazitäten zu überschreiten.....

Was erleben wir, wenn wir einem anderen Menschen Reiki geben? Es werden in der Regel zunächst die Hände warm. Es macht sich ein Kribbeln in den Händen und vielleicht ein verstärktes Pulsieren auf dem Kopf bemerkbar. Man kann auch zuweilen ein strömendes Gefühl, das vom Kronen-Chakra zum Herzen und von dort durch die Arme zu den Händen fließt, wahrnehmen. Nie kann ein Reiki-Gebender nach einer Behandlung erschöpft sein, denn es ist nicht seine persönliche Kraft, die er abgibt... er ist "nur" Kanal; und das fühlt sich an, als würde man unter einer Dusche aus elektrisierenden Elektronen stehen.

Es ist belebend, erfrischend und sehr stärkend.

Doch damit sollte nun nicht die Erwartung verknüpft werden, in einen unaufhörlichen Strom reinen Wunderwirkens zu gelangen. Ob Energie fließt oder nicht, sagt noch lange nichts darüber aus, was durch sie geschieht. Wir gelangen nicht in ein Märchenland oder gar gleich ins Paradies, nur weil wir die Reiki-Kraft spüren.

Die Bewußtwerdung durch das Anwenden dieser Energie ist der Punkt, auf den es ankommt und der sozusagen systemimmanent ist. Und es ist sicher auch noch ein großer Unterschied, ob ich bei einem spannenden Film beiläufig eine Person berühre, oder ob ich ihr bei einer anderen Gelegenheit mit aller mir zur Verfügung stehenden Bewußtheit und Ausschließlichkeit Reiki gebe.

Reiki ist eigentlich nichts Besonderes, keine neue Erfindung, keine neue New-Age-Methode als Abklatsch alter Weisheitslehren, sondern Reiki ist nichts weiter als eine Bezeichnung für die Universelle Lebensenergie, die immer da ist und alles belebt und durchdringt. Das Einmalige an ihr ist die Tatsache, daß wir einen direkteren Zugang zu dieser Lebensenergie erhalten. Darum dreht sich dieses Buch, und das ist der Sinn heute und auch in Zukunft - nämlich die Energie in uns zu stabilisieren.

Der Weg dorthin ist das Handeln im "Nicht-Tun".

Wenn wir uns bei der Reiki-Behandlung einmal ablenken lassen, wird uns unsere Aufmerksamkeit schließlich doch wieder zurückführen zum Geschehen; das ist eine wunderbare Hilfe für alle Aktionen im Leben. Und wenn man einmal im Leben für eine gewisse Zeit die Orientierung verloren hat, dann ist Reiki immer wieder ein neuer Anfang, der sich anbietet, denn die Universelle Lebensenergie, die wir durch die Reiki-Einweihungen bekommen haben, wird uns nie mehr verlassen. Sie hört nie ganz auf zu fließen, auch wenn wir mit anderen Dingen beschäftigt sind.

Das morphische Feld des Reiki ist inzwischen stark geworden, und deshalb können wir immer wieder zu diesem geistigen Feld zurückkehren. Es ist das innere Wissen, das uns den Zugang wieder erschließt. Dieses verinnerlichte Wissen ist auf einer anderen Ebene angesiedelt als Glaube und Zweifel.

Für die Reiki-Praxis brauchen wir keinen Beweis von Wundern, denn darauf kommt es gar nicht an, so schön sie sind. Was Lebensenergie ist, erschließt sich uns nur durch unsere wachsende Bewußtheit. Und dafür gibt uns Reiki wunderbare Werkzeuge und Schlüssel in die Hand.

EIN NACHWORT ZU DEN FRAGEN

Selbst ein schwerer Beruf hat auch seine guten Seiten. In der Rückschau sieht oft alles sogar noch schöner und leichter aus, als es ursprünglich war. Mit einem schönen Hobby ist die Chance noch größer, etwas Angenehmes zu erleben als in einem kreativen Beruf, denn auch dort gibt es Stress und Druck. Und dann gibt es Menschen, für die ist der Beruf eine gelungene Mischung aus allem, egal wie schwer oder wie leicht er ist. Früher hieß es immer, Ärzte und Pfarrer müssten eine Berufung spüren, um ihren Beruf so ausüben zu können, wie es erwartet wird. Unter all diesen Möglichkeiten ist die Tätigkeit als Reiki-Lehrer ein Sonderfall, wobei das mit der Berufung bestimmt eine sehr zutreffende Bezeichnung ist.

Es hätte hier auch noch eine Frage zur Vorbereitung auf den Lehrer-Grad geben können, aber das erübrigt sich, denn das ganze Buch handelt ja eigentlich davon. Die Ausbildung der Reiki-Lehrer (für alle vier Grade auf einmal) umfasst mehr als die Theorie, und sie muß auch mehr mitgeben, als die Einweihungsrituale zu vermitteln und zu prüfen.

Der Auftrag an die Lehrer geht über die Vermittlung von Hintergrundwissen hinaus, denn es ist der energetische Rahmen und das Gespür für ihn, was den vierten Reiki-Grad auf elementare Weise ausmacht.

Genau deshalb ist es so wichtig, die Vermittlung des dritten Grades (drei Einweihungen in das Meister-Symbol DAI KOMIO) von der Einweihungstechnik abzukoppeln!!!

Nun hat jeder Mensch genug Zeit und Raum, das vierte Symbol eine Weile wirken zu lassen, ohne sich direkt nach den Einweihungen mit Einweihungstechniken auseinandersetzen zu müssen.

Jede Beziehung und jede Freundschaft bringt mehr oder weniger schöne Erlebnisse mit sich; zu den besonders schönen rechnen wir die, in denen wir uns nahe waren und gemeinsam etwas Intensives erlebten. Der Reiki-Prozess bringt es mit sich, daß alle am Geschehen beteiligten Personen, und das sind im Regelfall Schüler und Lehrer, sich gemeinsam in einer kreativen Phase begegnen, in der Neues entstehen kann, und das für beide.

Ein Buch zu schreiben, ist eine wunderbare Erfahrung, und umso mehr, wenn es nichts Theoretisches bleibt, zu dem man sich äußert, sondern wenn viele eigene und ewig lebendig bleibende Erfahrungen mit vielen wunderbaren Menschen die Basis dessen sind, worüber geschrieben werden kann. Ein Erlebnis, das ich niemals vergessen werde, denn dazu war es zu überraschend und zu intensiv, war nach einer Einweihung zum Lehrer-Grad bei einem Spaziergang sozusagen "die Erkenntnis auf dem Berg der Wahrheit", zu dem am Ende des Buches noch mehr ausgeführt wird. Sie lautete für mich: Wer erfüllt ist durch eine kreative Arbeit, braucht sich um die "Erleuchtung" nicht zu sorgen....

Die aktuelle Nuance nach über einem Jahrzehnt lautet in Ergänzung dieser Eingebung: ...Auch nicht um die "neuen Erleuchtungen", von denen neuerdings über "die neuen Erleuchteten" zu hören ist. Kreative Menschen tragen die Kraft der Innovation, der Lebendigkeit und der Lebenskunst in sich.

Der vielfach verbreitete Anspruch, in einem "Satsang" für die Erleuchtung der Teilnehmer wirken zu können, ist etwas, das somit der Beurteilung jedes einzelnen Teilnehmers überlassen bleibt. Selbstverständlich liegen auch und vielleicht gerade hier große Chancen zu Wachstum und Weiterentwicklung, für Freiheit und befreiende Kreativität.

Hier sei nur soviel dazu gesagt, daß garantiert niemals etwas auf Bestellung passiert. (Und insofern ist es gleichgültig, ob man vor einer Person sitzt, von der gesagt wird, daß sie erleuchtet sei, oder ob man zu Hause am Küchentisch Gemüse putzt.) Es kommt immer darauf an, was jeder Einzelne an Potential und Reife mitbringt, wenn er/sie irgendwohin geht. Es ist entscheidend, inwieweit jeder Einzelne bereit und in der Lage ist, an sich und im Zusammenwirken mit anderen zu arbeiten.

Reiki ist die nach menschlichem Ermessen direkteste und einfachste Methode, mit deren Hilfe man durch eigene Anstrengung in ein Potential hineinzuwachsen vermag, das auch der hohen Energie der Erleuchtung eine ausreichende Standfestigkeit zur Verfügung zu stellen in der Lage sein wird. So vorbereitet wird das Angebot der neuen Satsang-Geber entweder zur reinen Freude, zum wirklich tiefen Erlebnis mit Langzeitwirkung oder zum einmaligen Witz. Herausfinden muß das jeder für sich allein.

Reiki ist - das muß wieder betont werden - eine Methode, die an einem gewissen Punkt der Praxis in das "qualitative Stadium" übergeht, das einen Weg der Bewusstseinsschulung ausmacht. Anders gesagt: ***Richtig aufgefasst und eben meditativ praktiziert, ist Reiki Meditation.*** Und:

Nur die Erfahrung der Meditation kann es sein, die Erleuchtung zu bewirken vermag.

Mit Sicherheit nicht alle der mit und durch die neuen Satsang-Protagonisten erlebten Zustände gesteigerter energetischer Verdichtung (die nicht unbedingt identisch sein müssen mit der unbeeinflussbaren Klarheit direkter Bewußtheit) haben mit der wahren Erleuchtung im buddhistischen Sinne - und nur die zählt hier! - etwas zu tun. Sie können - und das sei der Wahrnehmung und individuellen Beurteilung der Leserinnen und Leser überlassen - vielleicht auch nur Magie sein. - Dies sei an die Adresse derer gesagt, die meinen, die ganz kurzen Abkürzungen seien die schnellsten Wege zum Glück.

Dessen ungeachtet muß für alle, die auch über dieses Buch einen neuen und wirklich fundierten Schritt in ihrem Leben machen wollen, betont werden:

Reiki ist eine wunderbare Methode, Schritt für Schritt das zu leben, was uns allen letztlich vorschwebt, nämlich die Kunst, das Leben als Kunstwerk zu erleben und ständig als ein solches weiterzuentwickeln.

Erleuchtung ist dabei keinesfalls ausgeschlossen.

TEIL IV: ERFOLG, STILLE, INDIVIDUALITÄT

DIE PRAXIS DES DRITTEN REIKI-GRADES

Was wäre, wenn alle unsere Wünsche nach einem besseren Leben plötzlich wahr würden? - Sind wir wirklich bereit dafür? Unsere Zeit ist knapp und das Leben kurz und hektisch, und die Menschen in dieser modernen Welt sind so sehr geprägt vom Tun, vom Erreichen-Wollen, vom Kontrollieren und Manipulieren, daß einigen Lesern diese einleitende Frage absurd erscheinen wird.

Ehrgeiz und Neid, Leistung und Versagen und die Angst davor beherrschen die Gesellschaft. Alle sind gleicher als früher, leben in angeglicheneren Lebensformen als früher, und so kann es quer durch die sozialen Schichten hindurch schwer fallen, sich zunächst auch einmal nur rein gedanklich mit einem Aufgeben der Zielorientiertheit zu befassen, die "für fast jeden auf der Straße" einfach gegeben und unstrittig ist.

Wer als Reiki-Praktizierender in die Schwingung des dritten Reiki-Grades hinein wächst, wer lernt und Freude daran hat, die hohe Energie des (so genannten) Reiki-Meister-Symbols

DAI KOMIO,

dem auch dieses vierte Buch dieser Serie gewidmet ist, in das tägliche Leben zu integrieren, sieht eine Frage wie diese in einem anderen Licht, aus einem tieferen Blickwinkel und einem nach und nach sich weiterhin ausdehnenden Bewußtsein.

Dies liegt sicher nicht nur an der Energieübertragung durch den Reiki-Lehrer. Dies hat auch eine tiefe Ursache darin, daß dieses Symbol über *ein starkes morphisches Feld* verfügt.

Der normale Gang der Dinge ist der, daß die Reiki-Schülerinnen und Reiki-Schüler von ihren Reiki-Lehrerinnen und Reiki-Lehrern nach einer gewissen Zeit des Praktizierens mit den Mitteln des zweiten Grades zunächst drei - durchaus hintereinander folgende - Einweihungen in das vierte Symbol und damit in die Schwingung des DAI KOMIO erhalten. Eine Abfolge von drei Einweihungen wird von verschiedenen Reiki-Lehrern für „zuviel", für „unnötig" gehalten, "weil es mit einem Mal geht oder auch gehen muß".

Selbstverständlich ist eine einzige Einweihung aus der Sicht des Energetischen völlig ausreichend, doch was ist mit dem Schüler? Selbst nach vielleicht einer längeren Reihe von Jahren der Praxis stellt eine erneute Einweihung (zumal danach dann keine mehr kommen können, zumindest auf der Ebene des Reiki-Schülers nicht) durch den (manchmal oder immer öfter an dieser Stelle des Reiki-Prozesses neuen) Lehrer, oder eine (andere) Lehrerin ein sehr tiefgehendes Erlebnis dar.

Auch wer den ersten und zweiten Reiki-Grad mit den Einweihungen, den jeweiligen Anschlussphasen der Reinigung und Konsolidierung und den Zeiten der Erprobung und Selbsterkenntnis intensiv-angenehm erlebt hat, wird – die entsprechende Offenheit vorausgesetzt - diesen dritten Grad als außerordentlich erleben.

Viele Menschen haben das im Nachhinein so berichtet, und deshalb sollte die Einweihungsbegegnung mit dem Lehrer/der Lehrerin auch beim dritten Grad mehr sein als eine kurze Energiedusche. Was sie auslöst, gewinnt in der praktischen Auswirkung im Alltag für die meisten Menschen eine neue Dimension. - Wenn Sie selbst gerade an diesem Punkt des Weges sein sollten, dann empfehle ich Ihnen ein eingehendes Vorgespräch mit dem Reiki-Lehrer, der Reiki-Lehrerin.

Wenn Sie - hoffentlich - zu den Menschen gehören, für die Reiki etwas Besonderes ist, das nichts ist, was auf den vielen anderen "Ausbildungswegen" auch zu „haben" ist, dann ist es von großer Bedeutung, wie der Reiki-Lehrer den dritten Grad einschätzt und wie er seine eigene Rolle als Lehrer sieht. Wer sich vor neuen Schülern von vornherein als "ein Meister" aufspielt, sollte sich heutzutage auf klare Fragen einstellen.

Denn: Drei Einweihungen in DAI KOMIO eröffnen dem Schüler den Weg zur Meisterschaft über sich selbst, sie sind der initialzündende Anstoß auf diese reiki-spezifische Weise, sich auf den geistigen Weg zu begeben. Doch niemand wird dadurch zu einem Meister. *Die Bezeichnung "Reiki-Meister" ist an sich völlig irreführend, antiquiert und lächerlich, sowohl für die Reiki-Schüler des dritten Grades als auch für „die Lehrer für das Fach Reiki".*

Achten Sie deshalb bei der Wahl Ihres Reiki-Lehres darauf, daß sowohl organisatorisch ungebunden vorgehende, also "Freie-Lehrer", als auch traditionell ausgerichtete Lehrer diese (aus dem Blickwinkel der alten, einer eher „orthodoxen Betrachtungsweise") moderne Einstellung zumindest tolerieren. Und fragen Sie ihn oder sie, worin sich eine Meisterschaft zeigt, falls sie oder er auf dem Titel "Meister" bzw. "Meisterin" beharrt!

Dies mag für Interessenten vielleicht etwas unverständlich sein oder scheinbar zu sehr in die Tiefe der Materie gehen, aber diese Ausführungen an dieser Stelle sind außerordentlich bedeutsam - denn genau an diesem Punkt scheiden sich die Geister!

Genau hier gehen die Einschätzungen auseinander. Hier trennen sich alte eingefahrene Sichtweisen, alte Absichten zur Sicherung der fast für ewig sicher geglaubten Pfründe von einer neuen und zeitgemäßen Betrachtung des Reiki.

Dies alles erschien meinem Kollegen Wolfgang Distel und mir schon vor vielen Jahren so extrem wichtig, daß der Anstoß zum tieferen Verständnis gerade auch des DAI KOMIO gegeben werden musste! - Zum weiteren Verständnis seien die beiden ersten Bücher sowie das dritte für die Praxis hier noch einmal empfohlen.

Vielleicht hat sich der Begriff "Reiki-Meister" so beharrlich gehalten, weil er auch mit der Funktion in einer der alten Reiki-Organisationen verbunden war, insbesondere was die Wahrung der Werte des Reiki anbelangt. Und auch das wiederum ist außerordentlich bedeutsam.

Die Anforderungen an Kompetenz, ein großes Verantwortungsbewußtsein, moralisch-ethische Standards, eine gute Allgemeinbildung usw. können angesichts vieler neuer Ideen und Theorien auf dem Gebiet der Selbsterforschung und der Therapierung anderer nicht oft genug wiederholt werden. - (Wenn Sie selbst Reiki-Lehrer sind .... haben Sie nicht auch schon manchmal darüber gestaunt, ... was Kollegen vor Ihnen so alles von sich gegeben haben?! ...)

In dieser Hinsicht ist es beim Reiki heute wie auf dem freien Telefonmarkt. Suchen Sie sich also "Ihren Tarif" aus... Vielfalt schafft Freiheit der Wahl, bringt aber auch ein Risiko mit sich - denn vielen ist schon vor Jahren Reiki als eine sehr angenehme Sache erschienen, mit der sich auf leichte Weise viel Geld verdienen läßt... Gerade die innere Vorbereitung auf den dritten Grad stellt diejenigen Reiki-Praktizierenden, die aus gutem Grund nun ihren Lehrer wechseln wollen, womöglich vor die Aufgabe, einen guten Mittelweg zwischen einem erschwinglichen Preis und einer fachlich kompetenten Einweihung, Ausbildung und Begleitung zu finden. Denn:

Mit der reinen Energieübertragung ist es nicht getan, zumal mit dem 3. Reiki-Grad <u>die wirklich essentiellen Fragen der Schüler</u> erst einzusetzen pflegen. Es ist also durchaus zu empfehlen, sich auch schon vor dem dritten Grad weitergehend zu informieren.

Die Schwingung des DAI KOMIO steht jedem zu, der mit dem ersten Reiki-Grad diesen Weg beginnt. Lassen Sie sich also auf keinen Fall einreden, Einweihungen in das "Meistersymbol" seien immer nur in Verbindung mit der Vermittlung der Reiki-Einweihungstechniken (das ist der 4. Grad, nach alter Les-Art „3b") möglich. <u>Wechseln Sie erforderlichenfalls, denn niemand auf dem Weg darf aus keinem Grund der Welt der Zugang zu den Möglichkeiten verwehrt werden, die DAI KOMIO für ein tieferes, schöneres, gesünderes, leichteres und kreativeres Leben bereithält!</u>

Bestehen Sie darauf, daß Ihnen eine klare Trennung zwischen dem dritten Grad und dem Lehrer-Grad, der wie schon angedeutet über den dritten Grad erheblich hinausgehende Anforderungen mit sich bringt, erläutert wird. Und bestehen Sie darauf, entsprechend unterrichtet und eingeweiht zu werden. (Liebe Leserinnen und Leser, falls Ihnen das alles nicht zusagt und Sie, vielleicht aus familiären oder freundschaftlichen Banden heraus bei der orthoxen Art bleiben bzw. auf sie einsteigen wollen, so steht Ihnen das natürlich frei. "Besser oder schlechter" ist Reiki wohl weder hier noch da. Die hier gemachten Vorschläge basieren auf langjährigen Erfahrungen und dienen einer größtmöglichen freien Entfaltung; sie sind von daher sicher nicht völlig aus der Luft gegriffen.)

Bereits im Eingangskapitel des Buches wurde deutlich, wie wichtig Hilfestellungen besonders für diejenigen sind, die sich in die Reiki-Kraft weiter hineinleben möchten, die aber aufgrund vieler Fehlinformationen, die noch immer grassieren, noch nicht den (weiteren) Weg zu den ihnen gemäßen Stationen gefunden haben.

Mit den hier gegebenen Informationen, die um die in mehreren Jahren seit dem letzten Buch verstärkt deutlich gewordenen Fragen kreisen, werden sicher sehr viel weniger Erschütterungen durch die ehemals so „gut durchinstitutionalisierte" "Reiki-Kirche" gehen, wie schon im Vorfeld der Veröffentlichung dieses Buches (vielleicht auch in Anlehnung an die Veröffentlichung des ersten Buches) vermutet wurde.

Und das ist sicher gut, denn es geht nur um den einzelnen Menschen, der sich auf den Weg begeben möchte. Nur der einzelne Reiki-Schüler kann das entscheidende Kriterium sein und bleiben, wenn es darum geht, mehr Raum zu haben, mehr Freiheit zu erleben, mehr an Weite zu teilen. Diese Dinge, die auch ein bis heute uninformierter Leser wissen sollte, bieten sich als Betrachtungen nicht nur für die Reiki-Praxis des dritten Grades an. Sie sind wichtig für die Entscheidung, selbst Reiki-LehrerIn zu werden. Und spätestens mit Aufnahme der eigenen Einweihungspraxis für andere ist nicht nur fachliche Kompetenz vorzuweisen - dann ist auch in dieser Hinsicht eindeutig Stellung zu beziehen...

Vielleicht kann der vierte Reiki-Grad, der Lehrer-Grad, eines Tages die alleinige Grundlage für ein weiteres Buch sein, doch die Bemerkungen an dieser Stelle sollen in diesem Buch genügen. Und was in der Form von Frage und Antwort zur Weitergabe des Reiki im Teil III dieses Buches zusammengestellt wurde, haben Sie ja wahrscheinlich noch in Erinnerung, wenn Sie bis hierher gelesen haben. Niemand weiß, wohin neue Entwicklungen noch führen werden, denn Reiki ist Energie, und Energie ist lebendig.

Insbesondere gilt das auch für den Reiki-Lehrer-Grad, dessen Lehrbefähigung nach der neuen Einschätzung von vornherein alle vier Grade umfassen sollte.

Es ist eine Anpassung an das Zeitgeschehen im Sinne der Öffnung und einer weiteren Entmystifizierung des gesamten Reiki-Systems erforderlich, um Reiki für noch viel mehr Menschen - tatsächlich und nachvollziehbar - zum Weg zu sich selbst, zu lebendiger, gelebter Spiritualität im Alltag werden zu lassen.

Gelebte Spiritualität hängt in den allermeisten Fällen auch von einer kontinuierlichen Übungspraxis ab. Es ist schon darauf hingewiesen worden, daß der Begriff "Praxis" eigentlich nur auf die Übungsbereiche des ersten und zweiten Grades anwendbar ist. Das letztlich nur "absichtslose Praktizieren" auf der Ebene des dritten Reiki-Grades ist eher so etwas wie eine aktive Andacht, wie sie zum Beispiel besonders aus dem tibetisch-buddhistischen Bereich bekannt ist.

Eine für jedermann durchführbare Übung kann eine Ahnung davon vermitteln, was DAI KOMIO durch seine Schwingung im Menschen - ganz einfach ausgesprochen - durch eine Öffnung des Herzens zu schenken vermag. (Wer in diesem Buch nur lesen und ganz sicher keinerlei praktische Übungen machen möchte, kann jetzt einfach weiter blättern zum nächsten Kapitel.)

Für alle anderen interessierten Leserinnen und Leser, für die Reiki-Praktizierenden aller Grade, für Neueinsteiger und "alte Hasen aller Grade" sei hier einmal "ein Angebot zum Erspüren einer anderen Dimension" vorgestellt, das "allen Skeptikern esoterischer Experimente" mehr oder weniger bemerkenswert erscheinen kann, wobei selbstverständlich die Tatsache zu beachten ist, ob jemand in den dritten Reiki-Grad formell eingeweiht ist oder nicht!
(Es ist da vielleicht ein bisschen so wie mit dem Autofahren. Es gibt Leute, die können es auch ohne Führerschein...)

Die Übungsempfehlung zum Kennenlernen und Nachspüren:

Ziehe Dich in ein ruhiges Zimmer zurück, in dem Du für mindestens eine halbe Stunde oder besser noch länger ungestört und in Stille mit Dir allein sein kannst, in dem Raum ist - sei es, daß er da ist, sei es, daß Du ihn wie auch immer für Dich schaffen wirst... Nimm eine (möglichst auf dem Boden) aufrechte und gleichzeitig bequem-ausbalancierte Haltung ein. Du kannst Dir genügend Zeit geben, um die für Dich optimale Sitzposition zu finden. Warte einfach ab, bis Dir Dein Körper signalisiert, daß er in der nun gefundenen und eingenommenen Position für eine halbe Stunde sitzen möchte.

Vorher solltest Du Schmuck, Uhr, Krawatte, Schuhe und sonstige störende und einengende Sachen weggelegt, das Mobiltelefon weit vor die Tür und alle sonstigen Geräte ausgeschaltet haben. Sei so pur, wie es nur irgend geht.

Sei offen, wach und erlebnisbereit, aber möglichst ohne zu viele Erwartungen. Betrachte nun das Symbol des DAI KOMIO auf dem Buchdeckel und präge es Dir ein, so gut es geht. Atme tief ein, atme langsam aus. Wenn Du es so fühlst, kannst du die Energie des Symbols bitten, vor Deinen Augen zu erscheinen - strahlend wie eine Leuchtstoffröhre, schwach schimmernd... vor einem dunklen Hintergrund.

Solltest Du zu den Menschen gehören, die lieber aktiv visualisieren, so kannst Du es... mit Deiner Vorstellungskraft zu erschaffen beginnen...

Auf welche Art auch immer das Symbol erscheint, es ist als ein starker Katalysator hoher Kräfte, eine in unserem Alltag wirkende Energiequelle auf allen Ebenen unseres Erlebens und darüber hinaus im noch unbemerkten Hintergrund segensreich tätig - soweit es überhaupt auf diese Weise auszudrücken ist.

Wenn Du es möchtest, dann behalte das Bild des DAI KOMIO vor Deinem inneren Auge für ungefähr zehn Minuten, widme der ganzen Meditation eine halbe Stunde. (S. Seite 333)

Du kannst, wenn Du es möchtest, danach noch eine Weile still sitzen, z. B. *Zen* oder *Vipassana* praktizieren, eine belebende Yoga-Haltung einnehmen oder auch einfach nur die Hände auf den Unterbauch legen und den Atem beobachten.

Und wenn Du dann wieder in Deinen Alltag gehst... nimm die Schwingung des DAI KOMIO mit, nimm Deine Erlebnisse mit und schreibe sie vielleicht auf, falls Du etwas zu schreiben hast, was Dir wichtig ist. - Das Erleben auf diese Weise wird sicher nicht viel mehr als ein Vorgeschmack sein im Vergleich zum Reiki-Prozess, doch als ein Appetithäppchen kann dieser Eindruck Interesse wecken, "dieses Reiki" nun selbst näher kennen zu lernen.

WAS IST EIGENTLICH GLÜCK?

"Glück ist dann, wenn ich fühle, daß mein Leben für mich sinnvoll ist, daß es alles so stimmt, wie es ist - und daß es morgen auch so sein wird..." Das sagte eine Reiki-Schülerin auf die Frage, was Glück für sie bedeutet.

Das Leben... es beginnt für jeden Menschen mit der Sicherstellung der elementarsten Grundbedürfnisse, also mit Nahrung, Wärme, Obhut, Zuneigung, Sicherheit, Erziehung und Freiheit, mit guten Perspektiven - und immer wieder Liebe und nochmals Liebe. Je mehr der Mensch von allem bekommt bzw. je ausgewogener die Mischung dieser zu befriedigenden Bedürfnisse ist, desto tragfähiger wird auch das innere Fundament sein, auf dem so etwas wie Glück stabil sein kann.

Irgendwann im Leben kommt eigentlich jeder einmal "in die Verlegenheit", seine eigenen Basisfragen über den Sinn unseres Daseins zu stellen. Viele kommen erst später dazu, nachdem all´ die Standardanforderungen des Lebens in Schule, Ausbildung, Studium und Beruf, Partnerschaft, Ehe, Kindererziehung usw. mehr oder weniger halbwegs bewältigt wurden. Irgendwann werden sie gestellt, diese Sinnfragen nach dem Leben, dem Tod, nach Gott und der Welt und dem Leben "danach".

Bei der Frage nach dem Glück kann man sich selbst mehr kennen lernen, oder präziser gesagt, wenn wir uns fragen, ob wir glücklich sind oder jemals waren, kommen wir auch an einer Bestandsaufnahme nur schlecht vorbei.

Ganz natürlich verknüpfen die unterschiedlichsten Menschen mit dem Begriff des persönlichen Glücks verschiedenste Lebensbereiche, und das hängt damit zusammen, auf welcher Energie- und Bewusstseinsebene der Mensch lebt, denkt, fühlt und wünscht. Dem jeweiligen Chakra entsprechend, auf dem sich das Leben eines Menschen abspielt, ist er dann über den Sieg seiner Fußballmannschaft im Europapokal der Pokalsieger glücklich, einem anderen reicht dazu der Sieg in einem wichtigen Punktspiel der Regional-Liga. Niemand weiß, wem am nächsten Spieltag die diensthabende Glücksfee hold ist, und daraus läßt sich die Feststellung ableiten, daß man es sich nicht vornehmen kann, glücklich zu werden. Es läßt sich zwar besonders gut trainieren, und in anderen Lebensbereichen haben sich, vielleicht in Anlehnung an den sportlichen Ehrgeiz, die Motivationstrainer und Karriereberaterinnen etabliert, doch es gibt nicht nur auf dem grünen Rasen, sondern auch auf allen anderen Spielfeldern zu viele Unwägbarkeiten, die all unseren nett ausgedachten oder sogar recht „ausgeklügelt herbeiaffirmierten Vorhaben" zuwiderlaufen können.

Jeder kann allerdings im Rahmen seiner Möglichkeiten etwas Grundsätzliches tun, und das nicht gerade mit der "Zielrichtung partieller Erfolg" (was bleibt davon übrig?), sondern "umfassendes Glück". Und nur das ist es wert, daß ihm in einem Buch über Universelle Lebensenergie nachgespürt wird.

Das Glück hat unendlich viele Facetten, und es sind vielleicht mehr, als es Menschen gibt. Und es ist auch nicht möglich, etwas als Glück oder als Glückszufall einzuklassifizieren, denn was für einen Glück ist, empfindet ein anderer als etwas ganz anderes, nur nicht als Glück. Und dann gibt es ja noch die allseits anerkannte Unterscheidung in Glückspilze und Pechvögel, wobei die Frage für viele ungeklärt bleiben wird, ob es so etwas wie eine Vorhersage, eine Bestimmung, Zufall, Affinitäten und so etwas wie eine *Synchronizität* gibt, die allerorten die erstaunlichsten Zufälle ermöglicht... Die Frage nach dem Glück läßt uns zunehmend ratloser werden, je tiefer wir in die Erforschung des Themas und damit unserer selbst einsteigen.

Gerade die auf ihr Pech so gern beharrenden selbsternannten Pechvögel möchten nicht hören, daß Glück auch eine ganz Menge mit einem guten Maß an Wachheit, an Aufmerksamkeit, eben mit Bewußtheit zu tun hat. So gesehen sind es die eher Wachen, die die Gunst einer Stunde für sich zu nutzen wissen, und das ist nicht der Lottogewinn oder irgendein anderes äußeres Erlebnis oder Ereignis, dem von Außenstehenden der Mythos des großen Glücks angedichtet wird. - Und ist es nicht auch mit den so märchenhaft glücklich erscheinenden Beziehungen, Partnerschaften, Ehen und Familien oft so? Es sieht dreißig Jahre nach außen hin ganz wunderbar aus, das Paar wird beneidet, und dann lassen sich die beiden vermeintlich Glücklichen scheiden... wenn Sie noch den Mut zu diesem Schritt und zu einem Neuanfang ohne den gewohnten Partner haben.

Jeder Mensch versteht etwas anderes unter Glück, und die Bandbreite reicht dabei vom rein materiellen und äußeren Glück über das innere Glück in einer glücklichen Ehe bis hin zum Glück, frei leben zu können, selbstbestimmt und kreativ das allumfassende Glück zu wollen, zu haben - das geistige Befriedigt-Sein des wahren und nicht mehr zu erschütternden Lebenskünstlers. Vielleicht ist erst das das wahre Glück auf Erden. Und was führt wohl dorthin, zum wahren Lebensglück des wahren Lebenskünstlers? Weniger äußerer Erfolg, mehr ein Stück realisierter persönlicher Lebenssinn, ganz sicher die Stärke und Ruhe innerer Zufriedenheit, die daraus resultiert, nicht nur oder nicht mehr oder kaum noch das zu tun, was andere verlangen, erwarten; etwas gern tun und damit zufrieden sein - vielleicht ist es das schon...

Glück kann auf Dauer nicht vom Äußeren bestimmt sein, es ist weder von materiellen Gegebenheiten (die uns zu prüfen bestimmt sind) noch von zunächst so erfüllend erscheinenden Begegnungen, Bindungen und Eheschließungen abhängig - aber was ist das Glück dann? "Nur im Innern ist das Glück zu finden", so haben es uns von jeher Heilige, Missionare und andere Besserwisser gepredigt...

Nur im Innern ist das wahre Glück zu finden, *der innere Christus, der wahre unsterbliche Buddha*, aber um das zu erkennen, müssen wir uns wirklich aufmachen und hindurchgehen durch all den schönen Schein und Tand und all das Internet-Geflimmer. Der Weg zum wahren Glück ist genauso lang wie der zur Erkenntnis an sich, sagen uns die, die vor uns den Weg zu sich selbst ge-gangen sind.., um das wahre, das tiefe, das einzige Glück zu finden. Es mag „einem Menschen ohne tiefere spirituelle Vorkennt-nisse" vielleicht etwas Angst machen, so etwas zu hören, doch es führt sicher kein Weg daran vorbei, eines Tages - in diesem oder in einem anderen Leben - unsere Grenzen zu sprengen.

Damit so etwas nicht mit Gewalt geschieht, sondern auf möglichst harmonische Weise, hat uns das Leben Wachstumsmethoden wie Reiki geschenkt. Niemand kann aus den uns vorgegebenen Rahmenbedingungen für das Menschsein auf der Erde ausscheren, und so ist es das beste, wir sehen das ein und machen uns einfach auf den Weg zu uns selbst, nach Hause.

Was ist Glück... für unzählige Kranke und leidende Menschen wäre Gesundheit das einzig wahre Glück, zumindest zunächst. Ein generelles Wohlbefinden, das auch weiterführende Entwicklungen zuläßt, ja Kreativität ermöglicht, ist für andere Glück.

Krankheitsbedingt nicht mehr arbeiten zu können, ist für Künstler, deren Leben Kunst, Arbeit und Erfüllung durch Kreativität in einem war, ein sehr schweres Los. Wieder arbeiten zu können, z. B. noch eine Spielzeit auf der Bühne stehen, wäre durchaus für manche das Glück.

Sich wieder ungehindert, unbehindert frei und fit sportlich bewegen zu können, wäre für viele das Glück, denn körperliche Bewegung und Kraft dient nun mal der Frische des Geistes und der seelischen Lebendigkeit. Ohne das ist für viele die so eintretende Ruhe und Zufriedenheit und die daraus resultierende Schaffenskraft ein unerfüllbarer Traum vom Glück.

Dieses Buch könnte mit den Worten beginnen: "Du möchtest in Deinem Leben etwas verändern, Du suchst etwas. Deshalb liest Du jetzt in diesem Buch"... Vielleicht wird die eine oder andere Textstelle ja gerade Ihnen eine Anregung oder Bestätigung geben, die Sie in Ihrer augenblicklichen Lebenssituation gut gebrauchen können. Wer erkennbar den eigenen Lebenssinn ausstrahlt, wird automatisch für andere ein positives Beispiel dafür, wie leicht es sein kann, Lebensfreude zu empfinden oder auch wiederzufinden.

Viele Menschen sind durch die Berührung mit der Reiki-Kraft in Kontakt gekommen mit den wirklichen Fragen des Lebens - mit sich selbst. "Was suche ich eigentlich wirklich?"

"Ich suche das Glück", sagen wir uns dann vielleicht etwas verhalten. "Allen geht es so", beruhigt uns das Leben. Ungezählte Millionen von Buddhisten streben ihn an, diesen Zustand uneingeschränkter Glückseligkeit des Nirvana...

In unserem hiesigen Abendland grassieren bekanntlich aufgrund der Entfremdung vom natürlichen Sein - z. B. durch das völlig überzogene Konsumverhalten - sehr abenteuerliche Ansichten über den Sinn des Lebens, über Freude, Glück und Erfüllung.

Vielleicht ist es hier interessant zu hören, was Herbert Marcuse, der Philosoph der 68er-Generation zum Phänomen Glück sagte: "Das Glück erscheint in den Augen eines Menschen, in seiner Stimme, an der Nasenspitze, um den Mund herum. Weshalb ist es nicht zu definieren, wo es doch mit den Händen zu greifen ist?"...

Vielleicht nicht gleich zu greifen, wohl aber sicher doch zu berühren, das ist etwas, das im Prozess der Selbstfindung mittels der Reiki-Kraft geschieht.

Andererseits ist das Fassen, das Begreifen über ein Buch wie dieses sicher wichtiger und einleuchtender, als philosophisch angedachte Erklärungen zur Lebenskunst und dem Glücksempfinden dabei, die im Gegensatz zu Marcuse Körperlichkeit und sinnliches Erleben als Grundlage wahrer Erkenntnis und wahrer Bewußtheit fälschlicherweise außer acht lassen.

Das Glück ist sicher das vielfältigste unserer Gefühle. (Und ist es nicht eigentlich viel mehr als ein Gefühl?...)

Es mag inzwischen medizinisch einigermaßen erklärbar sein, doch es wird deshalb in seiner Gegenversion als Schmerz subjektiv nicht weniger intensiv erlebt werden... z. B. wenn der intensive Wunsch nach dem Glück unerfüllt bleibt. Ein Lehrmeister ersten Grades kann hier die Flüchtigkeit des Glückes sein, beispielsweise wenn das Glück einer Zweisamkeit, einer Liebesbeziehung nur allzu kurz weilt und dann tragisch endet. Man muß nicht unbedingt zu gewissen Kreisen von Passagieren auf der leider untergegangenen Titanic gehören, um sich fragen zu können:

Was ist eigentlich Lebens-Glück... für mich?

BEZIEHUNG, EHE, LIEBE, SEX – UND REIKI

"Du hast in mir den edeln Trieb erregt
Tief ins Gemüt der weiten Welt zu schauen;
Mit deiner Hand ergriff mich ein Vertrauen,
Das sicher mich durch alle Stürme trägt.

Mit Ahndungen hast du das Kind gepflegt,
Und zogst mit ihm durch fabelhafte Auen;
Hast, als das Urbild zartgesinnter Frauen,
Des Jünglings Herz zum höchsten Schwung bewegt.

Was fesselt mich an irdische Beschwerden?
Ist nicht mein Herz und Leben ewig Dein?
Und schirmt mich Deine Liebe nicht auf Erden?

Ich darf für Dich der edlen Kunst mich weih´n;
Denn Du, Geliebte, willst die Muse werden,
Und stiller Schutzgeist meiner Dichtung sein.

In ewigen Verwandlungen begrüßt
Uns des Gesangs geheime Macht hienieden,
Dort segnet sie das Land als ew'ger Frieden,
Indes sie hier als Jugend uns umfließt.

Sie ist's, die Licht in unsre Augen gießt,
Die uns den Sinn für jede Kunst beschieden,
Und die das Herz der Frohen und der Müden
In trunkner Andacht wunderbar genießt.

An ihrem vollen Busen trank ich Leben;
Ich ward durch sie zu allem, was ich bin,
Und durfte froh mein Angesicht erheben.

Noch schlummerte mein allerhöchster Sinn;
Da sah ich sie als Engel zu mir schweben,
Und flog, erwacht, in ihrem Arm dahin."

(Zueignung, Heinrich von Ofterdingen, Novalis, Reclam)

"Reiki ist etwas Heiliges, hat mit Religion zu tun, mit Tibet und Buddha und Japan. Es heilt und es ist mit reiner göttlicher Liebe gleichzusetzen, und es ist jenseits aller sexuellen Angelegenheiten angesiedelt"... so wird Reiki mitunter beschrieben.

Alle diese genannten Zutaten zu diesem „Reiki-Kuchen" sind richtig und wesentlich, aber Leben und Lebensenergie sind nicht nur heilig und abgehoben und schon gar nicht entkörperlicht. Jeder der Großen der Menschheit wurde von einer Frau in diese Welt geboren, wobei es unwichtig ist, ob sie durch befleckte oder unbefleckte oder auch durch eine noch anderweitig ausgelöste Empfängnis ins verkörperte Leben kamen.

Die Frage, wie ein Buddha, ein Jesus, ein Laotse, ein Krishna gezeugt wurden, soll hier nicht gestellt werden, und auch auf der Ebene profanerer Ereignisse wird diese kleine Betrachtung über die Reiki-Kraft in den Bereichen der Liebe, Sexualität und der Partnerschaft nicht zum pikanten Kapitel dieses Buches werden, obwohl vielleicht einige LeserInnen das hier vermuten und erwarten mögen. Viele Menschen sehen alle Fragen zu all diesen Komplexen unter einer einzigen Überschrift beantwortet. Und besonders für Frauen gilt: Wer liebt hat recht, wer liebt, kann (auch ganz praktisch gesehen) nicht falsch liegen. Aber das sollte genauer beleuchtet werden.

Jeder Mensch sucht das Glück oder das, was sie oder er dafür hält. Träume, Idealvorstellungen und Sehnsüchte aller Art sind besonders im Bereich der Sexualität, Partnerschaft und Ehe ein ganz bestimmendes Thema - schließlich hängt der Fortbestand der menschlichen Rasse auf diesem Planeten davon ab... es sei denn, daß es nicht gelingt, das Klonen des Menschen zu verhindern. Nachwuchs wird immer weniger Bürgern dieses Landes wichtig, und so sind es für viele die „one-night-stands" und die damit verbundenen Erfahrungen, die die erste Priorität haben. Sie sind sicher ein wesentlicher Faktor der Selbsterkenntnis.

Wer das abstreitet, wird sicher gute Gründe haben, sich nicht aus geregelten Lebensverhältnissen herauszubegeben, an deren sichere Gebiete sich der Verstand so schön gewöhnt hat und von denen aus er auch für andere immer alles sehr viel besser weiß.

Universelle Lebensenergie verbindet die Menschen, die alle Teil von ihr sind, sie bringt (abgesehen von gleichgeschlechtlichen Verbindungen, die in diesem Buch nicht erörtert werden können) Frauen und Männer zusammen, läßt auch Reiki-Schülerinnen und Reiki-Schüler zusammenfinden, "in-love-sein", Kontakte eingehen,

Ehen schließen, Kinder zeugen und aufziehen, später Enkel betreuen und begleiten, in Liebe und Würde gemeinsam alt werden, den Körper verlassen und über den physischen Tod hinaus und über Inkarnationen hinweg tiefstmögliche Verbindungen schließen und aufrechterhalten.

Ob lebenslange Ehe über die goldene oder gar die diamantene Hochzeit hinaus oder auch "nur" als tiefe Begegnung für drei Stunden vor nur einer Morgendämmerung - Reiki ist als die *Universelle Lebensenergie* das Fühlen, Geben, Spüren, Nehmen, das Teilen, das Genießen, die Lust ebenso wie die Stille, das Verrückte ebenso wie das ergreifend Heilige in der Verschmelzung. Reiki ist die Tradition, die stützt und bewahrt, Reiki ist gewagtes Spiel, das Grenzen überspringen läßt, Reiki ist Trend und Konvention und alles vorher und nachher, denn Universelle Lebensenergie ist vor uns und nach uns da, geht unseren Wünschen voraus und begleitet unsere Vorlieben ebenso wie unsere Abneigungen.

Reiki wird nach uns da sein, um die zu geleiten, zu erfreuen und zu beleben, die sich als unsere geistigen Erben oder unsere leiblichen Kindeskinder der Entwicklung anschließen werden, die wir heute - auch für sie - schon gehen dürfen.

Nun mal wieder ein etwas drastischerer Einschub: Stellen sie sich vor, es wird eine Gruppe von sehr auf Äußerlichkeiten bedachter Erfolgsmenschen beiderlei Geschlechts in einen Raum eingesperrt. Sämtliche Anzeichen von Status und Wohlstand sind vorher abzulegen, also Schmuck und Uhren, Brillen und Mobiltelefone, Schuhe und Krawatten, Handtaschen, Kreditkarten und Autoschlüssel. Und dann wird kundgetan, daß alle hier Versammelten, nachdem sie nun noch Wünsche äußern und sie miteinander ausleben können, in drei Stunden mit dem unabwendbaren Ende zu rechnen haben.

Eine reine Fiktion zur Verdeutlichung, gewiß. Aber was würde nun geschehen, nachdem sich die erste Aufregung gelegt hat? Würde nicht jeder - geschockt oder cool - doch noch irgendwie nach innen gehen, sich selbst und vielleicht zum ersten Mal ehrlich die eigenen entscheidenden Lebensdefizite eingestehen, sie schließlich mit den anderen auch besprechen wollen?

Worüber würde man sprechen? Wenn deutlich wird, daß die zur Aufrechterhaltung des Lebens unerlässlichen Größen wie Atemluft, Wasser und Nahrung sichergestellt sind, ist es wohl die Liebe, die als Urgrund unseres Daseins das weitere Geschehen regiert. Die Liebe zu einem Menschen ist es, die uns Berge versetzen, Kriege führen, das eigene Leben riskieren und sogar opfern läßt, denn die Nähe, die Wärme, die Zuneigung, das Vertrauen, der Einklang, alle Gemeinsamkeiten inklusive aller unaussprechlichen diesseitigen und jenseitigen Köstlichkeiten sind es, die wir in der Liebe erleben, die uns befreit fliegen lassen. Die Liebe wollen wir um keinen Preis aufgeben. Die Liebe wollen wir für immer behalten. - Und wenn wir sie nicht hatten, nicht erleben, noch nicht einmal kosten durften, dann werden wir in so einem seltsamen Experimentalzimmer mit Sicherheit von der Liebe sprechen und womöglich sogar verzweifelt versuchen, sie wenigstens noch kurz vor dem Gong zu erleben.

Der größte gemeinsame Nenner von allem ist die Liebe, denn sie hält sogar die Atome zusammen. Liebe verbindet uns alle auf irgendeine Weise und sie ist unser aller Ursprung. Doch was hat das mit Reiki zu tun? *Reiki ist ein Weg des Herzens.*

Frauen haben Vorahnungen, sie sind besonders intuitiv und sie sind in aller Regel rezeptiver als Männer; die Männer verfügen andererseits über eine große Durchsetzungskraft, die Frauen oft fehlt.

Auch wenn man sich dem aus ideologischen Gründen widersetzen mag, so ist es doch das schlichtweg von der Natur vorgegebene Grundmodell der Ehe, der Partnerschaft von Frau und Mann. Und es repräsentiert nun einmal unabhängig von trivialen Abhandlungen aller Art in den mehr verdummenden denn aufklärenden täglichen Talk-Shows und sonstigen Fehlleistungen im Alltagsleben das wieder, was für uns Menschen bestimmt ist, was die Lebensenergie auf dieser Erde für uns so vorgesehen hat.

Die duale Ebene menschlichen Erlebens ist nun einmal in männlich und weiblich, in Yin und Yang „aufgesplittet", aber das muß ja nicht zwangsläufig bedeuten, daß wir uns ständig am anderen Geschlecht Splitter einreißen. Respekt füreinander und ein größtmögliches Wissen um Unterschiede und Gemeinsamkeiten sind zwar kein Garant für gänzlich splitterfreie Begegnungen, aber kleine Kanten und kleine Unterschiede können doch mitunter ganz nett und durchaus nicht ohne Reiz sein, oder?

Vielleicht sollte es in den Medien und auch in den entsprechenden Sachbüchern zum Thema nicht mehr in der bekannten und eigentlich längst mehr als erschöpften Vorgehensweise auch weiterhin nur um billige Effekte gehen. "Sowas" läßt sich ganz sicher gut verkaufen, weil „die Masse der Informationskonsumenten" einfach nur „informationsgeil" ist, doch es sollte im Interesse der Annäherung von Mann und Frau nicht mehr nur um die Darstellung von weiblichen Vorzügen gehen - weder aus der männlich-chauvinistischen Ecke heraus, noch aus der weiblichen Sicht aller leider auch weiterhin wichtigen frauenrechtsbezogenen Notwendigkeiten... was hier bitte absolut ohne Argwohn und ohne den Verdacht auf männlichen Zynismus aufgenommen werden soll. – "Wir Älteren" wissen, daß alles längst gesagt worden ist auf dieser immer gleich bleibenden Ebene und zu diesem ewigen Themenfeld. Oder doch noch nicht?

Wir sehen, daß eine neue Generation von Girlies, von wilden jungen Mädchen heranwächst, die alles als gegeben und vorgefunden annehmen können, ohne je ahnen zu müssen, welche Pionierarbeit großartige Frauen wie z. B. Alice Schwarzer und vor ihr ein leider oft verlachter Volksaufklärer wie Oswald Kolle an bahnbrechender Arbeit für ihre Mitmenschen geleistet haben. Wer der erwähnten Dame heute zuhört, kann noch immer erstaunt sein, mit wieviel Klugheit, Kraft und Engagement auch noch "drei Jahrzehnte nach allen Revolutionen" gestritten werden muß für die Gleichberechtigung und Anerkennung der Rechte der Frauen in der Gesellschaft. Sie tut es mit beispielhafter Größe, und das soll hier einmal besonders an die Adresse derjenigen Männer gesagt sein, die noch immer glauben, dumpf und überheblich bleiben zu dürfen! (Text von 2002, Anm. des Autors)

Ist es ein Zufall, daß der überwiegende Teil derer, die Reiki praktizieren und sich als Interessierte damit befassen, Frauen sind?!... Es kann hier sicher nicht um die Erörterung von Geschlechterrollen und geschlechtsspezifischen Vorzügen und Schwächen gehen, denn darum geht's gar nicht. Aber um Sex - und darum scheint es letztlich überhaupt nur noch zu gehen - dreht sich letztlich alles, und wer Sex wie auch immer einsetzt für seine Vermarktungsstrategie von sonstwas, hat weitaus größere Chancen, als der, der es unterlässt, diese simple Gelegenheit für sich zu nutzen.

Es ist erstaunlich, wie wenig seitens der Frauen dagegen unternommen wird - vielleicht weil es in der weiblichen Natur praktisch auf ewig festgeschrieben ist, sich zu putzen und zu schmücken, zu reizen und den starken Mann für den zu produzierenden Nachwuchs nachhaltig zu binden. Wohl insbesondere an das Nest, an den schönen weichen Körper, an die sanften Gefühle, an das sichere Leben ohne unnötige Abenteuer, ohne Krieg und Tod.

Dies scheint ewigen Bestand zu haben als Teil menschlicher Gen-Programmierung. Es ist verwunderlich, wie viele sich widersprechende Theorien und Praxisberichte, Experten-Statements und Anmoderationen der normale TV-Glotzer allein in einem Quartal zu diesem Thema in sich zu vereinen versteht. Oder schafft er es gar nur im Ausnahmefall? Und was ist mit der Sex-Berieselung allüberall?

Die Experten stellen fest, daß in deutschen Schlafzimmern immer weniger los ist. Aber vielleicht reicht's ja auch in der Glotze nach den Tagesthemen... „Das sogenannte Thema Nr.1" wird es wahrscheinlich bleiben, doch alle Zeichen deuten darauf hin, daß im Bereich von Sex und Beziehung, vom Zusammensein und dem Leben miteinander neue Wege auf ihre Erkundung warten, daß es nun neue Tiefen auszuloten gilt. Die Frauen - sie sind so schön und voller Leben, die Männer sie sind so stark und stolz...

Tantra ist ein Weg für eine stabilisierende Entfaltung in der Beziehung, und erotisch-befreite Wohnformen waren schon in der Vergangenheit der Versuch, die Anerkennung der Gleichwertigkeit der Geschlechter im Alltag zu leben. Neue Möglichkeiten der Gemeinschaft von jung und alt sind auch neue Gelegenheiten eines kreativen Lebens und Gestaltens. Und noch viel mehr muß geschehen, um endlich auch von dieser hohlen Sex-Verblödung loszukommen, von der die Medien meinen, sie sei die über allem angesiedelte Umsatzgarantie und schon deshalb die einzig wahre Welle.

Wenn der Konsument, die Leserin, der Zuschauer andere Inhalte und ein höheres Niveau fordern, dann wird es mit Sicherheit geliefert werden. Wenn man jedoch "die Konsumenten" beobachtet, können allerdings große Zweifel darüber aufkommen, ob sich in dieser Hinsicht jemals etwas entscheidend ändern wird.

Trends pflegen gern ins Gegenteil umzuschlagen, Minirock und Maximantel wechseln, aber ergänzen sich auch, die Rocker-Matte, die Irokesen-Punkfrisur und auch die Glatze der Siebzehnjährigen sind nur Versuche, in jeweiligen Extremen den eigenen Stil zu finden, im Außen zu probieren und mitzumachen, um irgendwann von innen heraus sein zu können. Und so ist es mit Liebesbeziehungen und den sogenannten Partnerschaften (furchtbarer Begriff!) auch. Doch ob mit oder ohne Trauschein, in welcher Variation auch immer, eines ist gewiss: Der Irrungen und der Wirrungen sind in Zeiten unüberschaubarer Angebote viele, und so ist es ganz einfach sehr beruhigend und hilfreich, mittels einer einfachen Methode immer wieder zur Ruhe, Klarheit und Gelassenheit kommen zu können und um herauszufinden:

Was will ich eigentlich wirklich?
Mit wem will ich was und wie erleben und teilen?

Die Erde ist Betätigungs- und Lernfeld, Erfahrungsfabrik, aber auch Spielplatz und Kindergarten, und Liebe und Sexualität in allen Formen und Kombinationen den persönlichen Vorlieben entsprechend sind ein Hauptgrund für unser aller Hier-Sein.

Lebenszeit kreativ gestalten, gern mal allein, dann gern zu zweit - das ist etwas, wofür es sich hier zu sein lohnt. Nur muß man sich auch darüber klar sein, daß man nie alles auf einmal haben kann und auch nicht aus jeder Sparte das Beste. Die Zeit, die wir für unsere Reiki-Praxis verwenden, Meditation, Übungen, Lesen, kann nicht auch gleichzeitig intensiv der Beziehung gewidmet werden. Und was Frauen mehr in Haushalt und Familie erledigen und bewältigen müssen, das leisten Männer oft rein zeitlich gesehen ihrerseits mehr im Beruf. Auch das nur als ein Grundmodell, alle Errungenschaften hinsichtlich der Gleichberechtigung in Beruf und Gesellschaft hier einmal mit hineingenommen.

Worauf es ankommt, das ist das Miteinander in Beziehung und Ehe, das ist das Gemeinsame. Gelegenheiten, um Unterschiede herauszustellen und Mißverständnisse auszuleben, gibt es genug, und so ist Reiki sehr wertvoll als Energie, als Schwingung zwischen Partnern ein unmerkliches und doch spürbares Bindeglied. Reiki als Methode und als Weg zur Selbsterkenntnis und Befreiung aus alten Zwängen und Irrtümern ist auch eine große Hilfe, unnötige Umwege zu vermeiden, aber auch vermeintlich unpassende Situationen als für unsere Bewusstwerdung wertvoll und wichtig zu erkennen (z. B. zu sehen, wo wir in der Jugend zu befangen und zu unfrei waren). Und schließlich ist Reiki immer wieder allein durch den Kontakt, durch die Berührung des anderen ein Verstärker, um Sinnlichkeit und die Freuden des verkörperten Daseins zu genießen.

Das Berühren des Körpers - den eigenen oder den eines anderen Menschen - schließt eine Berührung im Geist nicht aus, sondern ein.

Körperfeindlichkeit sogenannter spiritueller Kreise ist kein Zeichen hoher geistiger Entwicklung, sondern purer Angst vor tatsächlich tiefgehenden Erlebnissen und Wandlungsprozessen, die zwar nicht "rein-geistig", dafür aber ganzheitlich ablaufen.

Über den Austausch unter Partnern im Reiki-Prozess und über die Bedeutung der Berührung für Wachstum, Wohlergehen und Lebensfreude ist im Buch "Die Praxis des Reiki" ausführlich berichtet worden, und so bleibt hier nur der Vorschlag, mehr Sinnlichkeit anstelle alter Körperfeindlichkeit zu leben.

Auch gerade hierfür ist Reiki durch seine Technik des Handauflegens eine wunderbare Gelegenheit, eine vielleicht sogar für religiös gehaltene spröde Befangenheit aufzugeben.

Was will oder kann der Reiki-Prozess verdeutlichen? Im Bereich der Beziehungsproblematik z. B. das: Man muß das Gegenüber nicht unbedingt "zum Anderen" machen - weder im Beruf, im allgemeinen Alltagsleben, nicht am Familienbesprechungstisch und auch nicht ganz allein im häuslichen Kämmerlein auf einer gedanklich-emotionalen Ebene. Alles ist ja mehr oder weniger "Beziehung", ein mehr oder minder erwünschter Kontakt mit außenstehenden und unbekannten Personen - und interessant ist, daß Alltagsfrust und Alltagsstress oft am liebsten und am hingebungsvollsten zu Hause mit dem Partner herunterneutralisiert werden - mit dem Nächsten, der fast immer gar nichts mit all dem zu tun hatte... Kommt Ihnen das bekannt vor?

Was kann durch den Reiki-Prozess in den Vordergrund treten? Das Erfühlen der Einheit, des gemeinsamen Ursprungs, das Erkennen einer gemeinsamen Plattform, auf der Erfahrungen gemacht werden können, die Gemeinsamkeiten stärken und die Trennendes abbauen: Miteinander statt gegeneinander...!

Was ist es in Wahrheit, das Frau und Mann und Mann und Frau so rudern und so straucheln läßt, fliegen, zögern, zaudern und doch immer wieder auf´s neue durchstarten?

Es ist dieser Zauber unbekannter Momente, die Magie des nie Geahnten in der Verbindung, die Freude des so sehr Erhofften. Doch dem wunderbaren steht der erschreckende, deprimierende Pol auf der Skala der Erlebnismöglichkeiten gegenüber.

Jeder kennt den sich in Restmüll verwandelnden Staub einer einstmals ekstatischen Liebesbeziehung. (Hoffentlich.)

Pro-Kontra, Yin-Yang, wunderbar-traurig...
schön-beschissen, heilig-gräßlig....

Was ist es jetzt und hier, das mich bewegt?
Was wünsche ich mir jetzt in diesem Moment?
Was fehlt mir?
Was kann mir helfen?
Wer kann mir helfen?
Will ich überhaupt Hilfe?
Will ich überhaupt, daß sich etwas ändert?

Alles hat eine Ausstrahlung, eine Energie, die wirkt. Über Energie ist viel gesprochen und geschrieben worden, dabei besonders über die Anziehungskraft, die Menschen zueinander zieht. Über die nach wie vor unausgelotete Kraft der Liebe ist wohl so viel geäußert worden wie über kein anderes Thema, das Menschen auf der Erde bewegen kann. Die Liebe.... ihr nachzuspüren, sie fühlen, diese Tiefe, diesen bodenlosen Abgrund einer unverhofften und doch meist so flüchtigen Glückseligkeit, den Genuß zuzulassen - und auch der Trauer Raum geben, wenn er wieder davongeflogen ist... der Engel...

Novalis spricht mit den Sinnen einer Transzendenz, die mit einem tanzenden jungen Paar auf der Blumenwiese beginnt, und die als ein wirklich gewordenes Traumbild Gestalt gewinnt - und das sich schließlich auflösen muß in der Erkenntnis, daß `Geist´ im Individuum wohnt, daß Transzendenz nur über die eigene Erfahrung über den Komplementären entsteht. Novalis läßt das Herz sprechen und jubilieren, und er sagt uns auch, daß wir doch allein sind.... selbst wenn wir einmal im Arm eines verkörperten engelgleichen Wesens dahinschweben sollten.

Die körperliche und geistige Nähe mit einem geliebten Partner gibt uns Ruhe und läßt unseren inneren Frieden stabil sein. Verbundenheit gibt Kraft zum Leben, und Liebe läßt alles reicher und schöner werden - es kommt Glanz in die Augen.

Der Mensch erfährt sich in einem erweiterten Wachzustand, in einer Entgrenzung. Hier kann mühelos und ohne jede weitere Vorbereitung ein kreativer Schaffensprozess anschließen, in dem man mit sich allein ist, der aber natürlich bei ausreichendem Gleichklang auch mit dem Partner stattfinden kann.

Was alleinschaffende Künstler von ihren intensiven Schaffensperioden berichten, daß sie sich nämlich in einem rauschartigen Zustand gesteigerter Sinneswahrnehmungen und durchdringender Glücksgefühle befinden, passiert in einer engen Liebesverbindung auch, denn in losgelösten Glückszuständen der verschiedenen Art geschieht letztlich das gleiche. Das in Momenten hoher Intensität aufgeputschte körpereigene Serotonin löst durch Botenstoffe im Gehirn Glückswahrnehmungen aus.

Ob wir also nun erotisch ekstatisch, geistig-höhenflugsmäßig oder künstlerisch-kreativ Energiezustände erleben, die über das im Alltag vertraute Maß weit hinausgehen - der Effekt ist gleich. Hohe Energie ist mit dem Gefühl großer Freude verbunden, und vielleicht deshalb wird auch überall mit High-Energy geworben. Energie ist Freude, Energie ist Eins, und es gibt letztlich nur eine einzige Energie, die sowohl zum Schaden wie zum Nutzen gebraucht werden kann, die sexuell oder kreativ, für Innovation oder zum Erhalt der Langeweile eingesetzt werden kann.

Dies alles klingt auch wieder ganz normal, aber es ist doch ein großer Unterschied, ob es uns bekannt ist, was wir hier gerade lesen, oder ob wir es wissen aufgrund einer praktischen Erfahrung durch energetische Prozesse und Experimente.

Aber es geht auch auf stille und nicht spektakulär wirkende Weise allein - und gerade allein - und ohne dabei das Gefühl eines Mangels zu haben, weil kein Partner da ist.

Glückseligkeit gewachsen im Alleinsein ist letztlich fundierter als "Zweierzustände", denn das Alleinsein entspringt und basiert auf autarkem Geschehen. Dies sei denen gesagt, die glauben, ohne passende Liebesbeziehung und Lebensgemeinschaft nichts zustande bringen zu können. Dies sei auch denen gesagt, die nach einer längeren Beziehung oder Ehe wieder allein leben und befürchten, im Gram der Einsamkeit einzutrocknen und dann irgendwann einmal einsam und vertrocknet sterben zu müssen. Vielleicht ist ja damit genau der Punkt auf der Reise des Lebensschiffleins da, an dem nun einmal etwas wirklich Neues angegangen sein will.

Reiki läßt uns die Einsamkeit besser ertragen, sie erfüllen, sie kreativ nutzen und schließlich in eine Form des Alleinseins umwandeln, in der ehemaliger Mangel zu neuer Freude wird, wo sich Schwäche in neuem Gewand als Stärke präsentiert.

Reiki mit seinen vielfältigen Techniken ist geeignet, eine neue Ausgangs-position für eine neue Lebensweise aufgrund einer eigenen neuen Lebensphilosophie- und Lebenspraxis in die Tat umzusetzen. Das geht nicht von heute auf morgen, aber Zehntausende in unserem Land werden sofort beipflichten, wenn behauptet wird:

Mit der Reiki-Kraft, durch die angewandte Universelle Lebensenergie, ist ein tiefgreifender Wandel geschehen: Von der sehr schmerzlich empfundenen Eingrenzung in der Einsamkeit hin zur einer kraftvollen Entgrenzung, zur Dynamik „inmitten des Allein-Seins". Und wer kraftvoll mit sich allein ist, wer nicht mehr Einsamkeit und keinen damit verbundenen Mangel ausstrahlt, wer nichts mehr braucht und nichts mehr total vermißt und nichts mehr händeringend sucht, strahlt nicht nur die Kraft des Alleinseins aus.

Mehr als das: Freiheit. Und nichts ist attraktiver als die Freiheit. Aus Freiheit heraus läßt sich nicht nur sehr viel besser allein leben, nein, es werden sich auch wieder neue Möglichkeiten der Beziehung ergeben... und eine größere und gereiftere Basis wird sie von Anfang an tragen.... mehr Freiheit eben.

Reiki läßt uns die Zweisamkeit tiefer empfinden. Ob life auf dem Sofa oder verbunden durch die langen Telefonsignale - ein gemeinsam erlebter Reiki-Prozess durch die Grade und über Monate und Jahre hinweg ist ein starkes Band zwischen zwei Menschen. Und dabei muß das sich gegenseitige reiki-mäßige Anfassen noch gar nicht einmal im Vordergrund stehen, wie Moralisten vielleicht kritisch bemerken könnten. Die Schritte zu mehr Bewußtheit und gemeinsamen Leben, vielleicht auch gemeinsam erlebter Kreativität, sind auf Dauer gesehen sicher mit einem höheren Stellenwert zu belegen, als eine Reiki-Behandlung am Samstag-Nachmittag vor dem gemeinsamen Baden... oder danach, oder wie auch immer.

In jedem Fall kann die Reiki-Kraft einem Paar ein Wochenende vergolden, Lebensgemeinschaften stiften und eine Grundlage für ein kraftvolles und auf harmonisch-geistige Werte abgestelltes Familienleben schaffen. Allein diese eine Feststellung ist es wert gewesen, dieses ganze Buch zu schreiben...

Doch nicht immer läuft das Leben in geraden Bahnen, die auf denkbar ideale Weise vorher ausgedacht wurden. Es kann auch vorkommen, daß die Reiki-Kraft unterschiedliche Ausrichtungen in das Licht des Alltags hebt, und daß zum Vorschein kommende und bis dahin verdrängte oder tatsächlich unbemerkte Unstimmigkeiten die Lebensqualität erheblich zu beeinträchtigen drohen. Und leider auch sehr viel mehr als das ist möglich, wie wir leider wissen.

Wie auch immer, es ist eine Tatsache, daß Reiki in Beziehung, Ehe und Familie viel in Bewegung bringen kann, was nicht dem entspricht, was eventuell von einer sanften New-Age-Methode erwartet wird. Reiki ist halt auch nicht nur Streicheleinheit auf Esoterik-Plüsch, sondern ganz sicher auch eine Rutsche mitten hinein in das, was richtig ist.

Reiki kann in einer Beziehung viel in Bewegung bringen, und dabei nicht unbedingt den Erwartungen an eine schöne, nette, kleine Spielmethode entsprechen. Die Reiki-Kraft kann im Prozess sich aufbauender Energie und sich ausprägender Bewußtheit neben allen direkt willkommenen Effekten durchaus auch Enttäuschungen auslösen, besonders dann, wenn Energie im Wege von Symbol-Techniken zum Zukleistern von Rissen in der Beziehung und mehr noch zum Übertünchen und Schönfärben von Mißständen herhalten soll. Das kann nicht funktionieren, denn Reiki wird die Wahrheit ans Licht bringen. Aber die kann ja auch sehr befreiend und sehr schön sein.

Und man muß ja nicht gleich davon ausgehen, alles aufgeben zu müssen, was man sich einmal gemeinsam aufgebaut hat, nur weil der Partner nicht sofort zu erfassen vermag, was Reiki ist, warum Entspannungsmethoden hilfreich sind oder der Buddhismus religionsfeindlich eingestellte Atheisten zu einem ganz unerwartet neuen Verständnis zu führen vermag.

Überwinden wir also unsere Ängste, lassen wir den eingefressenen Ärger auf Frauen und Männer beiseite - und lassen wir uns auf etwas Neues ein, etwas vielleicht Unerwartetes und Ungewohntes. Je weniger wir uns selbst mit Altem belasten, desto mehr Raum ist für Neues. Das kann ein neuer Mensch sein, der in unser Leben tritt, eine modifizierte Situation, ein inneres Abenteuer, ein Sprung in eine unbekannte Dimension unserer selbst.

NEUE INNERLICHKEIT

Spiritualität, Esoterik, New Age und ungezählte Bezeichnungen für Heilswege und Methoden sind inzwischen bekannte Begriffe, die aber nicht immer richtig verwendet werden. Internationale Stars bekennen sich zum Buddhismus, und das weltweit anerkannte Oberhaupt der Tibeter, *der Dalai Lama*, bekam für den gewaltlosen Freiheitskampf seines Volkes den Friedensnobelpreis. Mit Meldungen wie diesen sind auch Menschen zu erreichen, die sich sonst für spirituell angehauchte Dinge nicht interessieren, und so ist ein Wandel in der Öffentlichkeit zu beobachten.

Eine neue Innerlichkeit wird Trends folgend und ebenso trendbildend in immer neuen Schattierungen angeregt. Eine der bemerkenswertesten und erstaunlichsten Neuerungen, die vom geistigen Gesichtspunkt her zu großen Erwartungen an neue Entwicklungen Anlaß gibt, ist *"die neue Langsamkeit"*. Busfahrer, Spediteure, Bauleiter und die Einrichter von Fließbändern werden gröhlen vor Lachen, wenn sie jemals so etwas lesen oder hören.

Aber vielleicht wird es sie und andere, die unser Land am Laufen halten und voranbringen, doch noch einmal auf eine passende Weise erreichen, und dann hoffentlich nicht im Krankenhausbett.

Langsamkeit ist weder neu noch alt, noch gut noch schlecht, wohl aber Grundvoraussetzung für die Entwicklung der Wahrnehmung, die über Momente höchsten Adrenalinausstoßes hinaus anhält. Wahrnehmung, anstrengungslose Beobachtung, ruhiges Nicht-Wollen im Zuschauen, das alles sind nur Umschreibungen für Ausgangs-Zustände einer gesteigerten Bewußtheit, die in den Alltag hinein wirkt und die im Alltag entstanden ist. Dieses Mehr an Bewußtheit bildet eine Grundlage für das Langsame, das Ruhige, das Besonnene, auch das daraus resultierende Anmutige.

Ein Land wie China hat vor vielen Jahrhunderten all das erkannt und seitdem mittels effektvoller Methoden praktiziert. Es hat etwas sehr Beeindruckendes, wenn allmorgendlich jung und alt (besonders auch ältere Menschen) in den Parks von Peking und anderswo gemeinsam T´ai Chi praktizieren. Anmutig fließende Bewegungen verhelfen zu innerer und äußerer Harmonie, die sich als Stabilität durch eine Ausgewogenheit der Kräfte im Alltag zeigt. T´ai Chi ist kein Sport, und das artverwandte und sich ebenfalls wachsender Beliebtheit erfreuende Qi-Gong auch nicht.

Es sind variationsreiche Bewegungsabläufe, die dem Ziel dienen, neben allen angenehmen körperlich-seelischen Effekten besonders eines zu ermöglichen und zu entwickeln und als Kraftquelle im Alltag stets "zur Verfügung" zu haben: **Meditation**

Was langsam ausgeführt wird, hat die größte Chance, bewußt wahrgenommen zu werden. Darum geht es in allererster Linie. Bewegungsmeditation im weitesten Sinne ist auch das bei uns seit vielen Jahren bekannte und beliebte Hatha-Yoga.

Und hier mag allgemein ein etwas schrulliger Einwand auftauchen, gar ein garstiger Vorwurf: Wer sich langsam bewegt, denkt auch langsam, verlernt womöglich, zügig und effektiv zu arbeiten. Das Gegenteil ist der Fall, wie der rein beruflich entstandene Wissens- und Erfahrungsschatz vieler Führungskräfte der Wirtschaft belegt.

Das Management hat längst erkannt, mit welchen Methoden und Kombinationen von Wachstumssystemen die vielen im Menschen schlummernde Resourcen zu wecken sind, um sie (dem Interesse des Unternehmens und dem Geldsack der Anleger zu opfern, hätte hier beinahe stehen können...) für den geschäftlichen, den persönlichen Zuwachs nutzbar zu machen und damit ja auch einem gesellschaftlichen Nutzen zuzuführen.

Man kann heute also manchmal nur noch staunen, wie sehr sich inzwischen etwas verbreitet hat, wovon früher so gut wie niemand etwas wußte, wovon aber noch immer viele Menschen - aus welchen persönliche Gründen auch immer - leider nichts wissen wollen. Doch zurück zum positiven Bild, das sich über frühere sportliche Aktivitäten erweitert hat um zahllose Betätigungen und Erfahrungen im Bereich der Fitness und der Wellness, die meist einhergehen mit einem Interesse an gesunder Ernährung und harmonischer (und einer nicht allzu schnellen) Lebensweise und Methoden, die sich in das normale Leben wunderbar integrieren lassen, wie z. B. *T´ai Chi, Qi-Gong, Yoga - und Reiki.*

Die alten Chinesen wußten sehr wohl um die Bedeutung der Ausgewogenheit, und sie wußten auch, daß alles sich wandelt. Das sind Grundgesetze des Lebens, und so ist es auch nicht verwunderlich, wenn Manager, die zum Urbegriff von Kompetenz, Effektivität und auch Stress wurden, Zen-Meditation lernen oder von Zeit zu Zeit mit der Partnerin in einer Ayurveda-Klinik mit Hilfe dieser wunderbaren Möglichkeiten von innen her auftanken.

Der Mensch braucht den Gegenpol, um gesund bleiben zu können; er braucht die Ruhe und in ihr letztlich aber auch die Anregung zu einem expansiven Erleben, denn sonst schläft man ein. Reiki erfüllt diese Erwartungen und bietet leicht verständliche Lösungsmöglichkeiten, von denen in diesem Buch aus verschiedenen Blickwinkeln heraus die Rede ist.

Was für Reiki gilt, läßt sich auch für andere empfehlenswerte Ansätze sagen, ohne daß dabei einem neuen oder längst abgeebbten Esoterik-Boom zugeredet werden soll. Es ist eine Tatsache, daß sich immer mehr Menschen, von denen es niemand erwartet hätte, zu Methoden der Selbsterforschung im weitesten Sinne bekennen.

„Psycho-Markt", Therapie-Angebote, Körper-Methoden und allerlei esoterische Heilslehren sind zum Teil überlappend, sich ergänzend zu haben, sie lösen sich ab, schließen sich aus, helfen oder bekriegen sich und vieles mehr. Auch für jahrelange Kenner der Szene ist es praktisch schwer, zu sortieren.

Auch hier liegt ein ganz wesentlicher Grund, auf Reiki als eine einfache Methode hinzuweisen, die autonom praktiziert werden kann und die täglich zur eigenen Klarheit und Wahrheit zurückzukehren hilft. (Empfohlen sei an dieser Stelle *"Das große Handbuch ganzheitlicher Methoden der persönlichen Entwicklung, Harmonisierung und Heilung"* von Kirti P. Michel und Wolfgang Wellmann mit dem Titel *"Die eigenen Stärken entwickeln".*)

Es gab eine Zeit, da wurden junge Männer mit langen Haaren als Penner und Gammler und Arbeitsscheue und Revoluzzer verschrien und in den Medien fertig gemacht. Vielleicht waren sie nur etwas wacher als die breite Masse, im Gegensatz zu ihr auf der Suche nach Etwas. Als bekannt wurde, daß sie trampen, nach Asien fahren, Drogen nehmen und mit obskuren Gurus zu tun haben, war es ganz aus. Die Innerlichkeit, von der sie denen, die nie weiter als Mallorca oder bestenfalls Gran Canaria gekommen waren, sprachen, blieb weitgehend ungehört.

Doch alles ist Wandel, alles ist Bewegung, und so wurden aus vielen langhaarigen Schmarotzern Öko-Bauern und Naturfreaks, Sozialarbeiter in Latzhosen und sehr streitbare junge Frauen an den Universitäten, die sich vorgenommen hatten, viel zu bewegen, was ihnen angesichts des Muffs von tausend Jahren unter den professoralen Talaren und anderswo erstaunlicherweise tatsächlich auch gelungen ist. Doch nicht nur äußere Verhältnisse änderten sich aufgrund rationaler Erklärungen und tiefen emotionalen Verständnisses.

Man trank weniger Alkohol und diskutierte lieber, um Verhältnisse zu verbessern, man aß Müsli und weniger oder gar kein Fleisch mehr (hochaktuell mal wieder....), man benutzte statt der Studentenkutsche das Fahrrad, um einen Beitrag zum Umweltschutz zu leisten; man begann, den Müll zu trennen und Strom einzusparen, denn gegen die sich aufplusternde Atomindustrie waren alle, die für sich in Anspruch nahmen, neue Innerlichkeit zu spüren und zu leben.

Nachdem in unserem Land der politische Kampf zum Teil in einen Kampf gegen Menschen ausgeartet war und der Staat aufrüsten und zurückschlagen mußte, als der Widerstand gegen die Atomindustrie in Massenschlachten an Bauzäunen endete, zogen sich viele - und es waren viel mehr geworden - in ihre privaten Winkel und Nester zurück, gingen zu den "Grünen" oder "nach innen". Man begann, sich für die alternative Medizin zu interessieren, für die Spiritualität anderer Kulturen, für Yoga und Meditation. Und eines Tages kam aus Amerika Reiki zu uns.

Einstmals wurden neue (und sanfte) Männer verlangt, und als sie dann ganz tapfer in Erscheinung traten, machte man sie als Softies zum Gespött. Die gleichen Männer werden heute dafür gepriesen, daß sie als junge Väter sogar auf ihre berufliche Karriere zu verzichten bereit sind. Aber sie scheuen sich auch ohne diesen Schritt nicht, zu betonen, daß sie sich sehr gern um ihre Kinder kümmern.

Diese Männer sind dann auch keineswegs dagegen, wenn ihre Frauen, ihre Freundinnen Reiki gut finden, denn sie finden es selbst gut. Und das nicht aus Schwäche heraus oder weil sie ihnen gefallen wollen oder weil sie Softies sind, sondern weil Reiki in der Familie - unter anderem - auch den Kindern sehr gut bekommt. Gepriesen sei die Innerlichkeit, die neue und die alte.

REIKI IM NEW - AGE

Der Wechsel in das neue Jahrtausend liegt nun schon lange hinter uns. Vielen Anhängern der New-Age-Bewegung war er vielleicht zu unspektakulär, denn weder die allgemein gefeierte aber mathematisch falsche Jahrtausendwende zu Silvester 1999, noch die dann korrekte ein Jahr später war über die schönen Bilder hinaus, die man auf CNN sehen konnte, ungewöhnlich. Alle angsterregenden Vorhersagen bezüglich eines Weltuntergangs oder zumindest einschneidender Ereignisse zum Wechsel in das neue Jahrtausend sind durch das Nichteintreffen aller dieser Schreckensvoraussagen (wie auch schon zur Sonnenfinsternis im August 1999) zum Glück in sich zusammengefallen. Sie haben sich nun endgültig als schlichtweg völlig entbehrliches und wichtigtuerisches Geschwafel erwiesen, das nun hoffentlich nicht mehr so viele arme Gemüter erhitzten wird, und hoffentlich zumindest für einige Zeit als ad absurdum geführt gilt.

Wie irrelevant und wie peinlich für uns ach so schlaue westliche Kulturmenschen dieser ganze vorher abgezogene Quatsch in Wahrheit war, zeigte sich an "unserem" ersten frühen Silvester-Nachmittag, als nämlich weit, weit vor uns an der Datumsgrenze sich die Einwohner des Pazifik-Staates Kiribati am Strand einer ihrer wunderschönen Inseln in ihrer traditionellen Bekleidung und im Schein großer Feuer mit Gesängen und Tänzen dem ersten neuen Tag des neuen Jahres gen Osten der noch verborgenen Sonne zuwandten.

Diese derart ursprüngliche und in ihrer Schlichtheit ergreifende Zeremonie war angetan, uns „verkopften Westlern" in all ihrer Unschuld, Einfachheit und Schönheit einmal vorzuführen, was wahres Vertrauen in die Natur, in die kosmischen Gesetzmäßigkeiten und in das Leben an sich wirklich bedeutet.

Wie ursprünglich richtig dieses Geschehen einerseits wohl auf die unvorbereiteten Gedankenapparate der Fernsehzuschauer wohl auch immer gewirkt haben mag, es zeigte jedenfalls eindeutig, wie albern die angestachelten Ängste vom Ende der Welt waren, und dies noch dazu zu diesem durch nichts zu begründenden Zeitpunkt, der nur der christlich dominierten, der westlichen (Geschäfts-) Welt wichtig erscheint. Auch vor dem Hintergrund anderer Religionen mit ihren ganz anderen Zeitrechnungen und Neujahrstagen erschien dem aufmerksamen Betrachter die Natürlichkeit dieser sympathischen Insulaner geradezu entlarvend.

Diese beeindruckenden Bilder in diesen Minuten, die der große amerikanische Nachrichtensender um die Welt schickte, machten so herrlich deutlich, wie unbedeutend das ganze Geschnatter der Vorjahre inklusive der absolut inkompetenten Vorhersagen von selbst seit Jahren sehr bekannten Fernseh-Star-Astrologinnen gewesen ist - bis hin zu den von allen so lange für so toll gehaltenen Nostradamus-Vorhersagen. - Die Welt feierte. Nichts traf ein. Zum Glück.

Diese kurzen kritischen Anmerkungen zum Einstieg in das Thema sollen niemand abschrecken, sich mit der Spiritualität im allgemeinen und den alten und neuen Methoden ganzheitlicher Heilung und Bewußtwerdung zu befassen - ganz im Gegenteil. Es ist - und deshalb muß das hier auch am Anfang gesagt werden - ein gerüttelt' Maß an Spreu mitten unter dem reifen nährenden Weizen....! Und nach einem Gewitter ist bekanntlich die Luft am reinsten.

Ganz sicher ist Reiki für viele der Einstieg in die eigene Erforschung der Welt des Spirituellen gewesen bzw. wird es noch werden. Ein erster Kontrakt kann zu einer Art Initialzündung mit Langzeitwirkung ausreichen.

Schon Tausende haben nach der ersten Begegnung mit der Reiki-Kraft begonnen, ihrer Gesundheit größere Beachtung zu schenken und mehr auf eine gesunde und ausgewogene Ernährung zu achten. Die Energie der Steine, die Kräfte in den Mineralien wurden ebenso zur Grundlage vieler Erkundungen wie das Geheimnis der Düfte, der Farben und der Klänge. Alles und noch viel mehr ist Gegenstand der Erforschung des Daseins und des eigenen Wesens - und das ist sicher sehr viel wertvoller und vernünftiger, als irgendwelchen Fahnen zur Marschmusik hinterherzulaufen.

Das New-Age hat als Gegenpart zur intellektuellen Sicht der Welt den Beitrag erbracht, nicht alles immer nur von einer kulturpessimistischen Sichtweise her anzugehen.

Daß die traditionellen Vorstellungen von Kultur nicht mehr greifen, ist ein allgemein erfahrbares Phänomen, und die New-Age-Bewegung hat ein großes Stück dazu beigetragen, den Begriff vom absoluten Weltgeist, den der große Philosoph Hegel gebrauchte, für unsere Tage konkreter erfahrbar zu machen. Doch was ist er, dieser absolute Weltgeist?

Auch in Zeiten gesellschaftlichen Wohlstands inmitten von nie da gewesenen Entwicklungs- und Bildungsmöglichkeiten und Gelegenheiten der Zerstreuung wie nie zuvor seit den Tagen des Römischen Reiches fühlen viele Menschen eine nicht zu verdrängende Schicksalsschwere. Vielleicht ist es einfach alles zuviel, was da tagein-tagaus auf uns einstürmt, was fordert und zwackt. Wenn es sich der Autor an dieser Stelle erlauben darf, dem Scharfsinn der verehrten Leserinnen und Leser vorzugreifen, dann wird er behaupten, daß sich zu der im letzten Kapitel erwähnten Langsamkeit unbedingt aus Gründen umfassender Gesundheit "eine neue Einfachheit" gesellen muß.

Das Erkennen des absoluten Weltgeistes ist nicht ohne weiteres möglich, schon gar nicht rein verstandesmäßig, aber die vielen Angebote zum Wachstum und zum Verständnis, die uns das neue Zeitalter schon jetzt gebracht hat, sind ein Weg dorthin.

Ein großer Teil derjenigen, die sich auf ´das Abenteuer Reiki` einlassen, kommt sehr schnell über Kontakte zu anderen Reiki-Praktizierenden mit mehr oder minder relevanten Aspekten des New-Age in Berührung. Es können dabei auch bereits bestehende Interessenfelder belebt werden, doch alles deutet auch immer wieder auf den rasant zerfallenden Einfluß der Kirchen hin, der jedoch gewiß nicht gleichbedeutend ist mit Religionslosigkeit oder einer generellen Schlechtigkeit aller „Abtrünnigen".

Orthodox denkende Menschen befürchten aufgrund dieser Tatsache den Untergang und den kompletten Werteverfall, weil sie nicht in der Lage sind, Neues als ernsthaft und ersatzfähig anzusehen. Dabei ist das Neue dieses Zeitalters des Wassermann keinesfalls über Nacht über die armen Kirchen wie ein biblischer Heuschreckenschwarm hereingefallen.

Trotzdem wird der Gefahr seitens der Kirchen "angesichts der zu verwerfenden Ersatzreligionen" mit großer Skepsis begegnet, um es hier ganz bewußt sehr neutral zu formulieren. Warum? Aus purer Angst vor Machtverlust?

Niemand wird durch Reiki dazu angehalten, sich gegen einen Meister wie Jesus zu wenden. Im Gegenteil! Der Unterschied ist nur der, daß der Mensch mit der Erfahrung über und durch die Universelle Lebensenergie keine Priester und Pfarrer mehr braucht, die ihm das Leben, Gott und die Welt und alles auf ihr glauben erklären zu können... denn er erfährt es täglich und immer tiefer und klarer aus sich selbst heraus ... mit Reiki.

Aber die große Angst der Kirchen ist ja sehr verständlich, denn diese Machtinstitutionen bestehen halt aus zum Teil erschreckend weltfremden und spirituell unentwickelten Männern, die es aber natürlich bis heute nicht für nötig erachtet haben, der langen Entwicklung der New-Age-Bewegung nachzuspüren, um dabei zu ergründen versuchen, warum so viele Menschen, junge und - Gott sei Dank - auch immer mehr ältere, diesen dem Klerus so obskur und verdächtig erscheinenden Ansichten zu folgen bereit sind - und das nicht nur theoretisch, sondern sehr oft sehr praktisch.

Dabei ist sicher nicht der Wunsch vorherrschend, den Körper verlassen oder mit anderen Wirklichkeiten kommunizieren zu können, mit Elfen, Feen und sonstigen Naturgeistern, eine über alle Maßen gesteigerte Hellsichtigkeit zu erlangen oder telepathisch - und ohne Handy - mit jedem Punkt auf der Erdoberfläche "sprechen" zu können. Fähigkeiten wie z. B. die Hellsichtigkeit sind seit jeher bei uns und ebenso in allen anderen Kulturen bekannt, und von daher ist es eigentlich verwunderlich, daß diese und andere bekannte Fähigkeiten im New-Age immer wieder als etwas ganz besonderes herausgestellt wurden.

Fragt man "bekennende Esoteriker", die vielen verschiedenen Anhänger der „New-Age-Bewegung", sonstige Freidenker und die unterschiedlichsten Selbst-Erforscher aller Art nach ihren Gemeinsamkeiten, nach ihren anerkanntermaßen übereinstimmenden Ansichten, so werden einige fundamentale und praktikable Gesichtspunkte genannt werden.

Die meist so schändlich niedergedrückte und in der Regel doch so fröhlich auf diese Erde gekommene kindliche Seele zu beleben, um sie in ihrer herrlichen Kraft wiederzuentdecken, ist allen ein Hauptmotivationspunkt, sich mit dem Thema zu beschäftigen. Notwendigkeiten schaffen neue, allgemein verständliche Brücken.

Es gilt, sie auch zwischen Physik und Spiritualität zu bauen, damit auch "den armen zurückgebliebenen Menschen ohne den Abschluss in einem naturwissenschaftlichen Studiengang" - eines Tages - vielleicht auch nur ein klein wenig Gespür dafür zu ermöglichen, daß Gehirn und Bewußtsein nicht ein und dasselbe sind.

Der Begriff New-Age entstand vor dem Hintergrund des Zusammentreffens von politischen Zerfallserscheinungen einerseits und einem immer erschreckender werdenden ökologischen Ungleichgewicht andererseits. Neue Erklärungen und Erfahrungen führen die Menschen zu etwas hin, besonders auch die, die von Kirchen und ihrem mittelalterlich anmutenden Zirkus weg wollen.

Wer ist „ein Vertreter des New-Age"? Gibt man sich dadurch zu erkennen, daß man zum Beispiel im Reiki-Bereich sogenannte neue und (entbehrliche) Licht-Symbole teuer verkauft? Neue und selbst-erfundene, gefundene oder „gechannelte Symbole" über die vier alles abdeckenden Reiki-Symbole hinaus haben im Reiki nichts zu suchen, wobei nichts darüber gesagt sein soll, ob diese nicht auch diese oder jene positive Wirkung haben.

Und allein bei einer kleinen Erörterung wie dieser ist der Leser schon mitten drin im ganz praktischen New-Age. So geht es da zu... und dazu kommt, daß es sich um eine wenig homogene Bewegung handelt, die sich über verschiedene gesellschaftliche Bereiche erstreckt. Doch allen Gruppen ist eine optimistische Vision der Entwicklung nicht nur bei der Erörterung religiös-weltanschaulicher Fragen, sondern auch bei deren Umsetzung zum Wohle des Individuums gemeinsam. Daß diese Haltung immer wieder zu Kontroversen und Konflikten mit der Staatsmacht und dem Großkapital (siehe Atom- und Erdölindustrie) geführt hat, scheint dabei unvermeidlich zu sein.

Das allen Gruppen und Richtungen gemeinsame Ganzheitsdenken stellt gewissermaßen den verbindenden Weltanschauungskern dar, der darin besteht, daß Geist und Materie eine Einheit sind. Um das zu belegen, kann nur noch ein Zitat von Albert Einstein kommen:

"Das herrlichste und tiefste Gefühl, das wir spüren können, ist die mystische Empfindung. Dort liegt der Keim jeder Wissenschaft.

Derjenige, dem dieses Gefühl fremd ist, der nicht mehr von Bewunderung ergriffen oder von Ekstase hingerissen werden kann, ist ein toter Mensch."

Der Erkenntnisprozess an sich findet im Individuum statt, und von daher werden alle Weiterentwicklungen im spirituellen, sozialen und psychologischen Bereich "im New-Age" anvisiert. Das Reiki-System ist dabei insofern genial, als es mit den Symboltechniken in den genannten Bereichen eben diese gewünschte Expansion ermöglicht. Die angewandten Techniken nutzen *die immer stärker werdenden morphischen Felder des Reiki*, wobei die Fernheilungstechnik, die mittels unsichtbarer Kommunikationskanäle den Raum zu überbrücken vermag, für sehr viele Menschen der Ansatzpunkt gewesen ist, sich tiefer für Reiki zu interessieren.

Was früher üblicherweise der Kontakt in der Kirchengemeinde und in der Dorfgemeinschaft war, ist heute für viele die Selbsterfahrungsgruppe, in der im zwischenmenschlichen Bereich in geschütztem Rahmen Möglichkeiten gegeben sind, neues Selbstvertrauen zu erlangen, in dem die alte eigene Komfortzone gesprengt wird, wo man auch einmal etwas verrückter sein darf, ungewöhnlich und unangepasst. Gruppenerlebnisse sind nicht die Gottesdienste einer neuen Ersatzreligion namens "Psycho-Eso", sondern auch wichtiges Ventil für angestauten Beziehungsschrott.

Reiki ist in diesem Sinne nicht als Therapie zu sehen; auf Reiki-Treffen und wöchentlichen Austausch wollen aber sehr viele nicht mehr verzichten. Wohl auch deshalb, weil hier Menschen zu finden sind, mit denen ein freundschaftlicher und liebevoller Austausch möglich ist.

Gerade in Zusammenkünften mit Gleichgesinnten wie diesen läßt sich die Ahnung bestätigt finden, daß hinter alltäglichen Zerstreuungen und Trivialitäten sehr viel mehr für jeden Einzelnen bereitgehalten wird.... Gerade im gemeinsamen Tun bzw. im „Reiki-Nicht-Tun" läßt sich ahnen, daß das persönliche Kleine nur Bestand hat, weil es dahinter etwas Großes gibt, und daß nur das dahinter liegende Große Freiraum und Entfaltung, wahre Zufriedenheit und inneren Frieden bringt. Und: In einer derartigen Atmosphäre aufzuwachsen, bedeutet für Kinder, freier aufzuwachsen, in ihren kreativen Begabungen noch mehr gefördert zu werden, vor allem aber in einer ganzheitlichen Atmosphäre zu leben, wie sie den Vorhersagen und Hoffnungen für ein neues Zeitalter gemäß sich künftig mehr und mehr durchsetzen wird.

Wer sich für die Welt interessiert, ihre Geschichte, wird sich auch mehr für sich selbst und den ganz persönlichen Entwicklungslauf bis hierher und ab heute interessieren, und wer mit sich selbst forscht, wird nicht umhinkönnen, auch mehr und mehr die immer klarer wahrgenommenen Aspekte der Umwelt zu werten und einzuordnen.

Wie auch immer die Annäherung an einen verstärkten Forscherdrang geschieht, die Grenzen allgemeinen Interesses können rasch überstiegen werden, sobald jenseitiges, archäologisches, ethnologisches Wissen aufgenommen wird. Das Interesse an der Entschlüsselung wird noch größer werden, und hier soll etwas genannt sein, was einem früheren Zeitalter zugeschrieben wird.

Wissenschaftler und Hobby-Forscher spüren dem Paradebeispiel aller Geheimnisse der Menschheit nach, der geheimnisvollen Supermacht Atlantis, die vielen nicht nur als verlorenes Paradies und als Vorbild künftiger Entwicklung dient, sondern auch als eine ideale Staatsform angesehen wird. Angesichts unserer ganz realistischen aktuellen Probleme, die sich von den größer werdenden Ozonlöchern über die Erwärmung der Meere mit allen dramatischen Folgen für Inseln und Küstenregionen bis hin zur Gefahr erstreckt, die von abstürzenden Satelliten ausgeht, ist diese Suche nach Lösungen sehr gut nachvollziehbar. Nur: Die eingangs beschriebene Hysterie, spirituell eingekleidet, sollte nicht daraus gestrickt werden.

Nie gekannte Momente, unbekannte Erfahrungen, das mysteriöse Erleben, mystische Situationen, all das sind Höhepunkte im Leben und Highlights der persönlichen Entwicklung. Reiki kann das alles nicht erklären, denn das Mysterium muß bleiben, was es ist. Es kann auch letztlich nicht um wissenschaftliche Erkenntnisse der Quantenphysik in diesem Zusammenhang gehen, um später als Exposé verteilt werden zu können. Sicher ist jedoch, daß Reiki jetzt schon mehr oder weniger unbemerkt zu einer immer mehr anerkannten Methode geworden ist, die z. B. in England für Heilzwecke im Krankenhaus eingesetzt werden darf. Doch auch unabhängig davon hilft Reiki unzweifelhaft, durch den fortlaufenden Prozeß des Wachstums, der ganzheitlichen Heilung und der fortschreitenden Erkenntnis "ein besseres Gespür für das Geheimnis an sich" zu bekommen.

Die Alchemisten, Schamanen, Magier, Mystiker und Meister waren seit jeher bemüht, die Tiefe des menschlichen Wesens auszuloten. In unserer Zeit war das *Esalen Institut in Kalifornien* ein Vorreiter in der Erforschung des Bewußtseins und der Begründung eines Menschenbildes.

Es beruhte auf einer bereinigten Psyche und einem gesunden Körper. Das kann als die Grundlage einer modernen spirituellen Ausrichtung auf der Basis einer dazugekommenen *religio*, dem Wunsch nach wirklicher Rückbesinnung angesehen werden. Zumindest in der westlichen Welt hat es ein breiterer Kreis der Jugend so angenommen, und im Laufe der Jahre ist es mehr und mehr Teil des gesellschaftlichen Bewußtseins geworden.

Wenn heute Kreativität und Lebenskunst im allgemeinen und angeregt und begleitet durch den Reiki-Prozess im besonderen auf eine hier vorgestellte Weise thematisiert werden können, dann nur deshalb, weil Aussteiger, Freidenker, Abenteurer, Pioniere und Avangardisten auf verschiedenen Wegen und unabhängig voneinander an sich selbst und mit anderen erprobten, wozu der menschliche Geist über die bekannte Engstirnigkeit des verbreiteten Spießertums hinaus noch fähig ist. Neue Therapieformen und politische Bewegungen haben den Weg geebnet in eine neue Offenheit in der Gesellschaft, die allzu gern Vorreiter zunächst ausgrenzt und diskriminiert, die alte 68-ger kriminalisiert, Meditierende als Faulpelze und Spiritisten abkanzelt, um dann schließlich Trends zu vermarkten und bei passenden Wahlkampfanlässen ein neues, z. B. ökologisches Bewußtsein eiskalt-grinsend zu vereinnahmen.

Doch ob "innerhalb" oder "außerhalb" von Gruppen, Kirchen, der Gesellschaft an sich oder dem Heimatverein - man geht mit dem, was man erlebt hat letztlich wieder nach Hause, zu sich selbst. So ist es in Beruf und Familie, Ehe und Beziehung, und dabei ist es sicher ein Beweis für expansive Entwicklungen, wenn man andere unterwegs zum Nachdenken gebracht hat, gewollt oder unbeabsichtigt. Man muß sich ja nicht gleich selbst zu einem Amateur-Psychologen aufbauen, wie sie seit dem Aufkommen der emanzipatorischen Bewegungen überall in Erscheinung treten.

Was sich auf der Ebene des (studierten) Verstandes (engl.: mind) abspielt, kann immer nur linear sein, sich nur in der Zeit und nie vertikal abspielen, und von daher letztlich auch nur Zufallstreffer erlangen... doch gern belehren.

Wem das hier gar nicht schmeckt, möge sich noch einmal fragen, woher die Intuition kommt, wie auch ungewöhnliche Energiezustände entstehen, welche besonderen Voraussetzungen dazu nötig sind. Nur das ungewöhnliche und in die senkrechte Richtung gehende Erlebnis bewirkt etwas in uns, läßt die Kraft des Bewußtseins, die uns zugänglich ist, anwachsen, um später zur Verfügung zu stehen für Erfordernisse des Lebens ebenso wie für den Bereich der Luxuserlebnisse, die wiederum auch ganz ohne Geld zu haben sind... Viele Menschen streben aber auch keine tiefergehenden Veränderungen in ihrem Leben an, und auch das ist wunderbar, denn nicht aus jedem Schaf muß unbedingt irgendwann ein Tiger werden.

Kreativ mit sich selbst und der eigenen Situation umgehen, das ist sicher die beste Voraussetzung für ein zufriedenes und gelungenes Leben, und wenn einige Inhalte aus dem großen Angebotstopf namens New-Age dabei sind, dann wird es sicher keine alte Langeweile mehr geben.

Und das Schöne an Reiki dabei ist, daß es als eine sanfte und stille Methode weder zum dramatischen noch zum esoterisch abgehobenem Erleben führen muß. Insofern ist es auch nicht ganz so passend, wenn allem und jedem, den kleinsten alltäglichen Ereignissen sofort eine tiefe spirituelle Bedeutung angedichtet wird, was nicht wenige New-Age-Fans gerne tun.

Vor uns dürften Jahre der Innovationen auf vielen Gebieten liegen. Bleiben wir aufmerksam. Forschen wir weiter.

WIEVIEL EGOISMUS IST GESUND?

Ein Buch mit einem Untertitel, der auf einen spirituellen Hintergrund hinweist, kann unter Umständen die Vermutung auslösen, es würden nur weltentrückte Inhalte besprochen und eine weltabgewandte Lebensweise propagiert. Eine auf das Geistige ausgerichtete Lebensweise wird sehr leicht als impotent (weil abgehoben) und als unwirksam (weil sanft und gar verweichlicht) angesehen. Wer sich zu Maßstäben bekennt, die sich einer überwiegend alltäglichen Sichtweise entziehen oder die sich gar von ihr entfernt haben, kann leicht als naiv, schwach und ein bisschen doof gelten. Und in der Tat ist an all diesen kleineren und größeren Vorurteilen etwas dran, deshalb muß dies hier beleuchtet werden.

"Die Stimmen des New-Age" tönen allzu gern von der Hingabe und dem Loslassen, von der Aufgabe des eigenen Wollens. Dagegen ist nichts zu sagen, denn darum geht es ja tatsächlich. Es wird allerdings - wohl aus einem gesteigerten Enthusiasmus heraus - nicht selten vergessen, daß ohne eine gesunde Eigenliebe im Sinne einer tatsächlichen Bewusstseinserweiterung nichts erreicht werden kann. Er ist inzwischen schon so oft bemüht und als absolut wesentlich herausgestellt worden, dieser so wichtige Ausspruch von Jesus, der da sagte, wir sollen unseren Nächsten lieben wie uns selbst.

Wir sollen erst einmal uns selbst lieben, und den Nachbarn sollen wir genauso lieben, wie uns selbst. Aber erst sollen wir uns selbst lieben.... so einfach ist das. Und so gründlich missverstanden wird es noch immer.

Sich aufgeben, sich opfern und als Reiki-SchülerIn am liebsten sich selbst verzehren, sich auszehren lassen? - No. No more!

Menschlichkeit beginnt mit dem Menschen, der helfen möchte. Wenn es diesem Menschen selbst nicht gut geht, zum Beispiel weil er sich selbst in Wahrheit ablehnt, mit sich und dem eigenen Leben nicht zufrieden ist und sich selbst erst recht nicht lieben kann, wird er vielleicht eine Zeitlang oder mit ständig zusammengebissenen Zähnen ein Leben lang helfen können - und dabei womöglich selbst auf der Strecke bleiben. Über diese Form der Selbstaufgabe in den Himmel zu kommen, ist seit Jahrhunderten ein hohes und hehres Ideal, ob es allerdings erwartungsgemäß für die guten Christenmenschen auch so einzutreffen pflegt, ist noch nie glaubhaft berichtet worden.

Menschlichkeit ist ein Abenteuer, wie es unter anderem auch das Motto des Roten Kreuzes bezeugt, aber dieses Abenteuer bestehen wir erst dann, wenn wir aus einer inneren Stabilität heraus handeln, wenn wir gerade auch im vollsten Engagement "absichtslos" zu handeln verstehen, wenn wir damit eben nicht nur in den Himmel kommen wollen aufgrund aller unserer guten Taten. Mit Sicherheit ist dazu eine weitere Erklärung zum Vermeiden unnötiger Missverständnisse und Kontroversen nötig.

Dieses Buch wurde nicht in erster Linie aus dem Blickwinkel der Sozialarbeit und des gesellschaftlichen Engagements geschrieben, sondern es verfolgt das Ziel, gerade zum Wohle der engagierten Helfer (und letztlich auch der Empfänger von allen Hilfeleistungen) ein Verständnis anzuregen, das zwangsläufig inmitten der täglichen Arbeit und dem Dienst am Menschen nur schwer entstehen kann.

Mitarbeitern der Notfall- und Krankendienste, der Obdachlosen- und der Aidshilfe, der Telefonseelsorge und den Pflegern unserer alten und hilflos gewordenen Mitmenschen (und allen anderen!) gilt der Dank der Volksgemeinschaft. Das dürfte Konsens sein.

Ihnen wird vom Staatsoberhaupt stellvertretend für alle Staatsbürger einmal jährlich in seinem Amtssitz Dank ausgesprochen. Besonders verdiente Bürgerinnen und Bürger erhalten staatliche Auszeichnungen, und das ist eigentlich das mindeste, was getan werden kann, um ihnen für ihr oft lebenslanges Engagement im Dienste des Allgemeinwohls zu danken.

Sehr viel Energie wird in diesen beschriebenen Bereichen eingesetzt, doch leider sind es gerade sehr oft diese uneigennützig tätigen Menschen, denen selbst nicht die Hilfe zuteil wird, die sie für ihre tägliche Arbeit benötigen. Und genau an diesem Punkt setzt diese kurze Betrachtung hinsichtlich der in diesem Buch besprochenen Reiki-Kraft an, die schon vielen Menschen geholfen hat, den selbst gewählten Weg weiterzugehen.

Das Für-Andere-Da-Sein und den Nächsten in dieser Weise zu lieben, steht im eklatanten Gegensatz zu der in der Leistungsgesellschaft immer wieder knallhart propagierten "Mentalität des Sich-Durchboxens" - bis auf den Ellenbogen die Hornhautschichten sichtbar werden. Wahrnehmungsforscher, die das Verhalten der Menschen beobachten, mögen bei Reiki-Praktizierenden zunächst ein größeres Bedürfnis nach mehr Zurückgezogenheit feststellen. Das wird herrühren von der Energie der Einweihung, die sich als ein echter Zuwachs zeigt, und die zunächst konsolidiert sein will und die, sobald sie sich für den Reiki-Schüler als kristallisiert erweist, oftmals gern den Antrieb erkennen läßt, mit allem neuen Wissen und Können rauszugehen in die Welt. Die ganz großen Enthusiasten wollen dann am liebsten nur noch umherrennen und jeden auch vom noch so unbedeutendsten Schnupfen heilen...

Ob etwas getan wird oder nicht, ob es egoistisch motiviert oder altruistisch in die Welt gebracht wurde - Reiki sollte in erster Linie der Selbsterhaltung und der Selbsterkenntnis dienen.

Sodann gilt es, die eigene Gesundheit zu stärken und die Freude am eigenen Leben zu fördern. Die *Reiki-Selbstbehandlung* und die *Reiki-Symboltechniken* sind insofern kein ausgelebter Egoismus, sondern sie dienen im Sinne eines gesunden Eigensinns der Selbsterhaltung, die auch anderen zugute kommt. Gerade für die Menschen, die in den medizinischen Bereichen tätig sind, ist Reiki eine Stärkung, ein Schutz, eine Motivation und, last not least, immer wieder eine Gelegenheit zum Rückzug, zur Verarbeitung, zur Kontemplation.

Wer Reiki praktiziert, hält etwas in Händen, das einen Zugang zur eigenen inneren Wahrheit zu finden hilft. Wer Reiki-SchülerIn ist, muß sich nichts mehr von der Gesellschaft diktieren und auch keinen Egoismus mehr vorwerfen lassen bzw. sich Vorwürfe in diese Richtung zu Herzen nehmen. Verstehen heißt nicht billigen, und so mag manche Entwicklung, manches Ereignis aussehen wie realisierter Egoismus.... Doch es gibt in unser aller Leben sinnvolle Zufälle, Geschehnisse auf der Basis von innerem Einklang und Affinität, und genau das ist es auch, was im Reiki-Prozess, ja im ganzen Leben mit Reiki mehr und mehr erfahren werden kann.

Sich für andere Menschen über ein berufsbildbedingtes Maß hinaus zu interessieren, zu engagieren und vielleicht sogar aufzuopfern, ist insofern letztlich in Ordnung, sobald es nicht den Helfenden aushöhlt. Das passende individuelle Maß hierbei zu finden, ist Reiki in der praktischen Lebensanwendung, und das fernab von irgendeinem Egoismus, der den Selbsterforschern so gern vorgeworfen wird. Reiki führt jeden Einzelnen in seine eigene Mitte, zur mittleren Lebensspur, und die bringt es mit sich, auch "nein" sagen zu können. Es ist mit Sicherheit eine schöne und auch wichtige Erfahrung, für andere Menschen da sein zu können, aber es ist mit Sicherheit genauso wichtig, zu wissen, wie es sich anfühlt, für sich selbst, für eigene vitale Interessen zu leben.

WAS IST HEILUNG?

Die Macht der Pharma-Konzerne scheint noch immer groß zu sein, die Krankenkassen wie die Ärzte nagen am Hungertuch, und unter dem „Reiki-Volk" hat sich die Erkenntnis verbreitet, daß man mit Reiki keine Wunder vollbringen kann. Wenn durch den Einsatz einer Reiki-Behandlung, einer Fernheilung und durch Einweihungen und Selbstbehandlungen so etwas wie ein medizinisches Wunder geschieht, dann ist es wunderbar, aber niemand kann sich darauf verlassen, denn Reiki ist kein Heilungssystem! Reiki ist mehr, und das wird in diesem Buch an vielen Stellen immer wieder deutlich.

Einem Wunsch nach Heilung geht in aller Regel eine Beeinträchtigung des Gesundheitszustands voraus, und dieser wiederum hat als Ursache verschiedenste Gründe. Ihnen über die Beachtung einer ausgewogenen Ernährung und einer insgesamt gesunden Lebensführung nachzuspüren, ist in den letzten Jahren zu einem grundsätzlich sehr begrüßenswerten Trend geworden, der über seine offensichtlich positiven Auswirkungen hinaus allerdings auch einige Fragen aufwirft. Dazu gehört zweifellos der nicht zu kontrollierende Verkauf aller erdenklichen Arzneimittel über das Internet.

Doch es ist auch hierbei ein starker Trend weg von den rein chemisch hergestellten Arzneimitteln hin zu denen der Naturheilkunde, die es zum Glück auch in der Apotheke zu kaufen gibt, zu verzeichnen. Das ist ein deutlicher Beweis dafür, daß viele Menschen ihren Weg zur Naturheilkunde gefunden haben. Mit Sicherheit hat dabei auch der Kontakt mit der Reiki-Kraft eine Rolle gespielt.

Und dies ist wirklich wesentlich:

Eine ganzheitliche Lebensweise und der Wunsch nach gesunder, vollwertiger Ernährung und besonders ein sich ausweitendes Bewußtsein dafür, daß vorwiegend die Selbstverantwortung eine Heilung herbeiführen und aufrechterhalten kann, haben einer uralten Weisheit zu neuer Aktualität verholfen:

Heilkraft muß von innen kommen. Und sie muß durch Selbstbewusstheit genährt werden. Arzt oder Heilpraktiker sind bei aller Kompetenz und allem persönlichen Einsatz nur Mittler, und die Arznei oder die Heilanwendung ist nur ein Wegbereiter dessen, was geschehen kann, soll und darf.

Wer schon einmal aussichtslos erkrankt war, hat wahrscheinlich "dieses unweigerliche Ende" gespürt, die Leere, die Angst, die Hoffnung auch, die Stille vielleicht und die Erwartung angesichts noch offener Möglichkeiten. Wer krank war und ohne Aussicht auf Heilung, hat vielleicht an einem gewissen Punkt in Stille abgeschlossen, das zu Regelnde geregelt - und gebetet... um Heilung und um Vergebung der Sünden vielleicht auch. Im Gebet sprechen wir nach Auffassung der monotheistischen Religionen zu Gott, und in der Meditation hören wir Gottes Wort; so glauben es auch die Hindus.

Offenheit ist wohl die Grundvoraussetzung für alles Gute. Das Gebet, die innere Einkehr, das innere Loslassen sind es, die das Offen-Sein erst ermöglichen Die Bereitschaft, Segen in Form von Heilung zu empfangen, muß beim westlichen Menschen im Alter wieder wachsen; als Kinder waren wir immer bereit, uns etwas schenken zu lassen.

Heilung bedeutet also mit Sicherheit sehr viel mehr als die Abwesenheit oder das Zurückdrängen von Krankheit durch gezielte medizinisch-naturheilkundliche Maßnahmen.

Jeder wirkliche Heilungserfolg hat einen spirituellen Aspekt, der allerdings in den Zeiten wirkungsvoller Medikamente und Apparate (die es zum Glück gibt) nicht gerade im Vordergrund des Interesses steht. Doch was ist, wenn alles versagt, wenn der Mensch in der eingangs beschriebenen Lage ist? Über die Bedeutung der Krankheit als ein Mittel zum Erlangen von Verständnis, als Weg zu mehr Klarheit und Erkenntnis, ist viel geschrieben worden, das vielen Menschen geholfen hat.

Es gibt immer wieder einmal Berichte in den Medien über Wallfahrtsorte, besonders über Lourdes in Südfrankreich, das jedes Jahr von Tausenden von Menschen aus vielen Ländern besucht wird. Eine Reihe von Heilungen schwer Erkrankter ist dokumentiert, und nicht wenige Berichte klingen geradezu märchenhaft... und doch scheinen sie wahr zu sein. Aber Berichte sind nichts gegen persönliches Erleben.

Man muß nicht unbedingt ein bekennender Christ sein, man muß auch kein praktizierender Katholik sein, nur <u>offen und aufgeschlossen, sowohl kritisch-wach als auch zum Staunen bereit</u>. Dann können sich auch Wunder offenbaren, die ohne jede religiöse Vorbildung und Konditionierung auskommen.

So wunderbar offensichtliche Wunder und zeitweilig auftretende Heilungen sind, es gibt daneben ein in Wahrheit noch viel nennenswerteres Geschehen hinter dem allgemein Ersichtlichen. Und das ist die innere Umkehr im Menschen, die innere Abkehr vom Alten und ein neues Stark-Sein. Eine prinzipielle Offenheit im Geist läßt eine besonders an diesen bekannten Orten spürbare Kraft manchmal lange im Nachhinein wirken.

Rückkehrer aus Lourdes bringen etwas mit sich, das dem offenen und aufmerksamen Beobachter nicht verborgen bleiben kann.

Wer einmal einen Menschen in diesem Sinne aus Lourdes kommend in den gewohnten Alltag zurückkehren sah, diese außergewöhnliche Energie der Heilung des Ortes und die ausstrahlende Motivationskraft für ein neues, besseres Leben voller Vertrauen in die eigene Göttlichkeit, wird fühlen, dies ist zweifellos ein Ort, an dem Segen geschieht. Aber aufnehmen, ihn mitbringen und dann individuell umsetzen, das muß jeder für sich allein.

Vielleicht könnte man es als "ein Zeichen des Herrn" ansehen, der immer wieder einzelne Individuen aus der Masse heraushebt, sie gesunden läßt. Vielleicht ist es auch ein gewisses Maß an Lebenskunst und Einsicht in die Geheimnisse unseres Daseins, das durch rational nicht erklärbare Vorgänge Menschen gewährt wird.

Vielleicht ist der innere Faden, der plötzlich wieder deutlicher sichtbar und zu verfolgen ist durch die außergewöhnliche Umgebung und die ungewohnten Ereignisse in ihr das wichtigste an diesen Vorgängen, die natürlich prinzipiell an jedem Ort der Welt und zu jeder Zeit denkbar sind.

Doch all das soll weder für die Kirchen noch für die Bürgermeister von besonderen Orten besonderer Geschehnisse die Werbetrommel rühren oder unrealistische Hoffnungen wecken - nur den Blick schärfen für Möglichkeiten physischer und psychischer Heilung, die das Herz öffnen helfen für etwas, das jenseits rationaler Bewertungskriterien ist, das sich wissenschaftlichem Erklärungsanspruch und jedem Zynismus entzieht und das in uns allen ist.... tief in unserer Seele. Wenn wir wirklich einmal danach fragen, in uns hineinspüren, werden wir wissen, daß es da ist.

Das Phänomen der Heilung wird greifbarer durch die Heiler, die durch die Jahrhunderte für Menschen in wohl allen Völkern und Kulturen wirkten.

Für uns Abendländer sind die uns überlieferten Wunderheilungen des Jesus Christus die Richtschnur der Heilung von Krankheit und Trübsal. In seiner Nachfolge wirkten Heilige, Ärzte, Schamanen, Hexen, Ketzer, Frauen und Männer des Geistes, der Weisheit und der Nächstenliebe.

Es gab aber auch kontroverse Gestalten, die aufgrund ihrer heilerischen Fähigkeiten in die Geschichte eingingen. Zu ihnen zählt der aus Sibirien stammende Bauer namens Rasputin, dessen unerklärliche Heilerfolge seine große Macht am Hofe der letzten Zarenfamilie begründeten. Es ist dokumentiert, daß er durch Handauflegen zu Heilen vermochte, und die letzte Zarin hat deshalb das Leben ihres an der Bluterkrankheit leidenden Sohnes und Thronerben in die Hände dieses Mannes gelegt.

Rasputin wurden Ausschweifungen aller Art nachgesagt, was jedoch seinen heilerischen Fähigkeiten offenbar keinen Abbruch getan hat. Allein dieses weltbekannte Beispiel für spektakuläre Heilung könnte dazu herhalten, von einer tradierten Haltung abzuweichen, nach der besondere Fähigkeiten wie die des Heilens vom Einhalten eines kirchlich festgelegten Moralkodex abhängig sind.

Wenn ein Grigorij Rasputin am Zarenhof äußern kann, daß er durch die Gnade Gottes ausersehen wurde, Seelen zu retten, Frieden zu bringen, große Dinge zu tun - zu heilen, dann stellt sich die Frage, was er vorgehabt hat oder in wessen Auftrag er auf dieser Bühne der Weltgeschichte erschien. Manche Beobachter meinten, er wollte Rußland, das größte Land der Erde, zerstören. Er hätte ja auch heilen und ansonsten ein zurückgezogenes und frommes Leben führen können. Und hat nicht Jesus auf jeden Einsatz von Gewalt und Intrige verzichtet, sich martern und kreuzigen lassen?

Hier ein vielleicht für viele Leserinnen und Leser ungewöhnlicher Einschub: Es ist bis heute nicht sicher, ob Jesus tatsächlich ein der offiziellen Kirchenlehre entsprechendes und über alle Generationen hinweg wirksames Beispiel geben wollte, oder ob er sich nach einer Abfolge extraordinärer Ereignisse wie auch schon vorher in seiner Jugend außer Landes begab, ein ruhiges Leben führte, um schließlich nach einem sehr langen Leben in Kashmir beigesetzt zu werden. (Zu diesem ebenfalls sehr spannenden Thema gibt es für alle Forscherinnen und Forscher sehr aufschlussreiche Berichte...)

Jesus gilt auch in anderen Religionen als ein Abgesandter Gottes, als ein Avatar, ein Prophet, und das wohl nicht zuletzt wegen der Uneigennützigkeit seines Handelns. Bei einer zwielichtigen Gestalt wie Rasputin können dagegen große Zweifel aufkommen. Aber vielleicht sind ihm in einer Art religiösem Verblendungszustand im Sinne eines Doktor Faust außergewöhnliche Fähigkeiten für eine entsprechende Gegenleistung angeboten worden?...

Wahre Heiler, von denen es in unseren Tagen zum Glück einige gibt, werden mit oder ohne Reiki-Grade nicht ihre persönlichen Anliegen ins Spiel bringen, ihre finanziellen Interessen nicht ausreizen und nicht ihr Ego in den Vordergrund stellen.

Warum hier dieser Ausflug in die Geschichte? Um eine ganz simple Gegenüberstellung von Ego und egoloser Hilfsbereitschaft auf der Ebene des Heilens zu liefern. Doch was ist noch greifbarer zu erfassen, und was ist für den Reiki-Prozess relevant? Den Herrn Rasputin hat niemand von uns life erlebt, aber seine magische Ausstrahlung mag sich durchaus der eine oder andere wünschen - die sicher umso glaubhafter ausfiele, je mehr sie auch offensichtlich heilerische Fähigkeiten aufzuweisen hätte.

Es muß wieder betont werden:

Reiki wird, wie schon mehrfach gesagt, immer wieder in der Öffentlichkeit als ein Heilsystem vorgestellt und deshalb auch so aufgenommen und angewandt, und genau deshalb sind diese Ausführungen hier so unerlässlich. Es ist sehr real, wenn immer wieder auch alte Bekannte auf den Plan treten mit der Ankündigung, sie könnten nun heilen. Leider ist es so...

Der tief empfundene Wunsch, andere Menschen zu heilen und sich dazu der Reiki-Kraft auf eine uneigennützige Weise zu bedienen, ist etwas anderes. Und es ist dann etwas anderes, wenn sich der Reiki-Schüler oder Reiki-Lehrer der Kraft als Kanal hingibt, ohne vorgefassten Plan, ohne Berechnung, aber voller Hingabe; und ähnelt er dann nicht im Wirken denen, von denen schon die Rede war, den Heilern, den Heiligen? Sicher kann es niemand aus dem Willen, dem Ego und sicher auch noch nicht einmal aus einem Super-Ego heraus - doch der Unterschied der Intention an sich ist entscheidend für jede Reiki-Behandlung, jede Fernheilung, jede Einweihung. Diese Worte hier mögen unvollkommen sein, die wunderbare Größe des Reiki, sagen wir an dieser Stelle auch der Universellen Lebensenergie, ist jedoch jede Anstrengung wert, um zu verdeutlichen, worum es geht.

Fast jeder von uns normalen Menschen wird ohne einen herausragenden Bekanntheitsgrad auskommen müssen und wohl auch wollen, und die Reiki-Kraft, die uns von der ersten Begegnung mit ihr zeigt, daß wir ihr Kanal sein sollen, nie aber "ihr Meister" sein können, möchte uns wachsen sehen und gesund erhalten, und wenn wir anderen wie auch immer helfen können, dann ist es gut.

Und die besondere Ausstrahlung, die zuweilen Reiki-Lehrern als Zeichen ihrer besonderen Fähigkeiten, vielleicht auch ihrer Heilkräfte im besonderen Fall, zugesprochen wird, ist sie nichts als Projektion? - Oder? -

Reiki-Lehrer können durchaus ein sich aus dem Alltagsgeschehen heraushebendes Charisma haben und verbreiten, aber deshalb sind sie noch lange nicht allein durch ihren Reiki-Lehrer-Status als Heiler anzusehen. Diese feinen aber wichtigen Unterschiede im Verständnis dieses so wunderbaren Systems an die Nachfolgenden zu vermitteln, ist sicher auch eine Aufgabe all derer, die in Wort und Schrift und Film und Bild vermitteln, was Reiki ist.

Als wirklich gelungen kann die Verwirklichung dieser Vision gelten, wenn die Vermittler, die Reiki-Lehrerinnen und Reiki-Lehrer als Lehrerinnen und Lehrer in Erscheinung treten, also unspektakulär und eher unscheinbar und nicht als die großen gesandten Heiler. Vielleicht ist das Thema Heilung tatsächlich nur für diejenigen interessant, die ihrer bedürfen, und den anderen ist es von daher auch ziemlich egal, wovon hier die Rede ist. Und wer sich um dieses ganze Thema allein schon deshalb nicht kümmern muß, weil sie oder er gesund und zufrieden ist, kann entweder so bleiben, oder mit einem spirituellen Weg beginnen aus der einfachen Freude heraus, eben das zu tun.

Aber ohne die tiefe Erfahrung, die eine Krankheit mit sich bringt, der Suche nach Heilung, der erfahrenen Dankbarkeit auch, wenn sie eintritt, mag der Ansporn fehlen, wirklich zu suchen. Die Krankheit vermag eine Tiefe anzumahnen, die im normalen und meist recht flach ablaufenden Alltagsleben kaum anzutreffen sein wird, und darin liegt eben auch der Sinn und der tiefe Gehalt des Themas Mensch-Krankheit-Heilung. Eben deshalb sollte Heilung in einem Rahmen der Ganzheitlichkeit gesehen werden.

Und wer das weiß, wird eben nicht gleich bei geringsten Unpäßlichkeiten zu chemischen Hammer-Medikamenten greifen, sondern versuchen, erst einmal zu erspüren, was gerade los ist im System *Körper-Seele-Geist*.

Man hat selbst die Entscheidung, ruhig und besonnen oder panisch auf Krankheitsanzeichen zu reagieren, und es gibt viel mehr Möglichkeiten der Behandlung (Naturheilkunde) und der inneren Erforschung der Hintergründe (Meditation, Kontemplation, Reiki).

Genau an dieser Schnittstelle begegnet uns dann auch die Herausforderung, auch vor dem Eintreten nachdenklich stimmender Symptome aller Art mehr Selbstbeobachtung in den Alltag zu bringen.

Und dabei kann es nicht ausbleiben, vorher an der eigenen Gesunderhaltung mitzuwirken, vielleicht bessere Lebensmittel zu kaufen (Bioladen und Reformhaus statt Billigsupermarkt), in das Wohlbefinden zu investieren, nicht nur Krankheiten zu verhindern.

Und dann sind wir bei ganz simplen und natürlichen Sachen angelangt, die zur überlieferten Weisheit der Menschheit gehören. Hierzu gehört insbesondere auch die Nutzung der Heilkraft des Wassers. Die alten Römer nannten das *sanum per aqua*, und das steht uns heute ebenso zur Verfügung, und ob es gerade ein Trend ist oder nicht, ist dabei völlig unerheblich. Und wenn Ihnen auch das nicht liegt, dann können sie sich immer noch einen Hund anschaffen. Tägliche Bewegung in frischer Luft soll ja sehr gesund sein....

REIKI IST EIN MOTOR GESELLSCHAFTLICHER PROZESSE

Man muß kein professioneller Gesellschaftskritiker sein, um einen Wertewandel festzustellen, in dessen Fahrwasser sich immer mehr Menschen verunsichert und trotz aller Angebote so unausgefüllt fühlen.

Wer auch nur etwas hinter die Kulissen und Masken zu schauen wagt, wird die derzeit sichtbaren Ergebnisse des gnadenlosen Konkurrenzkampfes nicht übersehen können, zumal Medien, Werbung und die sogenannte Meinungsvielfalt praktisch ununterbrochen auf uns einwirken.

Sehr viele Menschen sind der Ansicht, daß sie sich die ständig präsentierten Vorgaben zueigen machen müssen, um allen Idealbildern zu entsprechen. Wer "älter" oder "weiser" ist, wird darüber vielleicht noch mehr oder weniger locker hinweggehen können, wer "jünger" und noch "manipulierbarer" ist, mag dem Zwang erliegen, ständig so tun zu müssen, "als sei man ständig gut drauf".

In der Gesellschaft an gewünschter Stelle integriert und anerkannt zu sein, bedeutet, einen immer größer werdenden Druck aushalten zu müssen, denn alle anderen wollen an der gleichen Stelle ja auch "die Allerschärfsten" sein. Es ist im anspruchsvollen modernen Berufsalltag absolut selbstverständlich, über alles informiert zu sein, zu wissen, was "hochaktuell" und "giga-in" ist, und das im alltäglichen Bereich... berufsbedingt sowieso. Beruflich gilt als Leitbild die Mischung aus amerikanischer Lockerheit und Supereffizienz, deutscher Verläßlichkeit und schweizer Seriosität, neuem und traditionellem japanischen Eifer und einem hineingemischten Freizeitflair aus Toscana und Ibiza.

Auf dieser allgemeinen Grundlage werden smart und charmant, attraktiv und sportlich-powervoll lächelnd die Pokerface-Gespräche geführt, die auf einer (möglichst unmerklich eingebrachten) Intellektualität beruhen... alles immer sehr locker und völlig zwanglos, aber nie ohne ein volles Engagement erkennen zu lassen....... Wer soll denn das aushalten? Und warum eigentlich diese unglaubliche Konkurrenz?

Warum dieser Druck, den auf Dauer niemand ohne Schaden wegstecken kann? Wie ist es möglich, daß permanent offene bzw. versteckte Rivalität herrscht bei denen, die ackern, rackern, Produkte und Meldungen und Meinungen anbieten und bei denen, die sich das alles andrehen und aufdrücken lassen?

Einfallsreichtum, Arbeitsamkeit, Kreativität, Verbesserung von Produkten und mehr Sicherheit für die Beschäftigten in mehrfacher Hinsicht sind wunderbar, aber darf der Einzelne, der alles wissen, können und haben soll, dabei nervlich und gesundheitlich auf der Strecke bleiben? Und soll das Lebensqualität sein, das Erarbeitete nur mal kurz am Wochenende und im schnellen Kurzurlaub und auf den Erlebnisstationen der Bildungsreisen zu "genießen"?

Der eingangs erwähnte Wertewandel ist aber nicht nur in eine Richtung erkennbar, und zum Glück gibt es auch viele Menschen, denen die bereits beschriebene Innerlichkeit mehr am Herzen liegt, als ein schaler Erfolg in einer eiskalten Berufswelt, inmitten einer Gesellschaft, die sich nicht unbedingt an ihren geistigen Größen orientiert, sondern lieber auf die täglichen Einschaltquoten und die Umsatzzahlen von Boulevardblättern setzt.

Es ist in diesem Zusammenhang eine überaus erfreuliche Tatsache festzustellen, die zeigt, wie sich die Kräfte letztlich doch die Waage halten. Das Paradebeispiel, das es hier zu nennen gilt, sind die Lehren des ursprünglich in allen Medien geradezu genussvoll niedergemachten ehemaligen Philosophie-Professors *Bhagwan Shree Rajneesh*, der sich in circa sechshundert Büchern (die aus den Mitschnitten seiner täglichen Vorträge entstanden sind) zu allen Fragen des menschlichen Lebens über viele Jahre hinweg geäußert hat. Die Übersetzungen füllen heute die Regale der Buchhandlungen. Und nicht nur das.

Seine von der Presse ehemals als zügellose Sex-Praktiken verunglimpften Meditationstechniken und Therapieformen haben, nachdem auch für die Redaktionen von Spiegel und Bildzeitung viel Wasser den Ganges und den Rhein hinuntergeflossen ist, Eingang gefunden in die gesellschaftlich so wichtigen Bereiche der Sozialarbeit, Psychotherapie, Psychiatrie, Resozialisation etc.. Osho, wie er in der letzten Zeit seines Wirkens genannt wurde, hat nachweislich und inzwischen wissenschaftlich anerkannt einen großen Einfluß ausgeübt auf die Gesundung und die kreative Entfaltung des Individuums und damit auch auf die Gesellschaft... und ist in allen Buchtempeln mit dem Label der großen deutschen Verlage zu sehen. (Von Dietmar Behrendt sind im gleichen Verlag zwei Bücher über Osho erschienen. Sehr lesenswert!)

Auch Reiki als System ist damit letztlich von einem Pionier des freien und kreativen Geistes der Weg in einer Gesellschaft geebnet worden, deren Berichterstatter und Meinungsgestalter in den Rundfunk- und Fernsehanstalten in aller Regel nicht mit dem wünschenswerten Überblick und schon gar nicht mit einem für diesen Bereich fundierten Fachwissen ausgestattet sind, um diese Dinge auch nur halbwegs kompetent und wertfrei behandeln zu können.

Offensichtlich entstammt der heute noch vorherrschende deutsche Journalistengeist in gewisser Weise noch immer einer angsterfüllten Nachkriegszeit, in der das Motto bestimmend war, bloß nie wieder etwas falsch zu machen - wie in den sehr kurzen tausend Jahren seit 1933. - Einem Meister der Meditation allen Ernstes einen faschistischen Führungsstil vorzuwerfen, zeugt von einer gravierenden Kurzsichtigkeit und dem Fehlen jeder tieferen Einsicht. Aber alles ist ja im Wandel, und insofern kann man über diese Dinge in einem Reiki-Buch schreiben - weil diese Dinge alle zusammenhängen.

Reiki ist weder eine Sekte noch eine Religion, kein Glaubenssystem und keine Ideologie, die es staatlich zu überwachen gilt.

Reiki als Weg hat keine Gurus und keinen Papst, keine heilige Schrift, keine Priester, Kirchen oder Tempel. Es gibt noch als Relikt der Anfangsphase sogenannte Großmeisterinnen des Reiki, aber auch zu diesem Thema ist zumindest im Rahmen dieses allgemein informierenden Lesebuches schon alles gesagt worden.

Reiki ist still und nicht spektakulär, und hat doch eine Breitenwirkung erreicht, die sich andere gesellschaftliche Bereiche nur erträumen können. Doch was ist Reiki in der Gesellschaft, wenn man sich nur die Hände auf den Körper legen soll und sich dann freuen, daß die Hände warm werden?

Stellen Sie sich vor, genau das wird in einer Fernsehsendung im Rahmen einer Talk-Show genau so beschrieben und vielleicht auch so vorgeführt, was die Zuschauer auch so aufnehmen und "trocken" mitmachen und vielleicht auch gut finden. Wird es nicht von der Fragestellung her immer negativer werden, sobald weiter ins Thema eingestiegen wird und sofern es sich nicht um die beiden großen öffentlich-rechtlichen Ausnahmen unter den Moderatoren handelt, die niemals versuchen, ihre Gäste lächerlich zu machen oder irgendwie auf das Glatteis zu führen?

Obwohl es längst nicht mehr zeitgemäß ist, finden besonders die Lebensbeichten aus dem esoterischen Bereich im Fernsehen noch immer ihre dankbaren Lacher.

Dabei müsste sich eigentlich niemand mehr davon irritieren lassen, als ein Vertreter der Spinner-Ecke eingeladen worden zu sein, der von vornherein dazu ausersehen ist, den kurios-humoristischen Teil der Veranstaltung zu bestreiten.

Die Medien und unter ihnen besonders das Fernsehen haben die Macht, Meinungen zu bilden, aber diese Macht nutzen sie leider noch zu wenig, um besser zu informieren und dafür weniger zu belustigen und zu unterhalten. Es ist leider noch immer so, daß von inkompetenten Moderatoren konstruktive Informationen behindert werden, und das ist sehr bedauerlich, weil Menschen mit spirituellen Interessen und mehr noch mit transzendenten Fähigkeiten sich wohl nicht dem Spott und dem Gelächter aussetzen, um ihre besondere Methode oder die ganz individuelle Fähigkeit herauszustellen, sondern um letztlich eher einem umfassenderen Auftrag zur Entwicklung von mehr Bewußtheit zu dienen. Warum also werden Menschen mit besonderen spirituellen Fähigkeiten - und hier wieder einmal besonders Frauen - in den Medien fast immer so schlecht behandelt?

In letzter Zeit ist eine gewisse Wandlung eingetreten in dem Sinne, daß in kleinen Sendern spirituelle Inhalte auch zum aktiven Teilnehmen angeboten werden. Auch viele Astrologie-Sendungen erfreuen sich regen Interesses, und das ist ebenso erfreulich.

Gerade die ahnungslosen und doch so meist sehr oberschlau daherredenden Fernsehmachenden sollten froh sein, außergewöhnliche Menschen mit besonderen und für andere Menschen wertvollen Fähigkeiten direkt und persönlich kennen lernen und vorstellen zu dürfen. Die für den Verstand typische menschliche Schwäche lautet: „Alles was über meinen kleinen Verstand mitsamt dem möglicherweise anstudierten Wissen hinausgeht, ist für meinen kleinen Verstand gefährlich und ganz sicher sehr böse und darf nicht sein, auch für alle anderen nicht. Und alles was ich selbst nicht weiß und nicht kann, darf es in diesen Bereichen nun schon gar nicht geben." - Dabei diskutiert man über alte chinesische Texte doch auch nur dann, wenn man davon etwas versteht, oder?

Was uns das Fernsehen so eindeutig vorführt, ist im normalen Alltagsleben natürlich genauso zu haben, nur daß es da meist nicht so lustig ist, man gerade keine Zeit hat, sich über andere zu ärgern, und vor allem läßt es sich nicht einfach abschalten, was heutzutage ja offenbar völlig in Vergessenheit geraten zu sein scheint. Deshalb ist dieser Ausflug in den Glotzen-Alltag so ausführlich ausgefallen, weil er eben für sehr viele Menschen zum hauptsächlichen Tagesgeschehen, zum bestimmenden Lebensinhalt und daraus resultierend zur Auseinandersetzung schlichtweg mit allem geworden ist.

Aber es gibt sie auch noch im realen Leben, die spröden vertrockneten Kopftypen ohne jedes Gespür für Lebendigkeit, die spießigen Angsthasen, die alles besser wissen und last not least die erfolgreichen Besserverdiener, denen man mit solchen "Kaffeetantenangelegenheiten" wie Reiki nun schon gar nicht kommen kann.

Auch die rationalsten und einleuchtendsten "Gegenargumente" gegen solche "Gegenströmungen" wie Reiki fallen in sich zusammen, wenn plötzlich einmal das große unerwartete Unglück geschieht. Dann ist nicht nur Schluss mit lustig und das Ende des Lateins erreicht, dann ist vielleicht sogar die nette Nachbarin gefragt, die immer Rat weiß, die zuhört. - Sie soll Reiki machen seit Jahren...........

Das wichtigste Medium am eigenen Leben teilhaben zu lassen (zum Beispiel über ein mehr als bedenkliches Realitätsfernsehen, vielleicht aber auch bei der Geburt des ersehnten Kindes "für die Frauensendung") und die Vorstellung, über das Fernsehen aufgrund eigenen Nichtlebens das Leben stellvertretend erfahren zu können, sind Ideen und Wertmaßstäbe in einer fragwürdigen Konsum-, Wachstums- und Manipulations-Gesellschaft.

Und damit alles nicht allzu durchschaubar ist, wird dafür gesorgt, daß sich das Wissen mit unglaublicher Geschwindigkeit vervielfacht und daß sich für die weniger nachdenklichen Gemüter wenigstens die Mode ständig verändert.

Das Recht der persönlichen Entfaltung in Freiheit und Selbstbestimmung ist ein hohes Gut der westlichen Demokratien, die sich deutlich abheben von rückständigen Männergesellschaften, in denen Frauen kaum auf die Straße gehen dürfen, und auch das selbstverständlich nur in männlicher Begleitung und verschleiert.

Die Tatsache, daß derjenige die größte Aufmerksamkeit erhält, der am besten übertreibt, sollte so gesehen nur der Werbebrache zugebilligt werden, denn dort läßt sich Schwachsinn durch Marktverweigerung ahnden. In diesem Zusammenhang wäre es bezüglich des eben angeführten Beispiels sehr erleichternd feststellen zu können, daß es sich hier um keine absolut ernst zu nehmende Angelegenheit handelt.

Die auf Toleranz und Menschenfreundlichkeit und die Gleichheit der Religionen beharrenden LeserInnen mögen hier bitte den Hinweis als gegeben akzeptieren, daß nicht unbedingt alle der bekannten Religionen die Toleranz verdienen, die wir alle sehr gern allen Religionen einräumen möchten. Jeder aber auch jeder weiß es inzwischen.

Daß moslemische Extremisten in Afghanistan Buddha-Statuen mit Panzerfäusten zerstörten, mag ein besonders extremer Vorgang sein... der allerdings uns klar auf Toleranz eingestimmte, spirituell ausgerichtete Menschen, Meditierer und Gottgläubige so vieler Nationen künftig zu absolut äußerster Wachsamkeit alarmieren sollte! Die weltweiten Terrorakte von Wahnsinnigen sprechen eine Sprache, die die kultivierte Welt nicht hinnehmen darf!

Dies ist leider kein akademisch-religionswissenschaftliches Thema, sondern etwas, das inmitten einer satten, verschlafenen Bürgerlichkeit, inmitten von Wohlstand, vermeintlich ewiger Sicherheit und allzeit gesichertem Amüsement sehr rasch sehr brisant werden könnte. (Und wer hier meint, Anflüge von Rassismus wittern zu müssen, der möge erst einmal eine Weile in den Ländern des vorderen Orients leben... und nicht nur einfach die einleuchtenden Meinungen über alles für sich aus der Tagesschau übernehmen! Dies sei insbesondere auch an die Adresse der mitunter „zu netten", „zu toleranten", „zu verschlafenen" Reiki-Praktizierenden gesagt. - *Erkenne das, was ist, und erkenne das, was nicht ist*, sagte Buddha....)

Persönliche Freiräume werden nicht per Gesetzesverabschiedung wirksam, sondern müssen tatsächlich im Leben eingefordert und oft auch erstritten werden. Leise Töne wirken eher im verborgenen, aber sie müssen deshalb nicht auf Schwäche hinweisen. Der Lebenserfolg und die dazu nötigen Entfaltungsräume lassen sich auch ohne viel Getöse bekommen, und das haben schon viele Menschen auf eine stille Weise mit Reiki erfahren.

Methoden wie Reiki verbreiten sich ohne gewohnte Aufdringlichkeit, denn Universelle Lebensenergie bedarf keiner lauten Werbetrommeln; sie ist sowieso schon da, und deshalb müssen wir sie nur in uns und um uns entdecken. Und Angebote wie diese sind dringend erforderlich, zumal die Spaltungen in der Gesellschaft in Arme und Reiche, in Internet-User und Zurückgebliebene zunehmend Ohnmachtsgefühle und Gewalt auf der einen und Hochmut und Abgrenzung auf der anderen Seite auslösen. Lösungen, die mehr sind als kurz erleichternd wirkende Balsam-Pflaster sind zur Aufrechterhaltung des gesellschaftlichen Konsenses gefragt.

Was Staat und Wirtschaft, Kommunen und Verbände tun können, das wird wohl bei allem Einsatz überall nicht reichen, denn der Wille nach Veränderung und Verbesserung der Verhältnisse muß von jedem Einzelnen kommen. Und das kann umso besser und leichter geschehen, je tiefgehender das Vertrauen in die eigenen Stärken, in die individuellen Fähigkeiten ist.

Das Individuum muß für sich selbst tätig werden, und das ist in der Regel auch möglich im Rahmen der jedem staatlicherseits zur Verfügung stehenden Freiräume.

Eine Methode für jedermann, wie wir sie in Reiki haben, ist geeignet, zu einer großen Stütze auf dem Lebensweg zu werden, ja selbst zum Weg über die Verwirklichung verbesserter Lebensverhältnisse hinaus in transzendentere Bereiche, in das Feld umfassender Kreativität, hin zu einer persönlichen Lebenskunst. Und sicher läßt sich auch auf einer neuen Ebene über die Einschaltquote Einfluß nehmen auf die Gestaltung des Fernsehens.

Die Kirchen, die an Punkten wie diesen leider wieder genannt werden müssen, sind immer weniger in der Lage, eine bestandsfähige Ankerfunktion für die Gesellschaft über die normal anerkannte und gewünschte Begleitung von Geburt, Hochzeit und Beisetzung hinaus wahrzunehmen.

Gerade die katholische Kirche hat das Vertrauen in Jahrhunderten einer Doppelmoral, die sich nicht nur im Schlagwort von Eros und Klerus erschöpft, bei weiten Teilen der Bevölkerung verspielt. Sie kann, ohne in der Krise die Chance zum Neubeginn zu nutzen, nicht mehr ernst genommen werden, zumal im Zeitalter der Information die freie und selbstbestimmte Entfaltung jedes Menschen ganz oben steht auf der Liste der Lebensprioritäten und der Ausübungs des Geburtsrechtes jedes Einzelnen.

Aber das heißt natürlich nicht, daß gläubige Christen nicht auch aus vollem Herzen heraus Reiki (wie auch andere Methoden und Wege ganzheitlicher Heilung und Bewußtwerdung) praktizieren können und sollten. Die durch die Reiki-Praxis im Alltag erlebte Reiki-Kraft führt zu einer sich intensivierenden Lebensfreude durch mehr Freiheit infolge verbesserter Selbstbeobachtung, und das wiederum ist eine unschätzbare Hilfe dabei, die eigenen Fragen im eigenen Innern beantwortet zu bekommen. Und das ist nicht nur theoretisch interessant, sondern für das eigene Leben ganzheitlich relevant, und das gerade auch im Bereich des Glaubens, der ja letztlich auch dem Wandel unterworfen ist, und der sich unserem wachsenden Verständnis vom Leben anzupassen hat.

Hier berührt dieses Buch über die freie Entfaltung des Menschen hin zu Lebenskreativität und Lebenskunst einen sehr wichtigen Punkt. Es wurde immer wieder darauf hingewiesen, daß Reiki ein wunderbarer Schlüssel dafür ist, täglich Kontakt zur eigenen inneren Wahrheit zu finden. Genau das ist auch geeignet, den eigenen Glauben immer wieder neu zu beleben und zu vertiefen.

So kann jeder Mensch - mit einer kleinen täglichen Hilfestellung - und ohne eine Einmischung von außen - aus sich selbst heraus religiös sein, gläubig sein, spirituell sein, und zwar ohne einer Kirche fragend und gehorchend zu begegnen. Immer mehr Menschen leben so, und offensichtlich ist das nicht völlig verkehrt, denn ihre Erfahrungen werden auch von immer mehr anderen Menschen aufgenommen und von diesen geteilt.

Reiki ist vielleicht die direkteste und einfachste Methode, ein schöner und harmonischer Weg auch, ein Zentriert-Sein im Alltag zu erfahren, das durch andere Methoden bewährter Wege der Erkenntnis und des Wachstums erst nach langer Zeit zu erreichen ist.

Wer auf diese Weise mit sich einig ist, eines wird, gewinnt auch immer mehr Selbstvertrauen, um die Herausforderungen des Lebens zu meistern. Doch auf allen Wegen kann für Wachstum und für jede Praxis und Erkenntnis letztlich nur eines stehen: Die Selbstliebe. Von ihr hängt alles ab und von ihr geht alles aus, die Liebe zum Nächsten und die Toleranz für den Andersdenkenden, die Freundlichkeit dem Nachbarn gegenüber... und all´ das ohne die Schwäche, die verhärteten Glaubenssystemen und einem abgewetzten Verhaltenskodex anzuhaften pflegt.

Fehlende Selbstliebe mündet leicht in Orientierungslosigkeit, und von da ist es bei manchen meist noch sehr jungen sogenannten Erwachsenen nicht weit zu Fremdenhass und einer dumpfen Intoleranz, die jeder konstruktiven Entwicklung in einem Gemeinwesen zuwiderläuft. Der Versuch, betroffenen Personenkreisen Reiki oder auch andere Möglichkeiten der Lebensentfaltung und Bewußtwerdung zunächst einmal auf einem bescheideneren Level zugänglich zu machen, sollte bei allen erforderlichen Vorsichtsmaßnahmen nicht von vornherein ausgeschlossen werden, obwohl derlei Ansinnen vermessen erscheinen können. (Die aktuelle Entwicklung bestätigt es leider. Anm. d. V. 2016)

Etwas vorleben, etwas anbieten auch, das geht sicher in den Fällen, die noch nicht völlig für jede zivilisierte Gemeinschaft verloren gegangen sind. Daß hier gerade auch im Sinne der internationalen Reputation unseres Landes einiges auf dem Spiel steht, sollte niemand mehr leugnen.

Sich in einem wichtigen Bereich wie dem der Sozialarbeit, als Street-Worker oder Bewährungshelfer zu engagieren und tagtäglich Klarheit zu bewahren und Überzeugungsarbeit zu leisten, erfordert nicht nur den Willen, für das Allgemeinwohl wie das Individuum da zu sein.

Es erfordert etwas, was die deutsche Sprache aus dem englisch-amerikanischen mehr und mehr integriert, und das ist in diesem Fall im Vergleich zu vielen anderen Beispielen gut so, denn für "*power*" gibt es im Deutschen keinen passenden Begriff. *Power* steht für mehr als pure Kraft an sich.

Power (sprich: Pauer wie Bauer) meint Selbstvertrauen und Durchsetzungsfähigkeit, auch den Mut, klare Entscheidungen umzusetzen, Gradlinigkeit und Charisma, und das bedeutet auch sehr viel mehr als selbstsüchtiges Macho-Gehabe, denn Frauen haben heute zum Glück für unsere Gesellschaft und vor allem auch für die Kinder auch sehr viel power, um das Leben zu gestalten. (Daß sie über sehr viel Kraft verfügen, zeigte sich in Zeiten, in denen sie nicht nur die Arbeit der Männer übernehmen mußten, sondern auch das Alltagsmanagement über Jahre hinweg, denn die Männer waren kriegsbedingt nicht anwesend.)

Kraft und Macht, die Fähigkeit, die Dinge zu tun und die Welt zu bewegen, die ganze oder auch nur vorerst die eigene, sind nicht mit einem Makel der überzogenen Selbstsucht oder gar mit Manipulation anderer gleichzusetzen, sondern ganz einfach ein Potential an sich.

Und an dieser Stelle zeigt sich auch ein ganz wichtiger Bogen, der sich vom entwickelten Selbstvertrauen und der Reiki-Kraft zum ganz individuellen Alltagserleben des Individuums spannt und der zur Fähigkeit gehört, die Lebenskunst auf die Fahne des Lebensentwurfes zu bringen, ohne dabei in irgendeiner Weise powervoll-gewalttätig sein zu müssen. Die Rede ist von den bei uns gern praktizierten Kampfsportarten Asiens, die im Sinne einer fundierten Betrachtung als Kampfkunst einzustufen sind, was sich aber leider wohl aufgrund der überwiegend weniger anspruchsvoll denkenden Teilnehmer noch nicht durchsetzen konnte.

Im zweiten Buch "Der Geist des Reiki" ist auf die vielleicht einige Leser in Erstaunen versetzende Verbindung der Reiki-Kraft mit den asiatischen Kampfkünsten hingewiesen worden. Reiki ist eine buddhistische Variante der großen chinesischen Lehre *Qi Gong*, die in gewisser Weise als eine Urmutter aller Wege und Methoden aus diesem ganzen Bereich gilt. Wie die uns aus Japan bekannten Kampfkünste etwas Japanisches angenommen haben, so ist Reiki von der Religion des Shintoismus beeinflusst worden. *(Das japanische Schriftzeichen "Rei" steht für den Geist, das Heilige, das Geheimnis, und das für "Ki" für Energie, auch für Natur, Talent und Gefühl.)* Man betreibt also keine nicht miteinander zu vereinbarende Angelegenheiten, zumal ja Reiki übersetzt wird mit der Universellen Energie des Lebens an sich.

Hier ist auch eine Erklärung dafür zu sehen, daß sich Reiki mit allem gut verträgt, vieles ergänzt, und ganz einfach eine wunderbare Bereicherung für das Leben ist. Und je mehr Menschen das wissen und danach leben, desto angenehmer werden die Auswirkungen auf die Gesellschaft sein. Und so sind dann Berichte nicht mehr allzu verwunderlich, daß sich die Reiki-Praxis z. B. auch für ältere Menschen mit einem regelmäßigen Karate-Training verbinden läßt. Daß auf diese Weise die Kondition ausgebaut und die Gesundheit allgemein bis hin zur einer erheblichen Besserung schwerer Krankheiten gestegert konnten, ist bekannt, und daß man mit Karate mehr power und mehr Selbstvertrauen hat, ist auch naheliegend.

Doch noch etwas anderes ist wichtig, wobei wir wieder bei der Reiki-Kraft im besonderen wären. Und das knüpft wieder am letzten Thema an, dem Umgang mit Menschen, die einen nicht unbedingt als den großen Superfreund ansehen. Reiki kann körperlich als sehr intensive und im Alltag sehr unterstützende Kraft erfahren werden.

Reiki ist aber doch eher als eine transzendente Energie zu erleben. Und doch ist Reiki auf der körperlichen Ebene sehr intensiv auch von außen zu spüren als eine starke persönlich geprägte Kraft, als eine Power-Aura. Und das ist eigentlich umso erstaunlicher, als Reiki immer wieder als eine transzendent-weiche Kraft erlebt und beschrieben wurde.

Was im Erfahrungsfeld der Kampfkünste in Erscheinung tritt, wäre mehr noch im sportlichen Freizeitbereich von großer Bedeutung, nämlich die Kraft positiver Abgrenzung. Eine konkurrenzbetonte negative Abgrenzung kennt gerade jeder Sportler im Wettkampf, wenn es um Sekundenbruchteile und Zentimeter geht, und schon jedes Schulkind lernt, den sportlichen Eifer in sich zu entfachen, aus dem später dann das reibungslos arbeitende Rädchen im Getriebe des Betriebs wird.

Positive Abgrenzung lernt jeder Reiki-Schüler mehr oder weniger leicht und mehr oder weniger schnell durch die Reiki-Behandlung kennen, die sie oder er anderen Menschen gibt. Dem Geschehen beizuwohnen, innerlich beteiligt aber nicht damit identifiziert zu sein, ist eine wunderbare Grundübung für das Leben.

Gerade für Ärzte und Krankenschwestern stellt das zu wahrende Gleichgewicht von Engagement und Abgrenzung eine ständige Herausforderung dar, der vom rein verstandesmäßigen Entschluß her nicht immer befriedigend zu entsprechen ist.

Die Reiki-Kraft ist genau hier eine wunderbare Hilfe und eine klare und ganz einfache Antwort auf die Frage, wie man sich besser abgrenzen kann, und das selbstverständlich nicht nur beruflich. Das Angenehme dabei ist, daß die Schutzwirkung eher einen transzendenten als einen körperlichen Hintergrund hat, und von daher für die Umgebung Vertrauen aufrechterhalten bleibt.

Da ja alles zwei Seiten hat, und Reiki öffnet und uns rezeptiv und sensitiv macht, muß dem auch ein passendes Gegengewicht entsprechen, sonst würden sich ja alle Leute, die jahrelang Reiki praktizieren, längst als rosa Wölkchen oder federleichte Engelchen himmelwärts verabschiedet haben.

Doch dem ist ja nicht so, weil Reiki schon per erster Einweihung nicht nur öffnet und reinigt und füllt, sondern eben auch einen Schutz gibt - den es allerdings zu kultivieren und im Alltag zu erproben gilt. Wer sich selbst in dieser Hinsicht immer mehr vertrauensvoll im Leben bewegen kann, wer also ein gewisses Maß an Vertrauen ausstrahlt, dem wird auch mehr Vertrauen und weniger Misstrauen und damit auch weniger negative Energie übergeschüttet werden. Und das Gute ist, daß sich in dieser Atmosphäre des aufrechterhaltenen Vertrauens eine für andere unbemerkbare Abgrenzung beibehalten läßt.

Das mag jetzt zu theoretisch klingen, aber es muß doch irgendwie erwähnt werden, weil Reiki gerade auch hier in einem gesellschaftlich relevanten Sinne einzustufen ist. Natürlich sind das keine blitzartigen Abläufe, aber die hier beschriebenen Effekte sind auf längere Sicht nicht vom Tisch zu fegen.

Und den unübersehbaren Problemen unserer Tage müssen dringend alle Erfolg versprechenden Lösungen entgegengestellt werden. Darüber werden wohl keine Zweifel aufkommen können.

Eine positive Abgrenzung und ein durch den Reiki-Prozess fest installierter Schutz, der sich nach und nach in den als unangenehm bis gefährlich einzustufenden Situationen im Alltag zeigt, entstehen vom ersten Reiki-Grad an und vertiefen sich einerseits durch die Praxis und andererseits durch die Erfahrungen, die mit der Energie gemacht werden.

Wer die Gelegenheit hat, die auf einen Extrakt hin zusammengestellten Berichte unterschiedlicher Menschen über ihre Erfahrungen mit Reiki zu lesen, wird mit großer Freude feststellen können, daß Reiki sehr viel mehr ist als das, was kleine Gemüter gern daraus machen möchten. Aber es gab ja auch in der Geschichte einzelne Kleriker, die größer waren , als die von ihnen vertretene Kirche mit ihren Dogmen. (Ein allgemein bekanntes Beispiel ist der von unzähligen Menschen geschätzte und von der katholischen Kirche mit Berufsverbot belegte Eugen Drewermann, der aber auf vielen Video-Kassetten und oft im Fernsehen zu sehen ist.)

So bleibt es zu hoffen, daß alle sich auch gegenseitig unterstützenden Kräfte einer neuen Innerlichkeit, Selbstständigkeit und Bewußtheit neue Entwicklungen in Staat, Kirche und Gesellschaft stärken und damit noch mehr zur Entwicklung unseres Gemeinwesens beitragen können, vielleicht auch noch mehr Hilfe möglich machen für die, denen es sehr schlecht geht, z. B. den vielen Straßenkindern auf der Welt.

Damit geht auch ein sich noch weiter vertiefendes Verständnis all derer einher, die sich selbst als spirituell ausgerichtete Menschen sehen, sich aber bisher nicht für ein Interesse an Politik und allgemeinen gesellschaftlichen Vorgängen erwärmen konnten.

Doch wer für sich in Anspruch nimmt, an sich mit Techniken und Methoden aus dem Bereich der Spiritualität zu arbeiten, kann sich in unserer heutigen komplexen Welt nicht mehr wie noch in früheren Zeiten völlig heraushalten aus dem normalen Leben und dem Eingebundensein in ein großes umfassendes Ganzes. Die Gesellschaft ist wie niemals zuvor einem raschen Wandel unterworfen ist und damit unterliegt auch jeder Einzelne den einstürmenden Meldungen, Ansprüchen und Anforderungen.

Gewisse Auszeiten sind durchaus wichtig und mitunter nicht zu umgehen, um tatsächlich eine neue innere Ausrichtung zu finden, die auch ein tragfähiges Fundament für alles weitere sein kann. Doch darüber hinaus muß natürlich die Freude an einer meditativen Praxis, also z. B. auch an Reiki, keinesfalls einhergehen mit dem Fehlen eines rebellisch-politischen Bewusstseins, zumindest einem vitalen Interesse für das, was so alles an gesellschaftlichen Prozessen vor sich geht.

Die Sehnsucht, in einem spirituellen Lichtbereich ohne echte herausfordernde Berührungspunke mit der gesellschaftlichen Wirklichkeit leben und heilig werden zu können, wird sich letztlich bei allen, die sich nach dem erdgültigen Elfenbeinturm sehnen, als Farce herausstellen. Nicht zuletzt deshalb ist dieses Buch zuweilen auch etwas deftiger geraten, als ursprünglich zu vermuten war.

Wer nun auch durch die wunderschönsten Reiki-Erlebnisse aller Art und durch die denkbar besten Entwicklungen im Leben sich auf einer ungleich angenehmeren Etage der Lebensmöglichkeiten vorfindet, wird irgendwann einsehen, daß selbst so eine Art von Himmel auf Erden nicht gleichbedeutend damit ist, daß wir selbst in den Himmel all unserer Träume und Erwartungen kommen.

Und das werden wir auch nicht, wenn wir uns im anderen Extrem für andere aufopfern und auf eigenes Lebensglück und eigene Erfüllung wodurch auch immer verzichten. Aber eines können wir alle, und das sollten gerade diejenigen nicht von sich wegschieben, die etwas mehr als die anderen für sich erkannt haben: An der Gestaltung unserer Gesellschaft mitwirken, jeder in seinem ganz alltäglichen Umfeld – und das gerade im Zusammenfinden Gleichgesinnter. (Reiki-Treffen können von außen vielleicht so erscheinen, als würde da "heile Welt" gespielt. Doch der äußere Eindruck täuscht oft...)

Die Probleme auf unserer Erde werden immer bedrohlicher, und die Erkenntnis, daß die globalen Zusammenhänge Auswirkungen auf jeden von uns haben, setzt sich auch mehr und mehr durch. Wer mit der ganz persönlich motivierenden universellen Lebensenergie in Berührung gekommen ist, wird letztlich nicht umhinkommen, aktiv und kreativ einen Beitrag zu leisten.

`Die Schwingung des Wassermann-Zeitalters´ öffnet einen neuen Raum für Reformen, für Humanismus und eine weltumspannende Offenheit, und sie gibt uns Bewohnern dieser Erde auch die Zuversicht, daß es sich lohnt, gemeinsam an einer besseren Welt zu arbeiten.

TEIL V: KREATIVITÄT UND LEBENSKUNST

OSTEN UND WESTEN

"West meets east" war vor vielen Jahren der Titel einer Schallplatte, die Jehudi Menuhin, der große Geigenvirtuose des Westens, und Ravi Shankar, ein Meister auf der Sitar, gemeinsam eingespielt hatten. Dieses frühe und sehr symbolhaft wirkende kulturelle Ereignis steht für unzählige Begegnungen des modernen Westens "mit dem Morgenland", das uns auch heute noch bei näherer Betrachtung geheimnisvoll, märchenhaft und unzugänglich erscheint.

Den Geheimnissen des Orients bis hin in den fernen Osten Asiens nachzuspüren, hat uns das Fernsehen erleichtert oder gar erst möglich gemacht, denn aus Büchern läßt sich manches erahnen, doch noch mehr als die Beschreibung vermag das bewegte Bild, uns in der Tiefe zu berühren. - Wirkliche Erfahrung jedoch spielt sich nur in uns selbst ab, und das wird jeder bestätigen können, der die heute so beliebten Touristenstätten selbst gesehen hat, zum Beispiel selbst vor diesem unfaßbaren Grabmal Taj Mahal in Indien stand.

Mehrere Jahrzehnte sind vergangen, seitdem die ersten Sucher „aus unseren west-europäischen Gefilden" die Länder alter Spiritualität für sich entdeckten, doch von diesen Abenteurern spricht heute niemand mehr.

Und doch sind die Reiseziele dieser Morgenlandfahrer heute bei uns "in". Die in vielen Jahrhunderten entstandenen Wege und *Methoden der Bewußtseinserweiterung* der alten asiatischen Hochkulturen finden glücklicherweise mehr und mehr ihren Platz in unserem abendländischen Lebensverständnis.

Die zur Verfeinerung kultivierter Umgangsformen entwickelten Methoden wie zum Beispiel Origami und Ikebana, die bei uns als japanische Gipfel entwickelter Ästhetik gelten, werden bei uns bestaunt und gepriesen. Und das ist wunderbar, denn dies zeigt, wie sehr unser hiesiges mitteleuropäisches und nachrömisches Gelände noch durch verfeinertere Errungenschaften kulturellen Geschehens befruchtet werden kann.

Das Interessante ist auch, daß selbst einige katholische Ordensleute durch ihre Praxis der Zen-Meditation nicht nur zum Verständnis unter den Religionen beitragen und ganz praktische Hilfen - in den Klöstern - den Menschen bieten, die Ruhe suchen, die sich nach innerer Einkehr sehnen und die sich auf die tiefen Werte des Menschseins besinnen möchten, sondern eben auch beweisen, wie wenig die auf ihren Alleinanspruch pochende offizielle Kirchenmeinung aus Rom heute noch zeitgemäß ist.

Eine Vermischung ehemals nationaler Werte zu einem neuen Verständnis einer Weltkultur ist auf dem Weg. Ein immer internationaler werdendes Bewußtsein zeigt sich auch in unserer immer internationaler werdende Sprache. Das prägt diejenigen, die auf diese Weise heranwachsen - und auch das ist wunderbar.

Allerdings müssen - wieder ganz im Sinne von Buddha - klare Grenzen in der Erkenntnis gezogen werden, wenn es darum geht, einen Bericht im Vorabendprogramm über die japanische Tee-Zeremonie mit der Tatsache zu vergleichen, daß ein sehr großer Teil der männlichen türkischen Jugendlichen in den deutschen Ballungsgebieten einen Kampfsport betreibt, vorzugsweise das für seine Effektivität bekannte koreanische Tae-Kwon-Do! − Reiki vermag in seiner Eigenschaft als unpolare Energie männliche und weibliche Anteile in uns zu vereinen, also Ratio und Gefühl auf einen pragmatisch-erfaßbaren Nenner zu bringen.

"Der Westen" ist bekanntermaßen zu kopflastig und materiell-berechnend, "der Osten" in seiner komplementären Ausformung ist eher mystisch-vernebelt und in einer unguten Weise weltabgewandt. Erst die Mitte, erst der gemeinsame Nenner im Menschen und in der Welt schafft Harmonie. Diese Harmonie, von der schon vor vielen Jahrhunderten die alten Chinesen sprachen, ist auch im Wege der Reiki-Praxis zu erfahren.

Die Balance komplementärer Kräfte, in der sich Intuition ereignet, ist der Urgrund wahrer Kreativität. Und kreativ sein müssen wir jeden Tag, sonst verkümmern und vertrocknen wir. Mehr noch: Wenn wir den Zugang zu unserer eigenen Quelle von Freude, Lebendigkeit und Bewußtheit erhalten wollen, dann müssen wir unsere eigene Straße zu unserem inneren Quellen-Glück stark machen, sie ausbauen und fegen, schützen und beleuchten. Das Ziel, im Alltag, im Beruf, im Leben an sich kreativ zu sein, klingt verlockend. Doch wie soll das gehen? - Es geht. Reiki gibt eine Antwort auf eine Frage wie diese.

Schon als Reiki-Schüler des ersten Grades hat uns die Frage beschäftigt, was denn nun Lebensenergie in ihrer universellen Form sei, wie man sie sich als unpolaren Kraftstrom vorstellen kann - allumfassend, alldurchdringend und wirkungsvoll. Doch alle Vorsätze, etwas verstehen zu wollen, sind zum Scheitern verurteilt, denn "das Kleine" versucht, "das Große" zu erfassen, oder noch fataler gesehen, es wird aus der beschränkten Position der Getrenntheit heraus versucht, willentlich die Einheit herzustellen und als solche zu erfassen. Die christliche Kirche ist damit gescheitert.

Das wird vollkommen verständlich, wenn man sich aus dem Blickwinkel der aus dem hinduistischen Raum stammenden Lehre des Advaita-Vedanta nähert, der Lehre der Nicht-Zweiheit.

Hier ist auch der Grund dafür zu sehen, daß im immer aufgeklärter werdenden Europa den Kirchen die Gläubigen weglaufen, und sich auf die Suche nach besseren Modellen für die Erklärung des Lebens machen.

Religio, die Rückbesinnung auf unseren Urgrund, auf den göttlich-kosmischen Ursprung des Menschen, ist letztlich das Aufgehen im Einen, im uneingeschränkten kosmischen Glück. Oder ist es nicht so etwas wie ein großes göttliches Selbst, sondern vielmehr so etwas wie ein grenzenloses Nichts, das Aufgehen in einem unnennbaren Nirvana? Dieses Buch über Reiki betont die Wichtigkeit einer kreativen Lebensweise und einer individuell gelebten Lebenskunst, und insofern ist auch der Hinweis gestattet, daß jeder auf einem Weg früher oder später auch diese Strecken der Erkenntnis für sich sehen und etappenweise abstecken wird, um eben das für sich Passende möglich werden zu lassen, ganz individuellen Erfordernissen und Beweggründen entsprechend.

Das Interesse an exotischen Dingen, an Esoterik, an spirituellen Inhalten und Begriffen und allen damit verbundenen Lösungsvorschlägen und Erfolgsrezepten aller Art weitet sich beständig aus, auch wenn Kritiker, denen das alles nicht in ihr Vorstellungskalkül passt, nun den "Esoterik-Boom" für endgültig ausgereizt erklären. Tatsache ist, daß sich immer mehr Menschen mit diesen Inhalten beschäftigen. So kennt inzwischen fast jeder das aus dem indischen Kulturraum stammenden Wort "Prana", das für Lebensenergie an sich steht.

Das abendländisch-europäische Äquivalent dazu ist für viele die ätherische Vitalität, die Heilung möglich macht, die von einem Menschen zum anderen übertragen werden kann. Die Naturwissenschaft beschreibt diese Vorgänge mit dem Vorhandensein von elektromagnetischem Plasma.

Die Parapsychologie nennt es den persönlichen Magnetismus, der diese weitgehend unerklärlichen Abläufe ermöglicht. Dabei sind Worte nur die (wichtigen) Anker für Erfahrungen. Ohne direkte, persönliche, praktische Erfahrungen bleiben die Worte nur Worte, und als solche sind sie vielleicht im Gedankenapparat eine angenehme Beschäftigung, können aber doch nicht anders sein als trocken, theoretisch, hohl und unwirksam. Es ist auffällig, daß in der vorliegenden Literatur zu Reiki immer wieder Begriffe wie *Prana, Orgon, Chi oder Qi* usw. mit der Universellen Lebensenergie namens Reiki gleichgesetzt werden.

Dabei könnte eine klar definierte Abgrenzung für das Verständnis der Besonderheit der Reiki-Kraft dienlich sein. Dieses Buch ist in seiner Gesamtheit der Versuch, Reiki positiv zu definieren, denn das Herausstellen von Unterschieden würde die Verwendung von Negativismen erfordern, und die sind eher etwas für den Kopf und sollen hier deshalb soweit wie möglich vermieden werden. Außerdem sind Feinheiten in kulturell-ethnologischen Zusammenhängen zu sehen, und die sind für den Neubeginn auf dem Reiki-Weg erst einmal nicht so sehr wichtig...

Auf jeden Fall ist es wohl nicht verkehrt zu behaupten, daß es im Menschen eine ganze Anzahl von vitalen Lebensströmen gibt, die - ohne miteinander konkurrieren zu müssen - gleichzeitig für das Wesen Mensch ihre Aufgaben erfüllen. Ob nun Prana als das vorherrschende psycho-elektische Feld oder die Orgon-Kraft oder Reiki oder das kosmische Chi dabei im Rennen vorn liegen - ist es wichtig? Unter den spirituellen Praktikern gibt es immer wieder Diskussionen darüber, welche Richtung und Energie denn nun die höherwertige sei. - Unstrittig ist wohl dies: Je heller das Licht ist, das unsere Persönlichkeit von innen her erstrahlen läßt, desto tiefgreifender werden wir eine grundlose Zufriedenheit empfinden und sicher weniger streiten wollen.

REIKI IST EINE SCHULUNGSMETHODE FÜR BEWUSSTHEIT

Reiki wird vorwiegend als eine Energie des Herzens bezeichnet. Das mag damit zusammenhängen, daß im Westen besonders die christliche Konditionierung vorherrscht, derzufolge der Geist, die Religion mit einer aktiven Hinwendung zum Geistigen, zu Gott in Verbindung gebracht wird, und das über das Gebet, die Andacht, die Sammlung in der Kontemplation. Diese ist der Weg via positiva, und Reiki ist hier ein gutes Fahrzeug, das uns vom Herzen her mit unserer Hinwendung gut befördert. Aber Reiki erfüllt ebenso die komplementäre Vorgehensweise via negativa, und darüber ist bei uns aus verständlichen Gründen bisher noch nicht viel gesagt worden. Aber genau das bleibt zu tun, denn Reiki ist eine wunderbare Methode, um von Moment zu Moment Bewußtheit zu erleben und zu üben. Wie die Reiki-Praxis in diesem Sinne als Schulung des Geistes erfahren werden kann, wird in diesem Kapitel beleuchtet.

Wie dringend erforderlich ein neues Bewußtsein im allgemeinen ist, zeigt sich an der medialen „Verblödungs-Kultur", die überwiegend aus Bildzeitung und RTL-Quatsch besteht und leider auf große Teile der Bevölkerung übergegriffen hat. Die breite Palette aller denkbaren Verdummungsvorgaben weckt gerade bei Kindern und Jugendlichen durchaus leider nicht nur konstruktive Instinkte, wie Lehrer, Eltern, Polizei, Justiz, Jugendämter usw. bestätigen werden.

Das ist umso bedauerlicher, als den Bürgern heute so viele Informationsquellen zur Verfügung stehen, von denen in früheren Zeiten kaum jemand zu träumen gewagt hätte. So gut wie alles an Wissen ist erhältlich, und die Bildungs- und Betätigungsmöglichkeiten sind unüberschaubar, doch scheint das vielen Menschen nur ganz wenig Anreiz zu bieten, darauf zurückzugreifen.

Reiki ist ein Angebot an alle, inmitten eines Meeres von Überangebot und Verwirrung, von Verunsicherung, Anspruchsdenken, Lärm, Hektik und Stress einen eigenen inneren Ruhepol zu finden, eine Mitte, aus der heraus klarer und selbstbestimmter und individuell passender gelebt werden kann. Reiki ist eine Basis der Erkenntnis und wie glättendes Öl der Selbstfindung auf den aufgewühlten Wogen verallgemeinerten Handelns und Wollens, die in ihrer Ausrichtung, wie der Geist selbst, nach oben offen ist.

Offener Geist wurde gerade in seiner Verbindung von Weisheitslehren und modernem Erkenntnisstand und mit einem einzigartigen Humor von **Osho** verkörpert. Er hat schon in seiner Eigenschaft als Professor der Philosophie sein Leben der Befreiung und Emanzipation des Menschen gewidmet und im Laufe der Jahre viele Zehntausende aus aller Welt angezogen.

Über viele Jahre hinweg hat er in täglichen Vorträgen in Indien und in anderen Ländern daran gearbeitet, die menschlichen Bedürfnisstrukturen aufzuzeigen, und den durch allerlei Fremdbestimmung, Erziehung und gesellschaftlichen Druck so arg verbogenen Menschen auf seinen inneren individuellen und großartigen Wesenskern aufmerksam zu machen.

Der innere Christus, der innere Buddha, der ewige Wesenskern zeigt sich in seiner mehr und mehr in Erscheinung tretenden Kraft der Umgebung als Charisma, als Leuchten von innen, als Ruhe. Dieses Charisma ist sicher noch mehr als die oft bewunderte und als sexy eingestufte Selbstsicherheit, denn es basiert nicht auf dem Selbst, dem Ego besser gesagt, sondern auf dem Nicht-Selbst. Wer einmal einen erleuchteten Meister wie Osho erlebt hat, vielleicht Krishnamurti, Ramesh Balsekar oder einen Zen-Meister, wird bei diesen Worten auch die Erinnerung an das Erleben, an die Begegnung spüren - unvergleichliches Charisma.

Das Vorbild, das uns die Meister der Meditation kraft ihres puren Auftretens geben, löst in uns den Wunsch aus, ihrem Beispiel zu folgen. Und so machen wir uns auf eine neue Etappe unseres Weges, wobei die Phase nach der Begegnung mit einem Lehrer einer Selbstverwirklichungsmethode oder gar einem wahren Meister der Meditation oft erst das eigentliche Debut ist.

Jeder Erkenntnisweg, jede Schulungsmethode ist ein Angebot des Lebens für den Menschen, den Weg zu sich selbst, "nach Hause" zu gehen. Jeder Weg zurück zur eigenen Mitte oder anders gesagt zum Nicht-Selbst ist mühsam, aber es gibt nur diese mühsame Variante der Annäherung. Unser Seelenpotential (oder wie auch immer man es nennen möchte) steuert seinem Ursprung in seiner bewußten Wahrnehmung seiner selbst zu, und daran können wir nichts ändern. Es bleibt nur, **"den Weg"** zu gehen. Und der entsteht im Gehen. Welchen Weg wir gehen, ist eine ganz andere Frage.

Dieser Hintergrund ist es, der von jedem Reiki-Lehrer und jeder Reiki-Lehrerin - wenn schon nicht aus dem eigenen Erleben heraus, so doch wenigstens vom Verständnis her - den neuen Reiki-Schülerinnen und Reiki-Schülern - wenn auch nicht gleich, dann doch im Laufe des Reiki-Prozesses in der Regel bis zum dritten Reiki-Grad - verdeutlicht werden sollte. Und das hat nichts mit mystischen Fantasiegeschichten und Vermischungen z. B. von Reiki mit schamanistischen Techniken zu tun.

"Die große Herausforderung an die Reiki-Leute des vierten Grades" ist wohl auch darin begründet, daß sie überhaupt etwas in dieser Hinsicht zu sagen haben und mehr noch, ob sie überhaupt aufgrund ihres eigenen persönlichen spirituellen Werdegangs in der Lage sind, klare Differenzierungen und demzufolge ernstzunehmende Empfehlungen zu geben.

Nach durchlebten Phasen und Prozessen der Selbsterkenntnis sieht vieles im Leben für Außenstehende sehr, sehr leicht aus - wie die akrobatischen Darbietungen unter der Zirkuskuppel.... so leicht, so mühelos. Doch so einfach alles eines Tages aussehen mag, so sicher ist, daß zunächst eine Methode praktiziert werden mußte - damit später nicht alles nur leicht aussieht, sondern auch ist. Und das bezieht sich in allererster Linie auf das Entwickeln einer Bewußtheit, die nicht nur "etwas Spirituelles" ist, sondern die sich sehr nutzbringend als Klarheit, Unbestechlichkeit und Schnelligkeit in Urteil und Handlung in jeder Situation des Alltags auswirkt. Die Praxis des Zen ist hier letztlich die den Maßstab setzende Richtung, denn hier geht es nur um das, was tatsächlich da ist.

Und dementsprechend geht es denen, die auf diesem Weg die Erleuchtung erfahren, der Überlieferung zufolge auch nach der erfolgten Erkenntnis und der Lösung von allen Identifikationen darum, Holz zu hacken, Wasser zu holen, Tee zu kochen... Zen ist als der Gipfel der eingangs erwähnten Wege via negativa anzusehen, weil er in seiner Ursprünglichkeit ohne Gott und jede Form von Heiligkeit auskommt. Die bestechende Klarheit, die uns Europäer und Amerikaner schon in den mit der Zen-Tradition einher kommenden äußeren Eindrücken wie Gartenkunst, Kleidungsstil, Innenarchitektur usw. fasziniert, mag ein immer wieder zur Weiterführung der Praxis der Zen-Meditation anregendes Mittel sein....

Das Nüchterne des Zen ist vielleicht nicht für jeden motivierend genug. Die auf diesem Weg automatisch erlangte wachsende Klarheit bis hinein in die kleinste Alltagshandlung ist allerdings für jeden Menschentyp sehr brauchbar und wichtig - denn wie oft haben wir vergessen, wo wir den Mantel hingehängt haben und den Schirm...

Genau an dieser Stelle sind wir wieder bei der Praxis des Reiki angekommen. Es wird in der Reiki-Szene gern vergessen, daß Reiki von einem Japaner in Japan - im Lande der Zen-Meditation - wiederentdeckt wurde. Wer heute mit Reiki beginnt, muß sich nicht gleichzeitig damit auf eine strenge japanische Nüchternheit einlassen, denn die entspricht bei uns nur Wenigen, aber einen kleinen Gehalt davon kann sich durchaus jeder Neueinsteiger einmal anschauen... und... etwas davon auf den Reiki-Weg mitnehmen.

Die alten Hasen des Reiki können sich durchaus einmal die Frage stellen, wieviel an neuer Bewußtheit durch die Praxis mit der Herzenergie im Ergebnis entstanden ist... Das betrifft wie gesagt diejenigen Reiki-Praktizierenden, die Reiki bisher nur als eine Methode der Hinwendung zur Lebenskraft, zur göttlichen Energie, zu Gott angesehen haben und so erlebten. Die beabsichtigte Verschmelzung mit Gott durch die Hinwendung ist ja das Ziel der monotheistischen Religionen wie dem Christentum, dem Islam und dem Judentum, nur was ist im Alltag ohne die festgelegte Ausrichtung auf Gott und außerhalb festgelegter Gebetszeiten?

Reiki ist unpolar, ist beides, "die Hinwendung nach oben" ebenso wie die Gelegenheit, die Leerheit der Form und die Form der Leerheit, die Abwesenheit des Egos, die Auflösung der Identifikation mit dem "ich" zu erleben... und das über die Praxis der gelebten Aufmerksamkeit. Und diese Aufmerksamkeit beginnt im Reiki damit, daß wir unsere Hände auf unseren eigenen Körper legen, Handpositionen wechseln und uns dabei zuschauen.

Wir können es als eine Hilfe zur inneren Sammlung nehmen, wenn wir uns als Christen zum Beispiel daran erinnern, daß Jesus Menschen heilte, indem er ihnen die Hand auflegte - und sogar auch ohne jede körperliche Berührung.

Reiki ist eine Einstiegsmethode für alle Wege und eine Unterstützung auf allen Wegen, denn sowohl die Hinwendung mit dem Wunsch, erfüllt zu werden, als auch das Beobachten, das Leer-Werden trägt zu mehr Bewußtheit und Freude und letztlich zu einem großen Maß an Liebe bei.

Eine gute Ausgangsposition ist die, sich erst einmal einzugestehen, nichts zu wissen, und sich dann ganz tapfer auf die Socken zu machen. "Ich weiß, daß ich nichts weiß", bemerkte der weise Sokrates, doch wir müssen nicht gleich ihm nachzueifern versuchen, wenn wir mit dem Reiki-Weg beginnen. Wir können auch so immer wieder feststellen, daß das ganze Leben ein Geheimnis ist und daß sicher keine Weltformel zu seiner Entschlüsselung zu finden sein wird, auch nicht über einen sichtbarer werdenden Code der menschlichen Gene. Und doch ist es sicher kein Fehler, wacher und aufmerksamer und klarer und bewußter zu werden, das Leben möglichst frei und selbstbestimmt zu leben und zu genießen, das Schöpferische zu kultivieren und jeden Tag zu einem Fest gelebter Kreativität zu machen. Zuviel verlangt? Vielleicht. Doch:

Je freudiger wir zu leben vermögen, desto energievoller wird unser Leben sein. Je wohler wir uns in unserem Körper fühlen, desto frischer kann auch unser Geist sein. "*Energie ist erlebtes Glück, Energie ist Freude*", sagte sinngemäß Bertrand Russell, dem die Welt unter anderem das Buch mit dem Titel "Warum ich kein Christ bin" verdankt. Dieser Mann hat damit eine Tür in einen für viele Menschen bahnbrechend freien Raum aufgestoßen, und das ist es auch, was vielen Reiki-Praktizierenden als Geschenk an ihre Freiheit und Würde heute zugute kommt. - Reiki ist ein sanfter Tor-Öffner aber auch ein Begleiter, der nichts von uns will, keinen Glauben verlangt, der uns zu nichts verpflichtet - der uns völlig frei läßt.

Reiki verstärkt alles, was da ist... an Gefühl, an Struktur, an Fähigkeit, an Begabungen.

Bestehende Probleme werden durch die Reiki-Energie nicht zugedeckt, höchsten durch eine übertrieben schwärmerische Gefühlsduselei schön eingefärbt. Probleme lassen sich letztlich nur auf dem Spirituellen Weg lösen, und deshalb ist Reiki so wunderbar, weil es uns völlige Freiheit gibt - die Freiheit, zu glauben oder nicht zu glauben, zu zweifeln und jenseits der Zweifel zu wissen. - Und jeder kann - und auch das muß natürlich einmal irgendwo gesagt werden - selbstverständlich auch ohne alle Hilfsmittel, Gurus, Meister und Lehrer, Methoden und Übungen ein glücklicher und kreativer Mensch sein und allen anderen „etwas vormachen" in der Kunst, wahrhaft zu leben.

Aber vorher muß man vielleicht doch erst einmal darangehen, mehr aus dem zu machen, was man schon hat oder ist. Und das ist nicht in erster Linie materiell gemeint, wobei materielle Verbesserungen im Leben aller Reiki-Praktizierenden durchaus willkommen und sehr wünschenswert sind.

Insofern ist das althergebrachte buddhistische Ideal der Armut zumindest dem Verständnis des Autors dieses Buches gemäß keinesfalls zeitgemäß und mit Sicherheit kein empfehlenswerter Bestandteil einer Reiki-Praxis.

Hier kann nach der bisher thematisierten Gegenüberstellung komplementärer Wege vereinfacht gesagt von Liebe durch Hinwendung und Bewußtheit durch eine Schulung der Aufmerksamkeit und durch erprobte Methoden der Meditation noch ein weiteres Begriffspaar besprochen werden:

Kontemplation und Meditation.

Auch das ist in einem Lesebuch wie diesem etwas, das zum grundsätzlichen Verständnis dieser teilweise doch sehr unpräzise verwendeten Begriffe sehr angebracht erscheint.

MEDITATION UND KONTEMPLATION

Reise-Kataloge zeigen im Winter junge Damen in Badebekleidung am Strand. Das passt, denn es erfreut das Auge der mit dem Novemberwetter hadernden Mitteleuropäer. Neu ist, daß die jungen Damen am Strand in einer als typisch angesehenen Meditationshaltung am Strand sitzen. Fitness ist gut und Wellness ist "in", Urlaub ist die kostbarste Zeit des Jahres, also gönnen wir uns da das beste, suggeriert der Reise-Katalog... und vielleicht versteht ja auch noch ein nun größer werdender Teil der Bevölkerung, was es mit der Meditation auf sich haben könnte.... bei so dermaßen hübschen jungen Damen mit so ansprechend entspannten Gesichtern im Urlaub am Palmenstrand kann es alles ja so falsch nicht sein.

Vor einem Vierteljahrhundert wurden junge Damen, die sich so fotografieren ließen, von der Springer-Presse, vom Stern und vom Spiegel als Sekten-Idioten und verhaschte Indien-Tripper hingestellt... merken Sie was? Sowie sich etwas vermarkten läßt... als Wellness zum Beispiel... ist es sofort o.k. Dann sind unter noch kurz zu prüfenden Umständen womöglich auch gleich die ganzen Gurus o.k., die es noch in der Gegend gibt. Aber die Hauptsache ist ja die Quote der Buchungen.... und am Strand ist ja auch viel Wasser, und das ist ja auch derzeit gerade "in"...

Wie schön, daß ein Begriff wie Meditation nun nicht mehr als Schimpfwort herhalten muß. Allein das ist erst einmal wichtig. Aber es ist ernsthafter das Ganze.

Wohl jeder kennt das Gefühl, mit sich selbst unzufrieden zu sein, und jeder hat wohl zumindest schon einmal im Leben erlebt, sich selbst für einen schweren Fehler oder ein arges Versäumnis angeklagt zu haben, z. B. einen langjährigen Partner aufgrund eines überstürzten Entschlusses verlassen zu haben, um das später viele Jahre hindurch sehr zu bereuen. Es ist der Wunsch vieler Menschen, den an der so wichtigen Lebensfreude nagenden Selbstanklagen den Boden zu entziehen, doch die abendländische Wissenschaft der Psychologie hat hier nur sehr langsame Hilfsmittel parat, die auch keine Gewähr dafür bieten, daß nicht nach einer sogenannten Verarbeitungsphase das Gleiche in anderer Verfärbung wieder aufbricht. Außerdem ist die Hilfestellung, bei allen guten Vorsätzen, immer nur auf einer linearen, einer verstandesmäßigen Ebene präsent, und alles kann von daher endlos weitergeführt werden.

Eine vielen Leserinnen und Lesern dieses Buches mit Sicherheit vertraute Form der Konfliktbewältigung ist die Beichte. Sie erfordert allerdings ein großes Maß an Vertrauen in die Richtigkeit dieser Einrichtung, und viel mehr aber noch ein großes Maß an Hingabefähigkeit in den Prozess des Beichtens und des Annehmens der Vergebung.

Ein entgegengesetzter Ansatz ist der, selbstgemachten Mängeln oder den von anderen eingeredeten Verfehlungen durch die Wegnahme der Aufmerksamkeit ihre Wirkungskraft zu entziehen. Den Mitgliedern einer Rocker-Gang ist es völlig gleichgültig, ob sie sich mit ihrem Verhalten auf einer Party gesellschaftlich unmöglich gemacht haben, und das spricht in gewisser Weise sehr für sie und für ihr Selbstwertgefühl. Sie pfeifen auf die Gesellschaft und lachen noch nicht einmal mehr über Leute, denen Konventionen und irgendwelche Anerkennungen von irgendwelchen anderen Personen wichtig sind...

Was heißt das für den Reiki-Schüler, der dabei ist, sich aus einengenden Verhältnissen zu befreien und von unbefriedigenden Ideen zu lösen? Was ist das Geheimnis? Die Aufmerksamkeit entziehen heißt, das ehemals belastend wirkende Geschehen zu relativieren und in seiner Wirkung dadurch ganz erheblich zu schwächen. Allein das ist für viele Menschen eine große Erleichterung, denn vielen gelingt es ihr Leben lang nicht, etwas Belastendes loszuwerden.

Grundlage allen Verständnisses ist, daß wir das, was uns in unserem Leben gegeben wurde, nicht wegschieben können - denn es wurde uns und nicht anderen gegeben, und vermutlich deshalb, um daran zu wachsen. Wir können es nicht loswerden, es nicht lösen, und doch gibt es die Möglichkeit der Lösung: Wir müssen uns davon(!) lösen. Es geht darum, ganz einfach damit aufzuhören, uns mit dem Problem in einer mit ihm verhafteten, einer damit identifizierten Weise zu befassen jahrein-jahraus. Sich selbst davon lösen heißt, davon frei werden und damit auch alle gebundenen Kräfte wieder zur Verfügung zu haben. Aber wie sollen wir das schaffen?

Es geht nur dadurch, daß ein Abstand entsteht "zwischen uns" und dem Problem. Das erfordert eine bewußte Auseinandersetzung. Für das Lösen von den Problemen durch eigenen Entschluß sind neben rein gedanklichen Versuchen grundsätzlich zwei Herangehensweisen bekannt. Es ist die losgelöste "Betrachtung im Nicht-Sein", also die Meditation, und die den Abendländern im allgemeinen leichter zugängliche Form der Kontemplation, in der "über etwas" so lange - in aller Ruhe, Beschaulichkeit und Besinnlichkeit - nachgedacht, kontempliert wird, bis sich eine Erkenntnis zeigt, die die Lösung bewirken kann.

Kontemplation heißt für das Individuum zum Beispiel:

Ich bewege dies oder das in meinem Bewußtsein hin und her, lasse zu einem bestimmten Sachverhalt oder einer besonderen Frage diese oder jene Ideen aufsteigen, die mir helfen können, die Klarheit zum jeweiligen Thema zu bekommen, nach der mich dürstet. Vielleicht möchte ich dazu einen aufbauenden Text lesen oder eine schöne Musik hören, mir selbst Reiki geben, einen Spaziergang im Park machen oder im Garten oder im Wald den Vögeln zuhören, während ich über mein Thema möglichst gelassen kontempliere, meinen Eingebungen und Gedanken nachhänge. Kontemplation heißt, im Inneren Betrachtungen anzustellen (zu lassen) über etwas Bestimmtes... Nicht weniger, aber auch nicht mehr als das ist unter der Kontemplation im Vergleich zu der viel weiter gefaßten Meditation zu verstehen.

Meditation zeichnet sich grundsätzlich dadurch aus, daß nichts Bestimmtes anvisiert, gefragt, erwünscht, ersehnt oder beklagt wird. Meditation ist ein Seins-Zustand. Die neuerdings von Priestern gern benutzte Redewendung, mit der sie vermutlich eine attraktiv wirkende, moderne und kulturübergreifende Geisteshaltung demonstrieren möchten, lautet, sie würden "über etwas meditieren". Das zeugt schlichtweg vom Unverständnis wahrer meditativer Prozesse und Zustände und ist einfach falsch.

Doch beides, die Meditation im buddhistischen Sinne und die Kontemplation einer christlichen Tradition, entsprechen beide letztlich dem Ziel, Probleme zu lösen, Schwierigkeiten zu beenden, Klarheit, Frieden, Glück, Wohlstand und Wohlergehen auf Erden zu schaffen. Und darum geht es. ----- Ob ich "über etwas" kontempliere, um etwas zu verstehen oder um ein ganz besonderes Problem zu durchlichten, oder ob "ich" versuche, "mich" mittels einer Meditationstechnik in einen Zustand der Leerheit zu versetzen, in dem Klarheit ist und nicht erst geschaffen werden muß, ist hinsichtlich der Lösung von Problemen zweitrangig.

Wenn es um die Erleuchtung im buddhistischen Sinne geht, kann allerdings nur die Meditation, nur das Sein im Nicht-Wollen als wahrhaft relevant gelten. Und genau in diese Richtung führt Reiki durch den Prozess wachsender Bewußtheit, und das sei bitte auch durchaus im buddhistischen Sinne verstanden. Voraussetzung für das Verständnis der Reiki-Schüler in dieser Hinsicht ist allerdings nicht zuletzt das Verständnis der Reiki-Lehrer.

Und insofern ist wohl auch die neuerdings von Priestern und anderen Menschen so gern benutzte Redewendung, "sie hätten eine Erleuchtung gehabt", vor dem Hintergrund eines internationalen und religionsübergreifenden heutigen Wissen völlig falsch gewählt. Dieses kleine harmlose Beispiel zeigt aber einmal mehr, wie wenig die Priester der Christen tatsächlich mit einem umfassenden spirituellen Wissen gerade in den wirklich entscheidend wichtigen Bereichen ausgestattet sind.

Die Wahrheit ist: Die katholischen Priester wissen abgesehen von den bereits erwähnten Ausnahmen absolut nichts von Meditation! Insofern sind sie und alle anderen, auf die das ebenso zutrifft, nicht gerade dazu ausersehen, sich über ganzheitliche Wachstumssysteme wie Reiki, gar über jahrhundertealte Methoden der Meditation zu äußern, denn sie sind - zumindest in diesem Bereich - schlichtweg absolut inkompetent!

"Mit der mir zur Verfügung stehenden Lebenskraft kann ich auf eine positive Weise umgehen, indem ich meine Stärken ausbaue, gerade auch auf der gedanklichen, der kontemplativen Ebene" - so spricht es vielleicht im Innern.

Jedes Erfolgserlebnis trägt zu einem sich aufbauenden Selbstbewußtsein bei, und das ist es, was wir alle in dieser kalten Welt der Konkurrenz und der Berechnung brauchen.

"Mit jedem auch noch so kleinen Schritt hin zu einer neuen Aufmerksamkeit im Moment, jedem noch so kleinen Zuwachs an Bewußtheit durch diese wachsende Aufmerksamkeit, entsteht für mich in meinem Alltag eine neue Wirklichkeit" - so spricht es weiter.

Reiki als Erfahrungsweg beginnt nach der Einweihung in den ersten Reiki-Grad damit, sich täglich selbst eine sogenannte Reiki-Behandlung zu geben. Dazu werden, zwölf ganz einfachen Körperpositionen entsprechend, die Hände auf den Körper gelegt. Nach einer gewissen Zeit wird die Reiki-Praxis dahingehend erweitert, auch anderen Menschen Reiki zu geben. Doch nicht alle Reiki-Schüler lieben es, andere Menschen zu berühren oder mit ihnen zusammen zu sein. Das ist völlig in Ordnung, denn:

Reiki ist nicht in erster Linie ein Gruppenereignis, sondern ein Weg der Selbsterkenntnis.

Wem es jedoch liegt, wer gern anderen Menschen die Hände auflegt, vielleicht der Nachbarin Kopfschmerzen "wegmacht", wird erleben, wie man sich als "BehandlerIn" nach einer Zeit der Eingewöhnung in diese meist neue Situation in gewisser Weise aus dem Geschehen heraushält.

Wer Reiki gibt, ist Kanal für Universelle Lebensenergie, tätig im Dienst eines Ablaufes, den wir sehen, aber nicht steuern können. So ist der Behandelnde von Anfang an dazu angehalten, sich bei aller Zuwendung und Anteilnahme für die behandelte Person letztlich emotional nicht beteiligen zu lassen. Reiki macht nicht kalt, wohl aber gelassen. Es läßt uns bei größtmöglicher Wachsamkeit auf die Bedürfnisse des Behandelten distanziert dem Geschehen beiwohnen – sehr einfühlsam und doch gleichzeitig unberührt, unpersönlich.

Das alles heißt nicht, das hier ein neues herzloses Reiki beschrieben werden soll, das nicht mehr, wie bisher immer betont wurde, über das Herz läuft. Alles bleibt richtig, nur die Betonung auf eine weitere geniale Komponente des Reiki muß nun herausgestellt werden, zumal es sich gezeigt hat, daß der meditative Aspekt der Universellen Lebensenergie noch nicht genug beachtet und genutzt wurde. Außerdem läßt auch eine wachsende Routine der positiven Abgrenzung, der Distanz zum anderen, Raum für neue Erfahrungen. Und dann beginnt Reiki noch mehr Spaß zu machen. Im Abstand wachsende Selbstbeobachtung, Spaß an der Sache, frei gewählte Kontakte zu lieben Menschen - klingt das nicht alles sehr interessant?

Nun kann hinsichtlich einer Bewußtseinserweiterung noch ein wichtiger Aspekt der Reiki-Behandlung betrachtet werden. Er kann den Reiki-Schülern Und Reiki-Schülerinnen (und natürlich auch schon jetzt den Leserinnen und Lesern) eine ganz neue Sichtweise auf das Leben geben.

Viele Menschen leiden unter unbefriedigenden Umständen nur deshalb so sehr, weil sie diese zu ernst nehmen, zumindest viel ernster als nötig wäre. - Und dann hüpfen wir himmelhochjauchzend durch die Gegend, weil wir Glück hatten, weil ein schöner Zufall alles erhellte. Soweit, so gut. Und was ist gerade mit dem Menschen, den wir mit Reiki behandeln, der sich besser fühlt, der aber vielleicht genauso krank und deprimiert bleibt, der geheilt wird oder uns hinauswirft, der uns nichts geben will, oder zuviel.....

Es geht darum, daß wir lernen, unser Leben „unpersönlicher" zu sehen. Das ist kein Fatalismus, keine Resignation, auch kein psychiatrisches Krankheitsbild, wie jemand wittern könnte angesichts einer etwas befremdlich klingenden Bemerkung wie dieser.

<u>Wer lernt, Glück und Unglück, echtes und eingebildetes anderer innerlich bei aller Zugewandtheit mehr und mehr unbeteiligt zu sehen, kann auch lernen, das eigene Leben mit Höhen und Tiefen mehr und mehr aus einer freieren Sicht heraus zu verfolgen. Dieser innere Abstand zu eigenem Glück und vermeintlichem Unglück ist der Urgrund zur wirklichen Freiheit.</u>

Kontemplation muß nicht dazu führen, sich permanent neue Gedanken zu machen über das Leben und den Tod und darüber, daß wir nicht allein der Herr sind über unser Leben, daß es noch andere Mächte gibt, die darüber bestimmen.

Und vor der Meditation braucht sich niemand zu scheuen, denn sie führt den Menschen nirgendwo anders hin, als zu sich selbst. Die Stille der Meditation läßt Ängste und Erwartungen in den Hintergrund treten, denn wir können uns gar nicht mehr mit allem so stark identifizieren wie früher.

Allein das gibt eine tiefere Einsicht in das Leben und in die Zusammenhänge, in denen wir uns persönlich befinden. Es ist mit einem Gefühl von Sicherheit verbunden, wenn wir ein Mittel haben, das uns die Dinge klarer erkennen läßt. Wir sehen uns selbst klarer dadurch und erkennen auch die Menschen um uns herum mit ihren Stärken und Schwächen besser als vorher - und das distanzierter, losgelöster, liebevoller.

Kontemplation und Meditation begegnen sich in unserem Leben in der Freude darüber, Gegenwärtigkeit intensiver zu erleben.

Meditation ist, wenn es nichts Dringendes zu denken und zu klären gibt, mit der Erfahrung verbunden, daß wir uns selbst genügen können, daß wir erleben, bei uns selbst zu sein. Einen wunderbaren Vorgeschmack davon gibt uns Reiki.

WOHER KOMMT KREATIVITÄT ?

Alle sechs Monate ist im Bereich der Mode in großem Stil ein neues Potpourri der Kreativität zu bestaunen, das Individualität ausdrückt und anregt, und das von den Laufstegen herab in den Betrachtern etwas bewirkt, ob die Darbietungen im Einzelfall nun Anklang finden oder nicht. Die großen Modeschöpfer genießen den Beifall, und die nachfolgende Generation nimmt sich einmal mehr vor, es ihnen gleichzutun. Der kreative Nachwuchs versucht also von Saison zu Saison, ihnen nach Kräften nachzueifern. Es ist so: Kreativität ist weit mehr als Arbeit, und besonders DesignerInnen werden das auch so sehen.

Was ist es, das Menschen ekstatisch singen läßt, ganz im Gegensatz zum schlaffen Singsang, der in Kirchen gemeinhin zu vernehmen ist? Die wöchentlich am Sonntag wiederkehrende Interpretation schöner alter Kirchenlieder vermag beim zufällig hinzukommenden Beobachter keinerlei Freude und Ergriffenheit auszulösen, eher den Eindruck kraftloser Abgedroschenheit.

Der Verdacht kann sich, ganz im Gegensatz zu den eingangs erwähnten freudevoll und kraftvoll singenden Menschen, einstellen, daß es den meisten peinlich ist, in der Öffentlichkeit beim Singen so gut gemeinten Liedgutes beobachtet zu werden, zumal die Gemeinde überall stets mindestens eine halbe Sekunde hinter der Orgel hinterher zu singen pflegt... (Oder ist es so, daß der Organist den Sängern bewußt vorauseilt, um deren Einnicken auf den hinteren Kirchenbänken hinauszuzögern?)

Dabei sind die in der Regel heute so energie- und überzeugungslos „herunter-gesungenen" Kirchenlieder sicher aus der gleichen Glaubenskraft heraus komponiert und getextet worden wie zum Beispiel die unnachahmlichen Werke eines Herrn Bach.

Ein Geigenvirtuose unserer Tage nennt die Werke von Johann Sebastian Bach das am höchsten Entwickelte (besonders auch im Hinblick auf die Harmonie), was jemals geschrieben wurde. Das sagte Nigel Kennedy, und wenn man ihn spielen hört und sieht, dann kann man ihm glauben, wenn er sagt, daß Kunst und Individualität, Kreativität und Lebenskunst einen gemeinsamen Nenner haben.

Also auch zeitgenössische Individualisten-Genies bestätigen, was unsere Großväter von Caruso und Richard Tauber berichteten, was uns heute große Tenöre im Dreierpack frei Haus bringen und was hoffentlich noch lange das Kulturerbe auf diesem Planeten zeigen möge: Der Genius eines Bach, Beethoven, Mozart oder Verdi ist allen, die Kreativität, Selbstausdruck, authentisches Handeln und Lebensfreude auf ihr Banner geschrieben haben, Vorbild und Ansporn. Diese Meister der Kreativität, des Schaffens von Neuem und Ewigem, der Größe, Freude und Erhabenheit sind es auch in ihrer Demut und Hingabe an die ewige Instanz des Geistes, dem all das entspringt........ Was ist Kreativität?

Zum Lobe des Herrn wurde in früheren Zeiten Musik geschaffen, und um auch die in besonderen Phasen der Inspiration geschaffenen Werke der Tonkunst gebührend zu Gehör zu bringen, wurden durch die Jahrhunderte hinweg immer wieder Kirchen gebaut. Zur Zeit des Kantors Bach geschah dies im üppigen Stil des Barock, dessen protestantische Form allerdings die Kanzel als den Ort der Verkündung des Wortes in den Mittelpunkt stellte, wohingegen der Katholizismus den Barock als Mittel einer Gegenströmung einsetzte. Die Barock-Musik eines J. S. Bach war machtvoll genug, die Abkehr von Kirchenpomp und der Überfülle von Blattgold zu bewirken. - Der protestantische Glaube wurde Musik... eine Musik, die den Hörer im 21. Jahrhundert von allen Stühlen fegen kann.

Herausragende Zeugen der europäischen Kultur können inmitten von Alltagshetze und Lebensstrott ein Pol der Ruhe und der Besinnung sein für alle, die kreativ sind, die im Begriff sind, sich freizuschwimmen, die Bestätigung suchen für ihre allertiefsten Ahnungen. Die Meisterwerke gotischer Baukunst lassen uns vor der Größe der Vision (vor fast tausend Jahren!) und der Tiefe des Glaubens, die diese Visionen mit Leben erfüllte und die hinter der Arbeit, der kreativen Leistung von Generationen stand, schlicht und ergreifend still werden. Wer einmal im Kölner Dom, im Ulmer oder Straßburger Münster, in den Kathedralen von Chartres oder Salisbury stand, hat vielleicht wie unzählige andere vorher erlebt: Hier bleibt der Alltagsbanalität die Luft weg, hier hat der Verstand nichts Wichtiges mehr zu sagen - und einfach einmal nur Sendepause - und: Hier ist die Gelegenheit, Größe zuzulassen.

Es ist für uns heute etwas ganz Normales, im Urlaub als Tourist in Kirchen zu gehen und baugeschichtlichen Fakten zuzuhören - und vielleicht (und das wäre im Sinne des Massentourismus dann nicht mehr vorgesehen und nicht mehr normal) an einem Ort der Besinnung, der stillen Andacht - vielleicht in einer alten Kirche z. B. in Siena oder in Florenz - auch selbst so etwas wie eine Besinnung auf sich selbst zu erleben - und so mehr aus der Kirche mitzunehmen als den typischen Touristeneindruck von meist in schwarz gekleideten alten Frauen beim Anzünden der Kerzen. Auch in den kleinen Dörfern des weiten mediterranen Raumes finden wir diese alte Frömmigkeit, die „uns Nordlern" zu einem so großen Teil abhanden gekommen ist. - Ja, nicht alle, die gegen die Kirche als Institution wettern, sind Anti-Christen, Teufel und Heiden.

Doch viel relevanter als das ist die Frage, wo all die Kreativität mitsamt diesen wunderbaren Ergebnissen herkommt. - Woher kommt Kreativität?

Vielleicht spüren wir ja - während wir für einige Minuten in einem sechshundert Jahre alten Chorgestühl sitzen - plötzlich wieder einmal ein Strömen in den Händen, das uns ganz unvermittelt an eine Begegnung mit der Reiki-Kraft erinnert, die aber leider im Alltagsgetriebe aller wichtigen und unerläßlichen Unwesentlichkeiten unterging. Doch es gibt letztlich immer wieder und auch überall Gelegenheiten der Erinnerung. Und worum es immer zu gehen scheint, ist unsere Akzeptanz des Größeren, der umfassenden Kraft - der Lebenskraft, die alles durchdringt - die Steinmetze und Orgelbauer, die Kathedrale und auch die Taxifahrer, die heute Besucher zu diesen Stätten menschlicher Schaffenskraft bringen.

Berichte über Highlights abendländischer Geschichte fernab der Völkerschlachten und ihrer Denkmäler und der Herrscher und ihrer Unzulänglichkeiten oder gar weittragender Abscheulichkeiten, die sich leider gerade unter deutscher Verantwortung ereignet haben, können und sollen für sich stehen. Aber sie wollen hier auch einmal stellvertretend für alle anderen Kunstwerke aus den Bereichen der Malerei und der Bildhauerei genannt sein, um zu verdeutlichen, was zwar offensichtlich auf eine ganz normale alltägliche Weise zu erkennen ist, was angeblich bekannt und doch in seinem wahren Gehalt längst nicht erkannt wird: Das Wirken Universeller Lebensenergie in ihrer kreativen Ausdrucksform.

Die Lebensenergie, die uns alle entstehen ließ in unserer physischen Erscheinungsform, die uns beständig durchströmt und die alle für die Erhaltung unseres irdischen Daseins so genial angelegte Vorgänge ohne unser Zutun Tag und Nacht über Jahrzehnte hinweg aufrechterhält, wird von uns als gegeben hingenommen wie der Strom, der aus der Steckdose kommt, wie das saubere Trinkwasser, das bereitwillig zu jeder Zeit aus den Wasserhähnen in beliebiger Menge und Temperatur fließt.

Ein menschenwürdiges Leben umfaßt sicher sehr viel mehr als das nackte Überleben. Und ein erfülltes Leben zu führen, erfordert sicher mehr Möglichkeiten, als heute geboten werden können. Eine Unicef-Meldung besagt, daß derzeit 855 Millionen Menschen weder lesen noch schreiben können; und das zweitausend Jahre nach Christus. Dabei ist das Schreiben eine so wundervolle Ausdrucksmöglichkeit der Kreativität.

Allein eine einzige Meldung wie diese spiegelt den Zustand der Erde und wirft Fragen auf, die in immer neue Theorien und Philosophien münden können, um immer neue Dogmen und Ismen entstehen zu lassen - und beim einzelnen Menschen wird sich nichts Wirkliches ändern. Für diejenigen Menschen, die durch Reiki wacher, froher, lebendiger, positiver und einfach insgesamt kreativer geworden sind, ist die Aufforderung des Lebens an uns alle, täglich auf´s neue erfinderisch, neu und kreativ zu sein, nicht verhallt. Bei uns gibt es zumindest viele Möglichkeiten für viele...

Kreativität im großen wie im kleinen, ob auf der Ebene der Alltagsarbeit und des privaten Hobbys oder beim Bau von Kathedralen, hat immer etwas zu tun mit einem gewissen Maß an Losgelöstheit. Das bezieht sich auf alte Verhaltensmuster, die zu stark bremsend wirken könnten und ebenso auf allzu vorgefertigte Vorstellungen. Ihnen kreativ folgen zu wollen, könnte eher verkrampfen und schließlich frustrieren.

Wenn wir dem Wunsch nach Kreativität gleich von vornherein unrealistische Wünsche und übertriebene Erwartungen überstülpen, dann wäre es wohl besser, zunächst einmal wieder zu einer sicheren Routine zurückzukehren. Das Geheimnis, das hinter der Kreativität steht, liegt wohl darin, sich innerlich auf etwas Schönes und Großes an sich auszurichten... und nicht zu viel zu wollen, eher dem Impuls mit Freude zu folgen.

Die Hingabe an die große Quelle, die seit Anbeginn das Individuum belebt, nährt und inspiriert, mag der Schlüssel sein für das, was Kreativität im Kern ausmacht. Die großen Künstler hatten bzw. haben das wohl ganz automatisch verinnerlicht, wir hingegen müssen uns ab und zu daran erinnern, wenn wir kreativ sein wollen. Aber das Schöne am Reiki-Prozess ist, daß jeder, der damit beginnt, von Anfang an auf ganz unmerkliche Weise in einen kreativen Prozess hineingeschleust wird.

Die angebotenen Techniken sind ein großes Reservoir an Möglichkeiten, mit sich und der Reiki-Kraft, allein und mit anderen, ganz dem eigenen Gefühl folgend zu experimentieren. Aus dieser individuellen Beschäftigung mit Reiki heraus wird automatisch Kreativität entstehen. Es mögen neue Ideen für den Garten oder die Wohnung sein, ein neues Hobby oder gar ein anderer Beruf. Es gibt keine Grenzen. Jede kreative Betätigung kreiert auf´s neue den, der kreativ ist. Es ist ein beständiges Wachstum.

Wenn die Kinder im Winter einen Schneemann bauen, dann ist es der gleiche kreative Akt, als wenn international bekannte Bildhauer in einem Wettbewerb wunderschöne Skulpturen aus Schnee und Eis schaffen. Ob Schrebergärtner oder Gartenarchitekt, ob die neue gehäkelte Tischdecke unserer Oma oder die körperbetonte neue Sommerkollektion aus Paris - es ist immer die gleiche Energie, die gestaltet.

Und so ist es auch im zwischenmenschlichen Bereich. Wenn wir uns zu zweit ein wunderschönes Wochenende machen, dann wirkt durch uns Lebensenergie besonders kreativ, obwohl nichts Sichtbares davon übrig bleibt. Und hier rundet sich der Bogen der Betrachtung, denn wir tun sicher gut daran, nicht nur nach den bekannten Schicksalsschlägen den tieferen Sinnfragen nachzuspüren, dem "warum" und "woher".

Kreativität - woher kommt sie also nun; und wie läßt sie sich kanalisieren, aktualisieren, aus dem großen "Überbau über uns allen" konkretisieren? Geht es "einfach so" wie bei einem Genie wie Michelangelo, oder ist es angebracht, eine hilfreiche Methode anzuwenden?

Ein Buch über Reiki wird nicht zu allzu großer Verwunderung Anlaß geben, wenn es sich selbst als Methode empfiehlt. Das Reiki-System, das uns auf der Basis der von dem Wiederentdecker Dr. Usui zur Verfügung gestellten Möglichkeiten zum Wachstum bietet, ist ein Schlüssel zur energetischen Berührung mit dem Großen. Nur weil es dieses Große für uns alle gibt, können wir auch im persönlichen Bereich unser eigenes, vergleichsweise Kleines, schaffen. Reiki ist die Brücke für uns zwischen oben und unten, außen und innen.

Unsere eigene, ureigenste Kreativität ist für uns in unserem ganz normalen Alltag der Ansatz, brauchbare Lösungen für auftretende Probleme zu erleben - sie ist aber weder „zu wollen", „noch direkt zu finden" ... denn unsere Kreativität ist etwas, das sich „uns" „eigentlich" entzieht... unserem Wollen als Macher, als Ego, und vor allem als dem erfolgreichem Bestimmer des Geschehens. - Es klingt vielleicht seltsam, aber es ist ganz einfach, denn wenn unser Geist entspannt ist, wachsen „wir" automatisch mit - „es läuft alles wie von selbst" - es fließt - und wir erleben uns... im Fließen - und sind... im Flow. Kreativität ist etwas Lebendiges, etwas Starkes. Ihre Erscheinungsformen sind vielfältig, aber auf die Frage, wo sie herkommt, bleibt eigentlich nur eine Antwort: Aus dem "Nichts".

Sucht man etwas Greifbares, das als ein Synonym für Kreativität stehen kann, so stoßen wir auf unsere Hände, die etwas schaffen.

Reiki fließt - wie wir wissen - aus unseren Händen.

Unser Herz fungiert bei diesem Vorgang als eine Art Katalysator für die höheren Energieebenen. Und bei genauerer Betrachtung scheint auch Reiki aus dem Nichts zu kommen. Reiki fließt an sich absichtslos, es kann aber sehr kreative Auswirkungen haben. Der Bezug vom Strömen der Reiki-Kraft zum Schaffen von Kunst läßt sich zwar nicht direkt beweisen, als Umkehrschluß aber auch nicht widerlegen.

Doch so viel ist sicher: Kunst kommt von Kreativität. "Die Kunst" liegt bei allem nicht nur in der Schönheit, sondern auch in der Einfachheit, und der Weg dorthin, zur Gestaltung, führt sicher auch durch die Erkenntnis, nichts mehr um jeden Preis erzwingen zu wollen - beruflich-materiell nicht, privat-kreativ nicht und im zwischen-menschlichen Bereich am besten erst recht nicht.

Ein Hauch von Lebenskunst und von Lebensfreude liegt in der Luft, wenn sich durch die Praxis des Reiki, egal auf welcher "Grad-Ebene", eine gehobene Atmosphäre einstellt. Also genießen wir sie doch einfach, vertrauen wir auf die innere Führung bei unserem Tun und Nicht-Tun und freuen wir uns daran, daß wir es bei unseren Selbstfindungs- und Gestaltungsprozessen eindeutig mit der Energie des Herzens zu tun haben, die es am ehesten fertig bringt, Menschen zu verbinden.

Und wenn etwas zu Herzen zu gehen vermag, dann sind es zum Beispiel die Kompositionen von Bach, die Werke, die kosmisches Bewußtsein repräsentieren und transportieren.

Den Werken von Bach zu lauschen, mit offenen Sinnen, "mit oder ohne Reiki", schließt uns als Hörer und/oder Interpreten an das Große an, an die große Quelle, aus der alles stammt.

Die Chinesen nennen es *TAO*.

"DAS TAO DES REIKI" - IST GELEBTE LEBENSKUNST

Wohl jeder Mensch möchte sich in irgendetwas geborgen fühlen, um sich aus dieser Geborgenheit heraus mit dem Schicksal arrangieren zu können. Das Leben verlangt immer wieder neue Entscheidungen, doch die immer komplexer, immer undurchschaubarer werdenden Zusammenhänge und Hintergründe unseres Lebens in der modernen Gesellschaft machen das immer öfter unmöglich. Wer an Gott glaubt, ihm das Geheimnis des Lebens zuschreibt und ihm das eigene Schicksal in einer gewissen Demut anvertraut, lebt auf diese Weise sicher unbeschwerter als ohne eine Stütze wie diese. Denn ohne diese Stütze gilt es, die bitteren Pillen des Lebens eben ohne einen höheren, gar omnipotenten Beistand im Hintergrund schlucken zu müssen.

Der dem einen Gott anvertraute Fluß des Lebens der Christen findet in gewisser Weise ein Pendant im Tao, dem unermeßlich Einen. Und für die Menschen, die Reiki praktizieren, wäre unter dem "Tao des Reiki" ganz in Anlehnung an das weltberühmte *TAO-TE CHING* des chinesischen Weisen Lao-Tzu aus dem 6. vorchristlichen Jahrhundert absichtsloses Handeln zu verstehen. Und das betrifft auch die Rückkehr aller Dinge - also auch unserer persönlichen Belange - zu ihrem Ursprung, denn auch das ist eine essentielle Qualität des Tao. Vom Begriff her steht das "Tao" für den Weg und das "Te" für Tugend und Kraft, und auch das ist etwas, was sich im Zusammenhang mit Reiki übernehmen läßt. "Der Weg" wird auch im Reiki zum Ziel und das Umgehen mit Reiki-Techniken und mit den Reiki-Symbolen wird an der Meßlatte der Tugend abgelesen.

Aber mit diesem kleinen Einschub soll nicht die Vorstellung verbunden werden, das "Reiki-Tao" in die "Reiki-Terminologie" einzugliedern.

Es soll nur - wie vieles andere in diesem Lesebuch über die Reiki-Kraft auch - verdeutlichen helfen, was Reiki ist. Und hier ist auch wieder der Hinweis auf die Streichung des Begriffes "Reiki-Meister" im bisherigen Sprachgebrauch zu geben, denn was wäre als erreichbare Qualifikation im taoistischen Sinne z. B. auf dem Reiki-Weg möglich.... höchstens so etwas wie ein "Reiki-Taoist". Und er würde sich nicht "Meister" nennen.....

Der wahre spirituelle Meister (und der kleine Ausflug ins Tao soll hier einmal mehr auf diesen Gipfel menschlicher Entwicklungs-möglichkeiten hinweisen) muß leer sein, besser gesagt, er *ist* leer. Er ist ein perfekter Kanal für die transzendenten Energien, die uns aus dem Grau des Alltags zu erheben vermögen. Die Leerheit der Erscheinungen... ist sie nicht das, was wir "das Nichts" nennen? - Schon Karl der Große wollte von den Gelehrten, die er um sich versammelte, wissen, was das Nichts sei... Der Meister ist Leerheit, der Meister ist Bewußtheit. - Dem als Reiki-Lehrer nachzueifern, ist eine schöne Aufgabe.

Doch im Bereich des Reiki gibt es sehr viele Menschen, die weder Reiki-Lehrer werden wollen, noch sehr viel Interesse für spirituelle Meister aufbringen können, weil das alles für sie viel zu weit entfernt ist. Und das ist vollkommen in Ordnung und verständlich, und deshalb geht es auch wieder normaler weiter mit der Frage, ob jeder aus dem Nichts heraus kreativ sein kann. Denn das ist nicht nur das Thema des Buches, sondern eine für das ganze Leben entscheidend wichtige Frage.

Reiki bringt Lebensfreude, und gesteigerte Freude am Leben schafft neue Möglichkeiten, das Leben wirklich zu leben und unter Umständen endlich einmal zu genießen. Das ist es, worum es in diesem Buch geht: Um die Kunst, zu leben und daß das Leben ein Kunstwerk sein kann und sein möchte.

Lebenskunst heißt, Neues zuzulassen, zu suchen, zu schaffen, zu kreieren. Kreativ sein ist ein Ausdruck von Lebenskraft - und wenn Lebensfreude dahintersteckt, ist Kreativität ein Erfolgs-Erlebnis.

Für dieses individuelle Gelingen bedarf es keines Glaubens, wohl aber eines Maßes an Selbsterkenntnis. Auch gesunder Menschenverstand kann dabei nicht schaden.

Reiki hilft allen Schülerinnen und Schülern aller Grade (und natürlich auch den Lehrern und den sogenannten "Meistern") dabei, den passenden Platz im Gefüge des ganzheitlichen Daseins zu finden. Das hört sich vielleicht mal wieder allzu normal an, aber genau das ist es ja, dieses Tao des Reiki...

Kreativität und Lebenskunst liegen dicht bei einander. Sie kommen wahrscheinlich aus dem gleichen Atelier des großen Schöpfers. Lebenskunst kommt von Leben und beinhaltet das Verständnis, daß man all das, was man für sich selbst beansprucht, auch anderen in gleicher Weise zuzugestehen hat. Mit der Ausbeutung oder gar der Unterdrückung anderer hat Lebenskunst also ganz sicher nichts zu tun, bestimmt aber etwas mit einem großen inneren und äußeren Raum, in dem alle anderen - mit mir - viel Platz haben.

Lebenskünstler leben - gern - länger als einfallslose, ängstliche Normalbürger, die sicher auch gern mal "etwas anders" wären, die die Künstler, gar die Lebenskünstler heimlich und manchmal sogar sehr offensichtlich sehr beneiden. Vielleicht ahnen sie ja auch, daß `diese Unangepaßten´ einfach auf das dumme Gerede von Nachbarn pfeifen, sich selbst genießen, ohne andere in ihrer Freiheit einzuschränken (wie es seit Rosa Luxemburg in das allgemeine Bewußtsein eingegangen sein sollte) und eher sogar noch durch ihr Vorbild zu eigener Lebensfreude animieren.

Lebenskünstler haben nachweislich bessere Chancen auf ein gesundes und langes Leben als die ewig schlecht gelaunten Leute, die meinen, schön unauffällig und brav angepasst zu leben, sei die Eintrittskarte in den Himmel.

Sehr zum Ärger der Ängstlichen, der Braven, genießen die ungehörig Unangepassten nicht nur ihr Leben mehr als andere, nein, sie sind auch noch ungeheuer selbstbewußt. Nicht jeder kann es, aber jeder kann es sich wünschen bzw. vornehmen, das eigene Leben kreativ in die eigenen Hände zu nehmen.

Eine kreative Lebensführung mit der Tendenz zu gelebter Lebenskunst ist ein Grundlagenbeitrag zu selbstverantworteter Gesunderhaltung.

Aus dem Großen schöpfen und selbst etwas schaffen, vielleicht erst einmal etwas Kleines - das ist wohl der Beginn einer Kreativität, wie sie im Zusammenhang mit Reiki zu beschreiben wäre. Das Große, die Ganzheit, das Nichts, das Tao, das All-Einssein, Gott, das Nirvana, der Kosmos - es meint wohl alles das gleiche; doch beginnen muß jeder bei sich selbst, ganz egal, mit welcher Erklärung, welchem Weg, welchem Begriff oder Namen er glaubt, sich am besten motiviert aufmachen zu können. Kreativität schlummert in jedem menschlichen Wesen, doch sie ist oft arg verschüttet oder sogar bei Strafe - nicht selten aus vermeintlich guten religiösen Gründen - zurückgehalten worden.

Nun sind leider sehr viele Menschen so dermaßen unselbständig, von jahrzehntelangen Arbeitsprozessen ausgelaugt und auch noch anderweitig manipuliert und konditioniert, daß sie zwar kreativ sein möchten, kreativ leben möchten und sehr von einer wunderbar belebenden und erfüllenden Lebenskunst schwärmen können, selbst aber gar nicht wissen, wo sie beginnen könnten.

Für alle diejenigen, die aus den eingefahrenen Abläufen und Aktionen des Tages nicht direkt in den kreativen Schaffensprozeß und den einer Lebenskunst entsprechenden Lebenswandel übergehen können, ist es hilfreich, sich selbst überhaupt erst einmal zur Ruhe zu bringen. Hierfür gibt es die verschiedensten Möglichkeiten, gerade auch im Sinne einer Soforthilfe (siehe Literatur des Autors). Es ist ein ganz normaler Vorgang, sich einmal bewußt an Augenblicke zu erinnern, die voller angenehmer Gefühle waren, in der die Welt sozusagen in Ordnung war. Weitere Empfehlungen könnten lauten:

Versuche, Dich an den Ort zu erinnern, an dem Du diese Verbundenheit mit dem Leben, diesen Einklang mit Dir selbst erfahren hast. Vielleicht erinnerst Du Dich auch an die Menschen, mit denen Du zusammen warst in diesen angenehmen Momenten.

Frage Dich, was zur angenehmsten Situation ganz besonders beigetragen hat. Versuche, Dich daran zu erinnern, wie sich dein Körper angefühlt hat. - Dann halte inne, schließe die Augen und spüre nach innen.

Überlaß´ Dich dem, was sich in dir zeigt, aber reagiere nicht darauf. Laß´ aufsteigende Gedanken oder ein sich ausbreitendes Gefühl einfach da sein. Wenn es Dir gefällt, öffne die Augen wieder. - Es kann sein, daß Dir plötzlich eine gute Idee kommt, die Du Dir merken solltest, und es können sich bei einer kleinen Innenschau auch auf einem gewohnten Spaziergang - durch die "nach oben" signalisierte Offenheit für etwa Neues kreative Impulse einstellen. Deine Aufnahmebereitschaft kannst du in diesem Sinne trainieren. Genieße einfach, was geschieht und erfreue Dich an dem, was du da vielleicht erstmalig in dieser bewußten Weise tust. Laß´ alles ganz simpel und so ungezwungen wie möglich sein.

EINSAMKEIT IST EINE CHANCE ZUM ALLEINSEIN

Dieses Buch ist nicht wie die drei vorangegangenen Bücher über Reiki darauf angelegt, in erster Linie Fakten zu vermitteln. Das Hauptaugenmerk liegt hier darauf, ein Besinnungsbuch vorzulegen, das zum Nachdenken und Nachforschen anregt - und das nicht nur über Reiki. Und insofern soll dieses Buch auch nicht der direkten Informationsvermittlung dienen, sondern es will größere Zusammenhänge unseres Daseins darstellen, in denen sich jeder Einzelne mehr oder weniger freiwillig befindet.

Um die Botschaft der Reiki-Kraft auf diese Weise transportieren zu können, mußte in einigen Bereichen weiter ausgeholt werden, um den einen oder anderen Menschen dort zu erreichen, wo er oder sie anzutreffen und anzusprechen ist. Und da Reiki eine kinderleichte Sache und obendrein das Geburtsrecht jedes Menschen ist, sind die Bögen der Betrachtungen weiter geworden...

Ein ganz wesentliches Thema in unserer kalten Zweck-Gesellschaft ist für sehr viele Menschen die Einsamkeit. Tausenden hat Reiki gerade in dieser Hinsicht neuen Halt gegeben, und deshalb soll hier auch dazu etwas gesagt werden.

Das Problem beginnt für viele mit der nicht gerade angenehm klingenden These, daß jeder Mensch sich sein Leben selbst geschaffen hat und es in jedem Augenblick auf's neue aus sich selbst heraus kreiert. Andererseits wird uns alle Jahre wieder besonders in der Vorweihnachtszeit von vereinsamten Menschen berichtet, von Alten, von sogenannten Obdachlosen und den Gestrauchelten, Geschlagenen. Nicht jeder von ihnen kann für seine Situation verantwortlich gemacht werden, und Mitgefühl und Hilfe verdient jeder, der in Not ist. Darüber kann es natürlich keinen Zweifel geben.

Das Thema Einsamkeit ist so elementar und entscheidend wichtig für das Verständnis des ganzen Buches, daß hier unbedingt noch tiefer nachgefragt werden muß.

Es gibt Bürger unter uns, die sich von allen pikiert abwenden, die nicht ihrem eigenen gerade aktuellen Zustand entsprechen. Diese Selbstbezogenheit wird nicht selten noch überboten von der arroganten Einstellung, daß ihnen nie derartige Mißstände und Erscheinungsbilder widerfahren könnten. Gesichter von Passanten in den Fußgängerzonen immer gerade vor Weihnachten geben interessante Aufschlüsse über den Ist-Zustand unserer Gesellschaft und seiner Mitglieder, wie weit drin oder draußen sie alle auch sein mögen. Und wer da unter all den vielen Menschen geht, steht, flaniert, sitzt oder liegt hat Gelegenheit, über die Einsamkeit inmitten der Masse zu kontemplieren. (Die Liegenden und die Flanierer werden es wohl am allerseltensten tun...)

Einsamkeit wird in den Medien zuweilen aufgrund fehlender aktueller Aufreißerthemen bemüht, um einmal leisere Töne anzustimmen. Nur sind es keine freudenvolleren als beim letzten Thematisieren und andere als sonst sind es auch nicht, denn Einsamkeit wird als Mangel an Lebensqualität verkauft. Wer darunter leidet, ist also ein armes und bemitleidenswertes Geschöpf mitten unter uns. Eine neue Form freiwilliger Einsamkeit ist die des "Internet-Glotzers". Für ihn oder sie ist es die pure Freude bis hin zur Sucht.

Die Frage ist, ob er oder sie sich dabei einsam fühlt, oder ob das alles so toll ist, daß man gern dabei mit sich (und all den unzähligen Seiten der anderen) allein ist. Das ist überhaupt der ganz große Knackpunkt: Bin ich "*einsam*" (ohne andere) und fühle ich mich deshalb schlecht, oder bin ich (mit mir) "*allein*" - und fühle ich mich damit gut?

Stellt man einmal der vorherrschenden einseitigen Betrachtungsweise z. B. die Tatsache gegenüber, daß es in unterschiedlichen Kulturen Menschen gab, die sich auf Jahre hin vorwiegend im klösterlichen Umfeld regelrecht einmauern ließen, um allein zu sein, dann bricht plötzlich eine neue Dimension auf, die besagt, daß Isolation nicht zwangsläufig negativ sein muß. Die Religionen kennen das Sich-Zurückziehen als "retreat". Im tibetischen Buddhismus ist das für über drei Jahre im Rahmen spiritueller Selbstfindung noch heute obligatorisch.

Kann man aus einem Blickwinkel der Freiwilligkeit heraus behaupten, daß sich Menschen in bedrückenden Situationen der Einsamkeit es sich geradezu schicksalhaft so ausgesucht hätten? Alte Menschen vereinsamen sehr rasch, so lautet ein bekannter Einwand. Aber ist nicht in der Regel Jahrzehnte hindurch Zeit gewesen, liebevolle Kontakte zu Mitmenschen zu knüpfen, zu wahren und auch über die Schwelle des Alt-Werdens hinaus wieder neue entstehen zu lassen?

Die These an dieser Stelle lautet: Wer Reiki praktiziert, braucht auch nicht unbedingt im Alter einen Dackel als Lebensbegleiter und als Kommunikationsinhalt oder sogar als einzigen Freund. - Schlimm? Oder wahr? - Die Wahrheit schmerzt halt immer. - Oder sind Sie ein junggebliebener Single, bindungsfähig und immer sehr gesprächsbereit, anpassungsfähig und vielseitig interessiert - und doch einsam?

Was wir alle - jung oder alt - jederzeit oder auch immer wieder einmal neu erkennen dürfen, das ist die Tatsache, daß jeder aus seinem Käfig ausbrechen kann. (Man kommt selbst dann noch heraus, wenn man nicht mehr laufen kann.) Veränderungen auch dann noch bewirken, wenn man schon den vielzitierten Vorruhestand erreicht hat!

Aber das Leben ist mehr als eine in der Regel entfremdete Arbeit. Kreativität im Alter in Verbindung mit allen Möglichkeiten neuer Kommunikation und endlich ohne lästige Chefs und nervtötenden Termindruck ist ein Geschenk an jeden, der nicht resigniert und stattdessen immer wieder zu neuen Ufern aufbricht mit der immer wieder neu belebenden Ekstase der eigenen Lebenskraft. Und um sie immer wieder neu auf eine ganz einfache und direkte Weise erleben zu können, hat uns die Existenz unter anderem mit Reiki als Methode und als Weg beschenkt.

Jeder Schritt hinein in die Veränderung und Expansion ist ein Mosaikstein auf unserem Weg der Selbstbefreiung, auf dem wir alle schließlich und endlich selbstbewußt, frei, kreativ und glücklich mit uns selbst sein werden. Alte eingefahrene Gewohnheiten loslassen!

Das ist dabei Aufgabe und Grundlage allen Gelingens. Und die Bedürfnisse sind verschieden und sie sind auch nur schwer vergleichbar. Einsamkeit muß nicht sein, Alleinsein mit allen positiven Möglichkeiten ist für manche Menschen ein lange gehegter Wunschtraum.

Aus Einsamkeit kann immer das Alleinsein als die transzendente Form (und das ist sie) entstehen. ----- Wenn eine wachsende Einsamkeit immer depressiver macht und einfach nur rückwärts gewandt ist, dann ist die Kraft des Alleinseins generell positiv und meist auch auf das konstruktive "*Voran*" ausgerichtet. Es gibt natürlich unendlich viele gute Gelegenheiten, um mit Intelligenz und frischem Lebenswillen, mit Witz und spontanen kreativen Ideen den auf Dauer beklemmenden Zustand der Einsamkeit umzudrehen beziehungsweise zu sublimieren in einen Zustand gelassener Zufriedenheit mit sich selbst, doch ganz vielen Menschen gelingt das trotz aller bisherigen Angebote nicht.

Das ist natürlich bei vielen anderen Beschäftigungen auch so, aber Reiki hat einen entscheidenden Vorteil im Vergleich zu allerlei lustigem Zeitvertreib oder auch durchaus sinnvollen Betätigungen: Reiki bringt den Menschen in den bewußt erlebten Kontakt mit Universeller Lebensenergie, und die Erlebnisse damit können nicht so schnell verblassen. Die in den Reiki-Einweihungen übertragene Energie kann auch nie mehr verloren gehen; sie kann höchstens vorübergehend in Vergessenheit geraten. - Und zu gegebener Zeit wird sie wieder voll aktiviert in Erscheinung treten, neue kreative Phasen anregen und ein Gespür für Lebenskunst vermitteln.

Aus dem Alleinsein, dem kreativen Mit-Sich-Selbst-Sein kann nur schwerlich ein Rückschritt in die Einsamkeit passieren, denn wer sich selbst kreativ erlebt und damit auch ein Stück von der Lebenskunst verwirklicht hat, kann nicht zurück. Wem das Schicksal eine schwere Krankheit wie MS, Aids oder Krebs verordnet hat, mag hier einwenden, daß ein Punkt kommt, an dem so gut wie nichts mehr geht, an dem auch kein Wille mehr da ist, keine Kraft, keine Hoffnung und keine eigene Initiative - und schon gar keine Lust auf irgendwelche kreativen ...„oder gar spirituellen Prozesse". Ja, natürlich ist es so. Unser aller Leben ist begrenzt und es ist nach höheren Gesetzen ausgerichtet, es ist gefährlich, und es endet obendrein unweigerlich mit dem Tod. So ist es und jeder weiß es, aber nur die wenigsten Menschen leben entsprechend.

Gerade das Wissen um die begrenzte Spanne, die wir, zumindest dem Verständnis der drei großen monotheistischen Religionen zufolge, zur Verfügung haben, läßt den gesunden Menschenverstand nach Mitteln und Wegen forschen, um eines Tages der Erkenntnis unseres Daseins möglichst nahe zu kommen, das Alleinsein mit sich selbst schätzen zu lernen als eine Gelegenheit zur Selbstbegegnung, zu einer umfassenden Selbsterkenntnis.

"Einsamkeit und Alleinsein" als ein Gespann im Alltag und auch als eine "spirituelle Angelegenheit" sind wie das Pendant "Meditation und Kontemplation" als eine willkommene Herausforderung zu sehen, die der Entwicklung unserer Bewußtheit und Lebensfreude dient. Und so könnte - ganz "jenseits eines intellektuellen Kinos", das immer wieder vergeblich versucht, die Wirklichkeit zu zeigen - ein vereinfachter Aufruf an heute noch verbitterte und verstockte Einsame, die noch können, wenn sie nur wollten, lauten:

Sei nicht verbittert, bleibe lebendig.
Sei nicht wütend, sei produktiv.
Versinke nicht in Deiner unproduktiven Einsamkeit.
Werde im Allein-Sein wieder aktiv.
Gestalte Dein Leben neu. Du kannst es.
Komm heraus aus der Einsamkeit und erkenne deine Chancen, die in Deinem Allein-Sein liegen.
Im Allein-Sein liegt eine große Chance, kreativ zu sein.
Nur wer kreativ lebt, kann auch wirklich erfüllt leben.

Das Motto heißt also: Von der Einsamkeit zum All-Eins-Sein.

(Wenn Sie das Gefühl haben, sich beim Lesen jetzt Notizen machen zu wollen, folgen Sie diesem Impuls. Vielleicht haben Sie ja sogar noch ein bisher unbenutztes Notizheft oder Diary...)

EINE KLÄRUNG –
WAS KANN ES DENN SEIN – DIESE LEBENSKUNST...

Die eigenen Möglichkeiten zu erkennen, vor sich selbst in dieser Hinsicht ein Stück auf dem Weg aufzuwachen und zu erstarken heißt, das Gefühl schmerzlicher Einsamkeit gegen die Kraft beglückenden Allein-Seins eintauschen zu wollen.

Viele große Künstler haben aus Seelennot, vereinsamt und halb verhungert große Kunst (zumindest nach heutigen Maßstäben) geschaffen, aber die große Frage ist, ob sie dabei über den Schaffensprozess hinaus zufrieden mit sich waren, gar glücklich und im Einklang mit sich selbst. Hat ihnen ihr Schaffen den Weg geöffnet zu kreativer Lebenskunst im allgemeinen? War die Kunst Wegbereiter höherer Erkenntnis, ein Durchbruch über menschliche Ebenen hinaus? Noch weiter gefragt: War ihre Kunst ein Wegbereiter der Meditation?

Die Kunstepochen und ihre Titanen können in diesem Buch nicht Gegenstand der Betrachtung sein, und für die Reiki-Praktizierenden geht es darum, Lebenskunst zu kultivieren. Wenn im Ausnahmefall in kreativen Prozessen dabei Kunst entsteht, dann ist es wunderbar, aber niemand sollte es sich zum Ziel setzen, die Ebenen höherer Kunst erreichen zu wollen, ohne vorher den Boden entsprechend bereitet zu haben. Selbst wenn wir über Reiki-Techniken verfügen, werden sich keine Wunder in Form von neuen Marmorskulpturen der Neo-Renaissance aus dem Ärmel schütteln lassen. Das sollte niemand vergessen, der vielleicht dazu neigt, mitunter etwas zu schwärmerisch und zu wenig nüchtern an die Dinge heranzugehen. Die Wahrheit liegt in der Mitte, auf einem Weg der Mitte. Dort ist auch die Stille im Innern zu finden.

Wer die Reiki-Selbstbehandlung (mit oder ohne die Zuhilfenahme von Symbolen) oder das "Behandelt-Werden" durch andere genießt und immer bewußter erleben kann, erfährt auch immer etwas von der großen Stille, von der unser Geist ein Teil ist. In der Kraft der Stille liegt auch der Zugang zur Energie des Herzens, die auch Reiki heißt. Im Einklang mit sich selbst zu sein, ist ein Ansporn, die eigene Ausgangsposition sowohl für Reiki als auch für kreatives Schaffen zu klären.
Fragen Sie sich also:

"Was kann ich heute dafür tun?"
"Was kann ich im Laufe der nächsten Wochen dafür tun?"
"Bin ich wirklich bereit, etwas zu tun?"
"Inwieweit möchte ich in meinem Leben etwas verändern?"
"Habe ich wirklich Lust, mich kreativ zu betätigen?!"

Es gibt Menschen, die weitgehend fremdbestimmt gelebt haben, für die Kreativität ein Fremdwort ist und die Lebenskunst für etwas Heidnisches halten. Doch wenn einmal ein Funke überspringt, das innere Feuer entzündet, dann wird "es" sicher wie von selbst gehen. Es ist sicher gut, nichts Besonderes zu wollen oder zu erwarten, sondern sich dem zu überlassen, was mit einem geschieht, was man da so macht auf einmal.

Das Mit-Sich-In-Stille-Sein, das In-Sich-Allein-Geborgen-Sein läßt sich anfangs vielleicht am besten in der Natur erleben. Man sollte auf jeden Fall Geduld mit sich haben und sich nicht gleich vornehmen, aufgrund des entstandenen Interesses für diese Dinge ganz plötzlich und gleich mitten im Alltagsgetriebe ein Ruhepol der Harmonie oder ein Kraftquell der Kreativität zu sein. Vielleicht sind zunächst einmal neue Antworten auf Fragen wie diese angebracht:

Was ist mir als Nächstes in meinem Leben wichtig?
Was möchte ich darüber hinaus erreichen?
Wovon muß ich mich noch befreien, um das
erreichen zu können, was ich mir wünsche?
Was bereitet mir in meinem Leben Freude,
und was verschafft mir innere Befriedigung?

Jede andere Frage, die Ihnen spontan einfällt und die Sie beschäftigt, ist wichtig. Schreiben Sie sie sich auf. Und lassen Sie sich genug Zeit. Genießen Sie Ihre Vorstellungskraft, um sich jetzt oder später einmal mit Ihren Fragestellungen zu beschäftigen.

Eine Innenschau wie diese ist ein sanfter Selbsterfahrungsprozess, der mit einer starren Persönlichkeitsanalyse nicht zu vergleichen ist. Von daher braucht auch niemand Angst zu haben, denn es geht keinesfalls darum, nun irgendeinen eventuellen „psychischen Knacks" offensichtlich werden zu lassen. Reiki ist eine sanfte Methode und ein stiller Weg, und diese kleinen Vorschläge zur Selbsterkundung geben einen Vorgeschmack auf die Praxis des Reiki, die jeder immer selbst bestimmt. Beweggrund aller Selbsterforschung zur Verbesserung der Lebenssituation kann immer nur sein, die segensreichen Auswirkungen der Reiki-Praxis zu erleben, die ganz sicher nicht zwangsläufig auf mystische Grenzerfahrungen hinauslaufen muß.

Auch wenn Universelle Lebensenergie als ein mystischer Begriff erscheinen mag, so ist doch alles eigentlich ganz einfach: Wer ein Gefühl für Reiki hat, weiß, was loslassen ist, und kann im Strom kreativen Geschehens zuschauen. Und wer über kreative Prozesse hinaus sein ganzes Leben mehr oder weniger von außen betrachten kann, sieht es in einem erweiterten Zusammenhang. Das eigene Leben betrachten und im Strom der Energie bleiben, gilt als beste Voraussetzung dafür, kreativ zu leben. So kann das ganze Leben mit seinen kleinen und großen Ereignissen zum ganz persönlichen Kunstwerk werden. Und so schließt sich der Kreis.... von Reiki zur Lebenskunst. Doch vor die Lebenskunst hat der Herrgott offenbar die Kreativität geschaltet.

DER KREATIVE PROZESS

Viele Menschen behaupten von sich, daß sie sich um kreative Lern- und Wachstumsprogramme überhaupt nicht zu kümmern brauchen, weil sie sowieso kreativ sind, und das besonders unter dem Einfluß von positivem Stress.

Es gibt Berufsbilder, in denen ein großer Erfolgs- und Leistungsdruck nicht umgangen werden kann, und somit sind ständige Ängste und Sorgen hinsichtlich des Gelingens von Tag zu Tag oder von einem Projekt zum nächsten Routine. In ihr findet viel Kreativität statt, was niemand bestreiten möchte, nur handelt es sich in diesen Fällen um Erscheinungen, die in diesem Buch nicht gemeint sind.

Wer unter Druck und Stress zur Leistung gezwungen wird, wem im Arbeitsalltag nichts anderes übrig bleibt, als sich ständig immer wieder die tollsten Sachen aus den Rippen zu schneiden, dient einer kurzfristigen Form einer verfliegenden "Panikkreativität", die vielleicht auch gar keinen Bestand hat. Wahrscheinlich ist die Gesellschaft auf diese Art von Leistungen noch angewiesen. Doch es ist ja nicht ausgeschlossen, daß selbst in den hier erwähnten Bereichen die Form von Kreativität Einzug halten könnte, die nicht nur einer Not und einem Erfordernis gehorchend Probleme löst. Und wer fragt danach, wie lange ein Mensch eine hohe Leistung erbringen und dabei gleichzeitig ein unabdingbar erforderliches Mindestmaß an Harmonie in sich bewahren kann?

Kreativität hat viel mit Hingabe, Rezeptivität, innerer Ausgeglichenheit und einer gewissen Stille zu tun. Das Handeln und Kreieren, besser gesagt das kreativ-meditative Nicht-Handeln in kreativen Abläufen, ist ein überaus wertvoller Aspekt menschlicher Tätigkeit, der allerdings leider aus materiellen Gewinninteressen heraus in einer das Individuum letztlich schädigenden Weise korrumpiert wird. Wenn sich auch über diese Dinge ein neues Bewußtsein verbreitet, was in anderen Bereichen auch längst verwirklicht, vorher allerdings für lange Zeit für unmöglich gehalten wurde, dann muß der hier angedeutete Ansatz einer auf Hingabe, Stille und Meditation beruhenden Kreativität auch für breitere Kreise und Berufsbilder keine Utopie bleiben.

Kreative Aktion und meditative Intuition sind zwei Seiten ein- und derselben Münze. Deshalb kann eine auf Stress und Panik beruhende "Pragmatismus-Kreativität" letztlich nur auf tönernen Füßen stehen. Wer froh sein muß, sein Pensum wieder einmal geschafft zu haben, ist sicher (ohne viele angenehme Gedanken an den Stress eben noch) auf dem Weg nach Hause froh, einmal mehr einen Arbeitstag überstanden zu haben.

Der Wunsch vieler berufstätiger Menschen nach ruhigeren Zeiten läßt sich derzeit oft erst im Rentenalter realisieren, und für manche, die den Übergang vom verlangten Supereinsatz zum erwarteten Untätigsein oder Nichtstun als Rentner nicht ganz reibungslos zu bewältigen vermögen, findet die Zeit der Muße nur noch im Sarg statt. Das klingt furchtbar, es ist aber schlichtweg so. Das ist umso bedauerlicher, als jeder kreative Akt in seinem selbstvergessenen Geschehen den Weg zum eigenen Innern immer wieder erschließt, in sich einen Kreis schafft von Kreation und Meditation, von stets frischer Lebendigkeit - ein Jammer, daß das nicht mehr erkannt und genutzt wird.

Dieses Buch spricht von einer Dauereinstellung, und zwar in bezug auf alles im Leben, auf alles Tun und Nicht-Tun. Und da ist es auch unerheblich und macht keinen Unterschied, ob wir im Supermarkt einkaufen, ein Auto fahren, etwas schreiben, das Geschirr spülen, aus dem Fenster sehen oder ein Bild malen.... alles hat die Qualität des Kreativen.

Hier erwartet ein großes Geheimnis der Alltagswelt von uns, erkannt und umarmt zu werden. Es ist die Freude im Alltag, und sie ist ein Bestandteil urchristlichen Glaubens, denn alles ist in Gott und dient ihm und kehrt zu ihm zurück. Die Hinwendung zum Schöpfer hat ihr Pendant in der Lehre des Zen, die uns lehrt, die kleinste Verrichtung mit größter Aufmerksamkeit zu erleben.

Beobachten können wir uns in beidem, im Loben und Danken, Opfern und Dienen ebenso wie im Geschehenlassen des Nicht-Tuns. Zen ist einfach faszinierend, denn die Bewußtheit auf die kleinsten Dinge und Abläufe vermag das Weltall zu durchdringen, und das ist nicht zu übersehen, sobald wir auch nur etwas Gespür für die Tiefe der alltäglichen Wirklichkeit entwickelt haben.

Wer mit einhundert Prozent Aufmerksamkeit das Auto wäscht oder die Hemden bügelt, hat nicht nur mehr vom Leben und ist auch immer in einer kreativen Grundstimmung, er berührt vor allem den Kern der Dinge, durchdringt den Schleier und trifft immer mitten ins Schwarze.... und sieht vor allem das, was ist!

Kreativität ist mehr, als ein schönes Blumengebilde zu binden, eine farbenfrohe Bettdecke zu weben oder einen alten Wohnwagen mit ausgefeilten Airbrush-Techniken interessant zu lackieren. Das alles ist sehr schön und macht viel Spaß und bringt viel. Doch Kreativität ist über das ganz konkrete Gestalten von schönen Dingen, die uns erfreuen, eine grundsätzliche Lebenshaltung für jeden Vorfall und für alle Fälle und für jeden Moment des Tages. Und deshalb ist es eigentlich traurig, daß oftmals kreative Kapazitäten wunderbarer künstlerisch begabter Menschen dafür verschlissen werden, um irgendwelche nichtssagenden aber angeblich irrsinnig wichtigen Werbe-Flyer zu entwerfen..... zum Beispiel.

Das Leben ist nur dann ein Kunstwerk, wenn man jeden Moment kreativ ist und sich in jedem Moment in einer meditativen Grundstimmung befindet.

Kreativität und Meditation führen uns zu einer befriedigender werdenden Kreation in unserem Leben, sie lassen uns auch immer feinere Inspirationen wahrnehmen und befolgen.

Die wirkliche Befriedigung, die wir in unseren Kreationen und in unserer grundsätzlichen Lebenshaltung empfinden, ist der eigentliche Grundpfeiler der Lebenskunst.

Vor vielen Jahrzehnten kam einmal ein Motto auf, das unserer heutigen jungen Generation spießig und idiotisch erscheint, aber "dieser Slogan" in der damals entstehenden Turnbewegung drückt genau das aus, was Kreativität und Lebenskunst im Sinne Universeller Lebensenergie sind, nämlich "frisch, fromm, fröhlich und frei". Genau das ist es, was eine Geisteshaltung ausmacht, die einen kreativen Weg beschreitet. Und vielleicht werden damit ja Wunder wahr, die heute nur Träume sind.

Gibt es so etwas wie einen kreativen Prozess, in den man hineinwachsen kann, der beeinflußt oder gar gesteuert werden kann? Das kann sich jeder Leser hier einmal selbst fragen. - Ist Kreativität erlernbar, und wenn ja, wie?

Betrachtet man den Reiki-Prozess, also das Hineinwachsen in eine Kraft und Schwingung, die vor der ersten Einweihung durch den Reiki-Lehrer so noch nicht da war (in aller Regel.... und von der großen Ausnahme der Naturtalente hier einmal abgesehen), so wird sofort eines klar: Wir können und sollen Impulse setzen, etwas anstoßen, in Bewegung bringen, und uns dann leiten lassen und zunächst einmal nur zuschauen - bis die nächste Etappe beginnt, deren Beginn sich dann im Innern intuitiv bemerkbar machen wird.

Grundsätzlich wird der Reiki-Praktizierende zum Zuschauer, doch das werden viele erst dann einsehen, wenn es mit der Verwirklichung ihrer Vorstellungen bis hinein in kleine Einzelheiten nicht klappt. Dann jedoch beginnt die wirkliche Tiefe der Selbsterkenntnis mittels des Reiki-Prozesses.

Der Schüler handelt, probiert diese und jene Technik in dieser oder jener Situation, wird aber "dahinter" zum Zuschauer. Und dabei kann eins früher oder später gar nicht ausbleiben: Er/sie beginnt, sich selbst mehr als eine Gesamtheit zu sehen. Körperwahrnehmungen, Gedanken, Gefühle, plötzliche Einfälle, tiefe Ahnungen - alles erscheint klarer und näher zusammen. Allein das ist schon entspannend.

Wie also anfangen? Der Tipp in einem Reiki-Buch kann nicht naheliegender sein: Geben sie sich Reiki, lassen Sie eine ausgiebige Selbstbehandlung in schönem Rahmen zum Ausgangspunkt kreativer Ideen werden. Nehmen Sie die Entspannung in sich auf, nehmen Sie sie mit in die anschließenden Beschäftigungen, lassen Sie sich tragen von der inneren Ruhe und Kraft, die die Schwingung in Ihnen bewußt gemacht hat.

(Kraft und Ruhe sind im Prinzip ja immer da, nur wir achten nicht darauf.... wir richten allzu oft die Aufmerksamkeit auf das Gegenteil... auf Schwäche, Unruhe, zerstreute Energien, auf Mißlingen, Unfrieden und Angst.)

Der neue Blickwinkel, aus dem Sie sich als Reiki-Praktizierende selbst sehen, kann ausgeweitet werden auf den Bereich, in dem Sie schöpferisch tätig sein möchten.

Jedes Kreativ-Sein kreiert Sie selbst zu einem Wesen, das Teil hat am Universellen Schöpfungsgeschehen - jeden Tag wieder neu und immer wieder neu erfüllend.

Der Reiki-Prozess bewirkt früher oder später immer einen Wandel, und alle kreativen Auswirkungen materieller und nichtmaterieller Art bestätigen das ganz deutlich. Und: Nehmen Sie sich Zeit, Ihr Tun zu reflektieren!

Wenn die eigenen Ziele mit den höchsten allgemeinen Zielen im Einklang sind, erleben wir eine wunderbar erfüllende Ganzheit in uns.

Die Richtigkeit dessen, was wir verfolgen, gibt eine unübersehbare Kraft, und wir staunen immer wieder darüber, wie schön, effektiv, einfach und fließend auf einmal alles sein kann. Diese individuelle Entwicklung wird für jeden anders sein, doch jeder wird fühlen, daß etwas sehr viel anders ist als früher.....

WERDEN SIE EINE LEBENSKÜNSTLERIN !
WERDEN SIE EIN LEBENSKÜNSTLER !

Es gibt Menschen, und die dürften zur Mehrheit gehören, die über ihr Leben nicht weiter nachdenken. Sie leben einfach schlecht und recht in den Tag hinein, erfreuen sich an dem, was ihnen Freude macht, und ärgern sich über das, was sie nicht für ihr Leben als passend ansehen. Nichts ist dagegen zu sagen. - Es bleibt höchstens anzumerken, daß mit dieser Mentalität weder eine selbstbestimmte Lebensintensität, noch Freiheit, noch eine beglückende und inneren Frieden schenkende Lebenskunst zu erwarten sein werden.

Eine intensive Beschäftigung mit dem Leben an sich stellt jedoch den Fragenden - und Fragen tauchen dabei sofort auf - von Anfang an auf die Probe, zum Beispiel dahingehend, ob er oder sie überhaupt gewillt ist, den Tag zu nutzen.... diesen heutigen Tag, in dem wir uns gerade alle befinden.

CARPE DIEM - nutze den Tag - ist als Aufforderung für dahinträumende Tagesschlafwardler eine ungeheure Provokation, die auch so manchen Braven verärgert. Ist das nicht eigenartig?

ARS VIVENDI ist die Lebenskunst, die sich für den Gourmet schon im Zusammenstellen eines perfekten Menus äußert - und nichts ist dagegen einzuwenden. Doch es muß ja nicht bei den Freuden des Gaumens bleiben. Die Kunst, das Leben in allen Schattierungen auch ohne den großen oder kleinen Luxus wirklich zu feiern, zeigt sich ganz deutlich in der Fähigkeit, das Leben an sich in jedem Moment zu zelebrieren.

ARS CELEBRANDI ist sozusagen das Abitur des Lebenskünstlers. "Tu das, was dir gut tut" ist eine alte türkische Weisheit, die der Entstehung der türkischen Badekultur zugeschrieben wird. Hamam hieß und heißt dieses Bad, und es verspricht den Badenden, sich in ihm wie neu geboren zu fühlen. Und genau das ist es ja auch, was wir von einem Konzept verlangen, das uns - zum Beispiel - über erlangte Lebenskunst echte Lebensfreude verspricht.

Die christliche Religion ist nach langem Sträuben und nicht zuletzt durch die neuesten Erkenntnisse der Gen-Forschung gezwungen, ihre Endlichkeit einzuräumen. Die alte von ihr übernommene Begrenztheit der Sicht sollte nun eigentlich niemand mehr dahingehend täuschen können, einen Anspruch auf absolute Auserwähltheit aufrechtzuerhalten. Hier liegt nach den Jahrhunderten schmählicher Unterdrückung ungezählter Wahrheitssucher voller Lebendigkeit und individueller Kompetenz die große Gelegenheit zu wirklich freier Entfaltung ohne Vorgabe einerseits und Beschränkung andererseits. Nun bleibt zu hoffen, daß nicht nur "Normalbürger" so wach sind, um eine *intellektuelle Intelligenz* einzusetzen, sondern daß gerade Entscheidungsträger in einem ganzheitlichen Sinne wach und offen genug sind – mittels *emotionaler Intelligenz*. Und das nicht nur, um die in Jahrhunderten verhärteten Blockaden abzustreifen, sondern mehr noch, um durch die von der Kirche im allgemeinen gelegten Schleier hindurchsehen zu können – *mittels spiritueller Intelligenz*.

Es kann nicht darum gehen, jede Gelegenheit zur freien Entfaltung auch wirklich zu nutzen. Auch wenn nun geradezu utopische Möglichkeiten labortechnisch wahr werden sollten (wogegen sich die Kirche wiederum zum Glück und berechtigterweise ausspricht), darf auch die Gen-Wissenschaft nicht Ansprüche auf quasi göttliche Potenzen erheben. Sie sollte auch den Menschen nur das mitteilen, was bisher wirklich erkannt worden ist.

Gerade in dieser für die Zukunft der Menschheit elementar wichtigen Frage sind alle wachen, kreativen, meditativen, starken und spirituellen Menschen aufgerufen, ihre Stimme zu erheben. Aber nicht nur gegen etwas, sondern für etwas einzutreten, ist mit Sicherheit auch für die Lebenskünstler kein Fehler. Schließlich wissen gerade sie, daß unsere Träume Vorboten dessen sind, was wir zu leisten vermögen, wenn wir uns dazu bequemen. Unsere Visionen von einem besseren Leben - für jeden Einzelnen und im kollektiven Rahmen - sind sozusagen nötige Trockenübungen auf einem Übungsfeld unseres Geistes, auf dem wir für die kommende Realität vortrainieren.

Das Einüben neuer Situationen im Stillen kann schon sehr über unbefriedigende Verhältnisse hinweghelfen, und die Umsetzung der Eingebungen ist dann ein wiederkehrendes Einmünden in die Gefilde der Lebenskunst. Es gibt für das Realisieren mitreißender Träume und Intuitionen gute Beispiele. Die bahnbrechenden Erfindungen, die das tägiche Leben einfacher und sicherer gemacht haben, kennt heute schon jedes Schulkind, aber es gibt auch andere Ebenen, auf denen individuell und kollektiv vorgearbeitet wurde. Vorgelebt wurde in einer Weise in Amerika zur Zeit der Flower-Power, wie Träume gelebt werden können, und wie emanzipatorische Bewegungen entstehen konnten, von denen immer wieder Impulse zur Verbesserung der gesellschaftlichen Bedingungen ausgehen.

Die Hippie-Bewegung hat der Welt gezeigt, wie unser Zusammenleben ein Stück schöner, friedlicher, kreativer und einfach lebenswerter sein kann. Einzelne sind damals wie schon die Avangarde früherer Epochen auf eine sanfte und liebenswerte Weise in eine Richtung vorausgegangen, von der heute die Generation der Jugendlichen sehr profitiert, auch wenn das nicht mehr besonders herausgestellt und von konservativen Kreisen immer noch gern verschwiegen wird.

Auch wenn vieles damals zu naiv und zu unausgegoren gewesen sein mag, so ist doch nach vielen Jahren vorhergehender bürgerlichen Muffigkeit etwas aufgebrochen. Auch wenn vieles von anfänglichen Öffnungen im alten eingefahrenen Getriebe bürgerlicher Konventionen steckenblieb, so hat doch einiges als schöne Utopie seinen Weg genommen, und vieles ist eingegangen in das internationale Weltbewusstsein und ist Bestandteil unseres Lebens geworden, auch wenn kein Mensch mehr darüber spricht. (Daß niemand darüber spricht, ist eigentlich ein gutes Zeichen. Es ist wohl damit so, wie mit den Schmerzen, die abgeklungen sind. Man merkt sie nicht mehr, und deshalb spricht man auch nicht mehr über sie.)

Dieses Beispiel aus unserer neueren Geschichte (die tatsächlich erst einige Jahrzehnte zurückliegt) läßt auch den Autor unserer Tage tief und voller Freude durchatmen, denn die Sehnsucht des Menschen nach der Lebenskunst wird nie versiegen. Und wahrer Lebenskünstler zu sein, ist heute für breitere Kreise sehr viel eher zu verwirklichen als jemals zuvor. Allein deshalb ist es legitim und angebracht und eigentlich auch im spirituellen Bereich längst überfällig, das einmal in aller Deutlichkeit zu sagen. Aber auch heute noch ist trotz aller gesellschaftlichen Öffnungen und trotz aller noch nie dagewesener Möglichkeiten für den Einzelnen ein gewisses Maß an Kraft und Mut nicht ganz verkehrt.

Es gilt auch in einer angeblich offenen und so supertoleranten Gesellschaft nicht als normal, gegen den Strom der Massenmenschen zu schwimmen. Diese Masse ist sicher nicht mehr ganz so verknöchert wie noch vor vierzig Jahren, doch heute gelten dafür auch schon wieder andere Normen, von denen noch gar nicht gesichert bekannt ist, daß sie nicht weniger einschränkend wirken als alle ihre Vorgängerversionen.

Wer als moderner Lebenskünstler unserer Tage in Erscheinung tritt, muß nicht ein schmieriges Schmuddel-Outfit an den Tag legen (wie man es von den Strandleuten in und um die Touristengebiete kennt, die meist als Schmuckhersteller- und Verkäufer hoffen, vom Lebensgefühl der Besserverdiener und der richtig Reichen zu profitieren), um bei denen anzuecken, die Lebenskunst mit einem prallen Bankkonto verwechseln.

Die ganz reichen Zeitgenossen pflegen sich bekanntlich um nichts weiter als um das zu scheren, was sie selbst als Trend in die Welt glauben setzen zu müssen. Sie glauben unerschütterlich, sie und niemand sonst müsse Trends in die Welt setzen und allen sagen, was nun gerade "in" ist. Und weil fast alle Leute in ihrer Nähe nur auf ihr Wohlwollen und ihre fetten Brieftaschen und voll angereicherte Kreditkarten spekulieren, sagt ihnen niemand, wie albern und künstlich ihr Leben in Wahrheit ist und wie wenig es mit der Lebenskunst zu tun hat, vor der hier gesprochen wird.

Gegen den Strom, aber nicht gegen Gesetze, individuell, aber ohne den verhärtenden Einsatz der Ellbogen gegen andere Menschen, der inneren Vision folgend, doch ohne dabei verbissen zu handeln - das könnte ein Leitfaden für Lebenskunst einerseits und den Reiki-Prozeß andererseits sein. Die Selbstfindung, die Selbstverwirklichung, die Selbstbefreiung und die Selbsterkenntnis sind die Leitlinie - und sicher noch viel mehr.

Wer zum ersten Mal in eines dieser Selbstverwirklichungs-Bücher schaut und dabei selbst tagein-tagaus in einer harten beruflichen Mühle steckt, wird hier vielleicht am liebsten schnauben vor Wut angesichts abgehoben wirkender Thesen und Sprüche und allerlei in den Ohren gestandener Berufstätiger fast lächerlich klingender Thesen. - Sie mögen auf den ersten Blick und im Stress des Alltags so wirken, und das ist wirklich vollkommen verständlich, aber sie sind es nicht. Gerade denen, die beruflich angespannt sind, die sich insgesamt in einer Lage sehen, in der ein Vorschlag zum Aufbruch in Richtung Lebenskunst gegeben wird, sei hier etwas Geduld empfohlen.

In Anlehnung an das zuvor besprochene "Tao des Reiki" könnte man durchaus sagen, daß es auch so etwas wie ein "Tao der Arbeit" und in enger Verbindung damit so etwas wie ein "Tao des Geldes" gibt. Und dabei ist davon auszugehen, daß Arbeit nicht nur gesellschaftlich gesehen unerläßlich für unser aller Überleben ist, sondern sie ist auch für das Individuum von großer Bedeutung. Die allermeisten Arbeitslosen werden beipflichten, wenn gesagt wird, wie wichtig Arbeit für des Selbstwertgefühl ist. Arbeit als erlebte eigene Leistung kann in diesem Sinne geradezu lebensrettend sein.

Es ist sehr die Frage, ob die nun in Mode gekommenen After-Work-Parties am späten Nachmittag das leisten und auffangen werden, was der Job in der modernen Arbeitswelt dem entspannten und zufriedenen Lebensgefühl in der Regel wegnimmt, nämlich Nähe und Wärme, Anerkennung und Wertschätzung, Intimität und Nähe. Wenn Arbeit als Familien- und Liebesersatz herhalten soll, gar als ein „Pseudo-Selbstverwirklichungsmodell" diskutiert wird, dann muß festgestellt werden: Arbeit ist als alleiniger Selbstfindungspfad untauglich - und sei dieser auch noch so kreativ ausgestattet.

Der Erfolg des Tuns und Erkennen-Wollens auf dieser Arbeits-Schiene ist das Hemmnis, und das auch bei aller verdienten Anerkennung im Team. Das Haben-Wollen, das Anerkannt-Werden-Wollen verhindert im Ergebnis das, was jeder eigentlich sucht und für seinen vollen Einsatz am Arbeitsplatz auch verdient. Hier ist also leider insofern auch keine Lebensfreude zu erwarten, höchstens ein kurzlebiger Erfolg, der zwar lautstark im Neonlicht mit Prosecco gefeiert werden mag, der aber nichts an wirklicher Tiefe in sich hat.

Der so lautstark und so auf Effekte bedachte Erfolg hat nichts Bleibendes. Die Anpassung, die ganz selbstverständlich gefordert wird, ist viel, viel größer, als vorgetäuscht und eingestanden wird. Es ist - so innovativ und so freudig und lebensbetont und allgemein bejahend alles wirkt - letztlich nur eine neue Form eines neo-spießigen Zwanges. Das hat mit echter Lebensfreude nichts zu tun, und es spottet der Beschreibung jeglicher wirklichen Lebenskunst!

Tja, das ist also in aller Kürze skizziert das neue New-Economy-Verhalten... Das Loslassen - und nur das - wird hier noch etwas bewirken. Nur so kommt Freude auf. Und das wird letztlich auch aller erforderlichen sozialen Auseinandersetzungen zufolge so sein, denn ein sozialer Ausgleich, der seit dem Manifest von Marx und Engels von 1848 in das Bewußtsein der arbeitenden Bevölkerung eingeschrieben wurde, ist wichtig. Aus gutem Grund hieß es vor über eineinhalb Jahrhunderten: "Proletarier aller Länder vereinigt Euch". Ausgleich und Gerechtigkeit in Frieden und Freiheit waren das Ziel, und sie sind es noch immer.

Und heute - „im Wassermann-Zeitalter" - kann man nur sagen: Freunde aller Schulen und Wege und Menschen aller Berufe - geht gemeinsam und seid keine „Fachidioten".

Nun muß auf einen weiteren Aspekt eingegangen werden, denn er muß auch noch dazu beitragen, das Bild zu runden und das Verständnis zu vervollständigen. Folgendes ist eine Tatsache: Sehr viele der braven und "normal" lebenden Bürger haben alles.... und die Lebenskünstler haben sehr oft erst mal nichts. Man gibt ihnen auch nichts, weil sie am Schreibtisch der Kreditsachbearbeiterin keinerlei Sicherheiten vorweisen können. Aber sie resignieren nicht, sie lassen sich auch nicht unterkriegen. Sie bleiben trotz aller Frustrationen und Beleidigungen hungrig, sie bleiben aktiv und lebendig, denn sie wollen endlich auch einmal "alles" haben. Sicher wollen sie nicht den Lebenslauf des Normalbürgers für sich nachträglich übernehmen, auch nicht nur Geld.

Der Lebenslauf - das weiß der Lebenskünstler - ist nicht dazu bestimmt, anderen die Gelegenheit zu geben, die Stationen der Einschüchterung ablesen zu können. Der Lebenskünstler läßt sich auch über das Herunterbeten seines nicht eben angepassten Werdegangs vor administrativen Autoritäten demoralisieren und schon gar nicht für den weiteren Weg demotivieren. Der Weg des Lebenskünstlers, der nicht selten mit dem Aussteigen aus dem normalen gesellschaftlichen Eingebundensein begann, entpuppt sich nach all den scheinbaren Umwegen und vermeintlichen Fehlkalkulationen letztlich als ein Segen. Und wenn es auch viele Jahre hindurch schwer gewesen sein mag - eines Tages kommt die Belohnung und der Erfolg, den der Lebenskünstler allerdings nicht als Erfolg sehen muß.

DIE TRANSZENDENTE SICHT

Das Vorhaben, das eigene Leben künftig über die "Schiene Lebenskunst" laufen zu lassen, kann mit Sicherheit nur über ein größeres Maß an Loslassen funktionieren.

Und das ist genau das, was uns Reiki von Anfang an nahe bringt. Der als typisch eingestufte Clochard unter den Pariser Seine-Brücken ist zwar ein Inbegriff der Lebenskunst geworden in einer angeblich romantisch-medial aufbereiteten und verbrämten Weise, aber ob tatsächlich eine tiefe Freude aus der - hoffentlich ganz frei gewählten - Lebensweise hervorgeht, das sollte hinter der oft den Touristen präsentierten Fassade noch bezweifelt werden.

Worum es in Wahrheit geht, das ist eine ganz andere Ebene der Verwirklichung der eigenen Ideale, und die liegt vollkommen jenseits skurriler Verschrobenheiten und ebenso weit hinter dem in der „Welt des Schicki-Micki" für das Optimum angesehenen Lebensgefühl. Es geht um das Einnehmen eines inneren Standpunkts zu sich selbst und zum Geschehen um einen herum, das eben ganz ungewöhnlich ist, das für den, der drin ist, vollkommen normal und gleichzeitig auch merkbar auf eine sensationell normale Weise hypernormal ist, und das mit normalen Mitteln nicht zu erreichen ist. Und es geht doch.

Man kann den Zustand, von dem hier die Rede ist, mit vielen ungewöhnlichen Attributen versehen, aber es ist vielleicht am einleuchtendsten, wenn man den Begriff verwendet, der im Abendland am ehesten verstanden wird: Die transzendente Sicht.

Viele Menschen haben es schon erlebt, ohne zu wissen, was es ist, das sie da erfahren. Und vor allem hat kaum jemand nach einer solchen Erfahrung bewußt versuchen können, diesen unvergleichlichen Befreiungszustand des Geistes im täglichen Leben, im ganz normalen Leben, wieder einmal herbeizuführen.

Die transzendente Sicht und die mit ihr möglichen Erfahrungen ist mit Sicherheit mehr Lesern bekannt, als es jetzt an dieser Stelle zum Ende des Buches über Reiki vielleicht zu vermuten wäre.

Aber dieses Buch würde seinem Titel nicht gerecht, wenn es nicht auch noch zum Schluß einen Tipp zur Lebenskunst ohne die ausdrückliche Einbeziehung des Reiki hätte.

Was passiert in dieser besonderen geistigen Verfassung? Der Ausgangswert ist immer der, daß wir aufgrund besonderer Umstände in einen losgelösten inneren Zustand gelangen, in dem wir sonst nicht sind. Die Wahrnehmung der Welt ist dann eher unspektakulär, wir nehmen uns selbst auch nicht besonders anders wahr als sonst, aber das, was geschieht, ist anders.

Das Schöne an besonderen Zuständen ist, daß sie auch im Nachhinein eine gute Wirkung haben. Und mit der transzendenten Sicht ist es auch so. Folgen wir also einmal kurz einer ganz alltäglichen Begebenheit, die in sich das Potential der Transzendenz und damit auch der wahren Lebenskunst trägt.

Stellen Sie sich vor, Sie haben am Samstag-Abend in der Dämmerung noch einen schönen Spaziergang durch den Vorort gemacht, auch durch eine alte Dorfaue aus dem späten Mittelalter. An der Tankstelle an der Hauptstraße haben Sie die erwartungsvollen und etwas angespannten Gesichter der meist jüngeren AutofahrerInnen gesehen, die sich mit Benzin, Zigaretten und frustvertreibenden Süßigkeiten eindecken... für alle Fälle.

Und sie haben auch die Teenager an der Ecke stehen sehen, die noch lange kein Auto haben können, Geld nur im Ausnahmefall und alles andere auch meist nicht viel - nur Träume, Illusionen und große Gefühle. Und dann fällt einem ein, daß man vor vielen Jahren auch einmal am Wochenende arbeiten mußte. Der Weg zur Arbeit fand immer dann statt, wenn es sich alle in den Cafes und Bars und Kneipen gemütlich gemacht hatten. Es war nicht immer leicht, auf das zu verzichten, was die anderen da alle hatten.

Und dann fällt einem diese Szene ein, in der drei oder vier Kollegen der Nachtschicht um einen herumstanden, mit sehr aufnahmebereiten Gesichtern und sehr erstaunlich konzentrierten Gesichtszügen für diese fortgeschrittene frühe Morgenstunde vor den großen Maschinen - dem Aushilfstypen in den Semesterferien ihr Lebensleid klagend, einer nach dem anderen. - Ich stand vor ihnen inmitten von Lärm, Schweiß, Neonlicht, dem üblichen Wirrwarr von Produktion, Dreck, Abfall und Hinweisschildern - und sprach ganz normal mit ihnen... aber offensichtlich treffsicher, Ihre Probleme lösend, Trost gebend auf der Welle der Malocher, die hundert Prozent Zuschlag machen morgens um vier.

Das Agieren aus der Nichtanwesenheit einer eigenen Verwicklung heraus ist etwas, das durch Übermüdung, in Gefahr, inmitten größter Verliebtheit oder kurz vor dem Sterben angesichts der eindrehenden feindlichen Jagdbomber passiert. Der Zustand ist ganz außerordentlich, die Erinnerung daran bleibt bestehen und sie belebt den damals erlebten Zustand.

Und so ging es mir an diesem Samstag im April, als ich durch die schöne Dorfaue schlenderte, die Jugendlichen und die Jungerwachsenen in ihrem Samstag-Nacht-Fieber hinter mir, und die alte Dorfkirche vor mir. Ich blieb am gläsernen Schaukasten der Gemeinde der Dorfkirche stehen. Sie hatten einige kleine Besinnungskärtchen zur Osterzeit ausgestellt. Die zwölf Jünger und ihre Ängste, sich zu Jesus in seinen schweren Stunden zu bekennen. Alles ganz nett und gut gemeint - und dann sehe ich die Überschrift: „Meditationen zur Osterzeit".

Und ich schreibe gerade ein Buch über diese Dinge, über Meditation und Kontemplation.... Oh, diese ahnungslosen Wichte, sagt es in mir.. und plötzlich ist dieser "Nichts-Raum" da... diese losgelöste "Nicht-Wertung", das Verstehen des Schaukastens...

Kontemplation oder Meditation, Wochenende oder Feierabend, Arbeiten oder in die Kneipe gehen mit Freunden, Kollegen am Morgen oder Freundinnen am Abend, was macht das schon für einen Unterschied, ...wenn man das alles aus einer dem normalen und gewohnten Erfassen übergeordneten Sicht heraus betrachten kann!

Und es ist so sonnenklar, wenn man es erlebt hat: Es ist mehr als eine Sichtweise, eine Betrachtung, eine Einstellung, ein Lebensgefühl - es ist ein Ist-Zustand, aus dem heraus man handelt. Es geschieht zum Beispiel dann, wenn „es" etwas einfach absolut nicht mehr will, was man sonst immer wollte.

Und ein wunderbares Beispiel fällt mir dann ein, als ich gerade nicht nur die Tankstelle und die Christenbilder im Schaukasten und den losgelassenen Frust am Sonntagmorgen hinter mir lasse - ein kleines Restaurant am Straßenrand, kleiner Vorgarten, ein schöner Urlaubsort, vorletzter Abend. Ich sitze mit einem Bekannten beim Bier, und er erzählt mir von allen hier scheinbar ansässigen Italienerinnen, die ihm gut gefallen. Und ich höre mir alles an.

Und dann passiert etwas Unerwartetes: Eine von ihnen kommt plötzlich am Gartenlokal vorbei, lächelt mir zu und geht vorbei, dreht sich noch einmal halb nach mir um, und dann ... fünf Minuten später passiert das gleiche mit einer anderen Frau. Der Unterschied ist nur, daß die zweite noch hübscher ist. Meinen erzählenden und schwärmenden Tischnachbarn verwundert es komplett; mich gar nicht, denn ich bin längst in einem anderen Zustand als vorher - und will nichts - denn dieser Zustand einer gesteigerten Wahrnehmung dessen, was gerade ist... ist alles...

Alles haben können, nichts brauchen, nur sein... so etwas in der Art... wäre eine Beschreibung auch für alle anderen Situationen....

DER KARNEVAL DES LEBENS

Es gibt auf unserem - nicht nur aus dem Weltraum so erhaben-schön anmutenden - Planeten einen Ort, den die Menschen, die ihn einmal mit eigenen Augen gesehen haben, niemals wieder vergessen können. Es ist die Rede von einer absolut einmaligen Stadt, die jeden in ihren Bann zieht, und die man ganz einfach nur lieben kann - weil sie etwas ausstrahlt und möglich werden läßt, was sonst nirgendwo möglich ist. Es geht um das seit langem gefährdete und noch immer so faszinierende Venedig, und für unsere abschließenden Betrachtungen über `die Kunst zu leben´, in erster Linie um den Karneval inmitten dieser kaum zu beschreibenden natürlich gewachsenen Kulisse.

Der Karneval in Rio de Janeiro ist weltweit bekannt für einen Ausdruck ungehemmter Lebensfreude, er ist laut und sehr bunt, sehr erotisch und auf eingängige Effekte abgestimmt. Der Karneval in Venedig ist sicher weder lebensfeindlich noch unerotisch, er ist auch sehr bunt, weltbekannt und weltberühmt - aber er ist überwiegend leise.

Das schönste Maskenfest der Welt, das abgesehen von der historischen Abendgarderobe der Damen bei den Diners in den alten Palazzi ohne nackte Haut auskommt, das dafür aber in einem unvergleichlichen Ambiente von wunderschönen, geradezu magisch anmutenden Gondeln und schmalen Brücken über uralten Kanälen spielt, wurde erst 1980 als ein Sinnbild der Lebenskunst wiedererweckt, nachdem es 1797 nach der Eroberung der Stadt durch Napoleon in einen fast zweihundert Jahre währenden Schlaf verfiel.

Der Karneval von Venedig ist nicht so aufdringlich und laut wie in den deutschen Hochburgen am Rhein...

Er ist auch kein unerläßliches jährliches Ventil für die unterprivilegierten Bevölkerungsschichten wie in Brasilien, dafür ist er aber eine still-beschaulich-eindrucksvolle Vorstellung für die Welt. Er ist für uns in unserer heutigen Zeit eine Erinnerung für die Hinwendung zum Geistigen, was er ja ursprünglich in der Zeit des Tobens und Schlemmens und Feierns vor der Fastenzeit auch gewesen ist.

Für uns moderne Menschen im 21. Jahrhundert bietet so etwas wie der Karneval von Venedig eine wunderbare Gelegenheit, uns selbst und unsere Rollen, die wir, aus welchen Gründen auch immer spielen, zu erkennen, zu hinterfragen und gegebenenfalls abzulegen.

Und wie geht das? Über die Einsicht, daß wir alle eigentlich fast immer Kostüme tragen und uns hinter Masken und dicken Schichten von Alltags- oder Theaterschminke in den verschiedensten Farben verbergen, daß wir es den so stillen und so meditativ-zentrierten Nicht-Jecken in der Lagunenstadt Venedig unbeabsichtigt das ganze Jahr hindurch gleichtun. Nur sie tun es für uns für zehn Tage in jedem Februar ganz bewußt.

Die bewundernswerten Enthusiasten, die sich im Karneval in zum Teil sehr alten und mitunter atemberaubend teuren Kostümen durch die Stadt bewegen, wollen sicher nicht nur von Touristen fotografiert werden, was sie sich in aller Regel gern gefallen lassen, - nein, sie zeigen den Betrachtern - uns in diesem Fall -, daß die zur Schau getragene Maske eine Möglichkeit ist, aus dem grauen Einerlei des Alltags auszubrechen.

Es zeigt uns auch, wie sehr die Maske unser Schutzschild ist, unsere Legitimation, in der Welt der Anforderungen so und nicht anders zu sein... und dann eben doch auf einmal ganz anders...

Sich hinter Masken zu verbergen, ist ein Vergnügen, wenn es als Vergnügen geschehen kann, also wohl eher nicht im Alltag, der uns die Masken und Kostüme aufzwingt. Das hinter der Maske Verborgene zum Teil preiszugeben, ist vielleicht ein stiller und doch sehr eindringlicher Hinweis, den uns der Karneval von Venedig geben möchte..... aber in diesem Kontext hier nun sicher nicht einfach nur so, sondern im Hinblick auf die Lebenskunst des Individuums, der letztlich dieses ganze Buch gewidmet ist.

....Auf dem Markusplatz in Venedig, einer jahrhundertelangen Tradition gemäß herausgeputzt und mit eindringlichen Gebärden für die umherstehenden Betrachter stilles Vergnügen hinter der Maske des Alltäglichen und des Außergewöhnlichen zu präsentieren, ist jenseits aller Grazie, Ästhetik und einfallsreicher Eleganz ein ganz wunderbarer Beitrag zum allgemeinen Verständnis auf dieser Welt, was Individualität und Kunst, Kreativität und Lebenskunst uns zeigen können: Daß wir alle hinter allen unseren Masken und nackt unter allen unseren Kostümen und pur unter allen Schichten der Schminke ein Abbild unserer selbst sind, nichts anderes sein können und nicht und niemals etwas anderes sein sollen - als das, was wir sind.

Der Karneval in Venedig zeigt uns, daß es in der Natur unseres Daseins liegt, unterschiedliche Wesensanteile zu haben und mitunter sogar kaum zu vereinende Extreme darzustellen. Kostüm und Maske stellen uns dar in der Beschränktheit, ebenso in der Freiheit der Darstellung unseres Wesens und in der Transzendenz von allem, was wir sind, was wir darstellen wollen, können oder jemals sein werden. Der touristische Traum der Besucher in Venedig zur Zeit des Karnevals ist jedes Jahr von neuem ein Gleichnis dafür, daß wir alle nur einen kleinen Schritt entfernt sein können von der tiefen Freude über unser Leben und vom stillen Verständnis aller unserer Dramen.

Die Szenarien öffnen unsere Sinne für die uns ständig umgebenden Möglichkeiten, die unser Leben und unsere Welt und vielleicht sogar noch ein paar andere über alte und für ewig festzementiert geglaubte Mauern hinwegzuheben vermögen.

Auch wenn die Maskenträger persönlich nicht dem Grad der Transzendenz gerecht zu werden vermögen, den sie durch ihr Erscheinungsbild dem Betrachter vermitteln, so ist doch der suggerierte Eindruck von Transzendenz ein Beweis dafür, was Lebenskunst sein kann. Eine künstlerische Darstellung wie diese ist ein verkörperter Aufruf, es gleichzutun. Aus einer Stadt wie Venedig, die eine eigene Welt mit einem eigenen Geist ist, müssen keine begeisternden Schilderungen dringen, obwohl natürlich besonders zur Zeit des Karneval genau das geschieht. Es wirkt auch so...

Das Maß an innerer Freiheit, das das Tragen einer Maske im Karneval von Venedig erfordert und ausdrückt, ist ein Synonym für die Freiheit des Lebenskünstlers an sich, und das im Karneval von so vielen Menschen auf so eindrucksvolle Weise dargestellte Drama des Lebens mit allen Höhen und Tiefen, mit allen Schrecken und Freuden, ist auch für die, die Reiki als einen Weg der Selbstfindung und der Selbstbefreiung gehen, ein wunderbares Beispiel dafür, wie das Schauen auf das Leben, das Leben von Kunst und Freiheit im individuell gelebten Rahmen fernab aller Theorien und Spekulationen gelebt und gefeiert werden kann.

Die Frauen und Männer, die im Karneval von Venedig den Mut haben, sich selbst für alle Betrachter als lebende Kunstwerke zu präsentieren, sind - bewußt oder auch unbewußt - dem Ziel verpflichtet und auch nahe gekommen, uns und der Welt ein Gefühl davon zu geben, was Lebenskunst ist.

Und so kann als ein Fazit gelten, ganz im Sinne auch vieler anderer Heilung- und Wachstumssysteme: Der Geist des Reiki ist eine innere und äußere Haltung, initiiert durch die Einweihungen in die Reiki-Kraft, die sich individuell durch die alltägliche Praxis weiterentwickelt.

Die Verbindung von Reiki- und Meditationspraxis ist für alle Reiki-Praktizierenden eine nicht endende Hilfe, um die persönlichen wie gesellschaftlichen Herausforderungen mit eigener Kraft und auf der Basis individueller Kompetenz zu bewältigen.

Reiki – ein Weg des Herzens.

TEIL VI: AUSKLANG

SZENEN UND ERINNERUNGEN

Im alten Ost-Berlin

Der Fall der Mauer in Berlin, der die Welt nicht unbeträchtlich veränderte, lag noch nicht allzu lange zurück. Durch Empfehlung einer Reiki-Schülerin hatte sich eine ihr bekannte Frau aus „Ost"-Berlin telefonisch sehr interessiert am Thema Reiki und den vielen damit - sehr bemerkenswerten - verbundenen „Möglichkeiten zur Erweiterung des Daseins" gezeigt. Nachdem wir mehrmals miteinander telefoniert hatten, war es klar, daß ich ihr den ersten Reiki-Grad geben würde.

So fuhr ich an einem kalten und sehr regnerischen Frühnachmittag in einen Ortsteil „meiner Geburtsstadt", der mir allerdings zunehmend wie eine gruselige Filmkulisse erschien, nicht wie eine normale Wohngegend, die ich doch an sich erwartet hatte.

Dem armen Taxifahrer, der immer wieder auf den ausgebreiteten Stadtplan auf dem Beifahrersitz sah, schien (damals) das Ganze auch nicht ganz so recht geheuer oder normal vorzukommen, denn er fuhr auffällig langsam über das recht abenteuerliche Kopfsteinpflaster.

Es führte zwischen zum Teil mit halb in sich zusammengesackten Reklametafeln aus der frühen und der späteren Propaganda-Periode der mehr oder weniger überraschend (und dann doch) untergegangenen „glorreichen" ost-deutschen Republik, die sich vierzig Jahre lang demokratisch nannte, hindurch. Dahinter lag ein leicht welliges Brachland, dessen Ursprung wohl im leicht nachvollziehbaren Bombenhagel der US-Air-Force zu sehen war.

Zwischen halbhohen Mauern und übriggebliebenen oder vielleicht auch neu zusammengeschusterten seltsamen Geräte-Schuppen waren auch einige Schrottplätze zu sehen, auch einige sehr kurios bis seltsam anmutende uralte Lastwagen, an die „bei uns im Westen" zumindest von der jüngeren Generation sich wohl kaum jemand erinnern konnte.

Wir beide zählten abwechselnd die uns völlig unregelmäßigen erscheinenden Lücken zwischen den wenigen verbliebenen vierstöckigen Häusern fast synchron-monoton ab - von denen es nun eines sein sollte. Alle diese Häuser hatten ausnahmslos die letzte frische Farbe in der Weimarer Republik gesehen. – Und dann ging ich schließlich eine absolut nicht vertrauenerweckende Treppe bis zum vierten Stockwerk hoch und es war klar, daß sich die Sache mit der Farbe wohl nur auf die Außenfassade beziehen konnte.

Mir öffnete eine sehr beschäftigt aussehende Frau an die Fünfzig, die mich zwar offensichtlich erwartet hatte und mich schnell in den sehr dunklen Korridor bat, die aber vor der nun anstehenden „Beschäftigung mit mir und Reiki" noch eine Reihe anderer sehr wichtiger Sachen vorzuhaben schien.

Wie mir ein erster schneller Rundblick verriet, war sie gerade mitten im Frühjahrsputz. Oder war es eine Art „Reiki-Vorputz"? Jedenfalls huschte sie behend´ hin- und her, wuselte hektisch durch die Wohnung, wischte hier, rückte dort etwas vor und hier etwas nach links - während ich am Türrahmen lehnte und meine "inneren Beratergremien" mit der Klärung der Frage beauftragte, ob ich sofort wieder gehen sollte, oder ob ich mir das noch cirka eine oder doch noch zwei Minuten ansehen sollte. –

Ich blieb einfach am Türrahmen stehen...

Nachdem sie auf meinen Vorschlag hin das am weiträumigsten erscheinende Terrain im größeren Zimmer als Einweihungs- und Besprechungsort akzeptiert hatte, „konnte es losgehen..."

Ich ließ ihr alle Zeit der Welt, zur Ruhe zu kommen - denn sie hatte für mich geputzt...!...

Ich war zunächst etwas erstaunt, in dieser Wohnung große Poster von indischen Gurus an den Wänden zu sehen. Aber ich war nach einer Weile nicht mehr ganz so erstaunt über die Begegnung, sondern fühlte mich zunehmend wohler mit ihr, wobei ich fühlte, daß es weniger damit zu tun hatte, daß ich als „der Lehrer" den Ablauf "im Griff" hatte.

Es war zu merken, daß etwas geschah, was das skurrile Ambiente nicht erwarten ließ; und so wurde es eine schöne Reiki-Einweihung. Die Frau auf dem alten Schemel wirkte zunehmend gestraffter. Ihre Stimme gewann an Tiefe und Bestimmtheit. Der Stress des Putzens schien weit zurückzuliegen. Einmal mehr wurde ich in meiner Ansicht bestätigt, daß die Reiki-Kraft in einer Weise eine Regie zu übernehmen vermag, die sich aller Erwartung und Bewertung entzieht.

Es war längst dunkel, als ich wieder unten auf der leeren, beinahe gespenstischen, matt erleuchteten Straße war.

Eine Telefonzelle war weit und breit nicht zu sehen, und Handys gab es auch noch nicht. So lief ich also in dieser menschenleeren und gottverlassen wirkenden Gegend durch den kalten Regen, irgendwie der Nase nach „Richtung West-Berlin", in der Hoffnung, bald irgendwo ein Taxi zu finden, das mich zurück bringt in die Normalität und Vertrautheit der westlichen Hemisphäre - von der ich tatsächlich weniger entfernt war, als ich angenommen hatte.

Zumindest verging die Zeit in dem vertrauten Auto aus Stuttgart sehr rasch - oder war mir auf dem Rücksitz mehr als sonst nach einer Reiki-Einweihung, nach der intensiven Begegnung mit einem vorher oft unbekannten Menschen "anders" zumute...?...

Sie hatte mich umarmt, mir Blümchen und Süßigkeiten "von ihrem Altar", den sie sich eher behelfsmäßig aber gleichzeitig sehr liebevoll und harmonisch aus kleinen Kistchen und Deckchen gebaut hatte, mitgegeben... eine ganze Plastiktüte voll. Diese Tüte öffnete ich nach einer Weile ein wenig, und dann sah ich im fahlen Licht der alten vorbeiziehenden, volkseigenen Straßenlaternen im gleich bleibenden vorbeihuschenden Takt - diese beiden Orangen, die sie mir schon halb auf der Treppe noch in die Tüte gesteckt hatte. Und plötzlich verschwammen mir die Lichtfetzen, denn es kamen Tränen. Orangen - die hatten sie früher nur ganz selten gehabt.

Oberbayern

Ein Spaziergang am Starnberger See im frühen November hat etwas ganz Besonderes. Die noch nicht sehr kalte Luft und die noch tapfer scheinende Nachmittagssonne, das Glitzern auf dem Wasser, ein paar gute Freunde dabei... und die Erinnerung an die alten Zeiten, in denen es manchmal hoch her ging, in denen aber auch sehr ernsthaft trainiert wurde.

Kurzreisen mit einigen Reiki-Einweihungen zu verbinden, ist eine wunderbare Sache. Man kommt herum, lernt liebe Menschen kennen, findet neue Freunde und trifft alte, erzählt von früher und teilt miteinander ein "Hier und Jetzt", besonders gern mit denen, die auch an Reiki und Meditation interessiert sind. In gelöster Stimmung geschieht mitunter recht Unerwartetes... Und vor allem dies: Man begegnet sich...

Ein Austausch mit einer gewissen Tiefe hat aber auch eine schöne Leichtigkeit; es wird nie langweilig, denn man hat sich etwas Wertvolles zu berichten und zu empfehlen. Und das war schon und gerade auch damals unter uns ganz klar: Reiki muß nicht nur "etwas Schönes für nette, ältere Damen" sein - was es ja sicher auch nicht ist. Es kann auch für einen Personenkreis sehr hilfreich sein, mit dem man etwas wie Reiki vielleicht zunächst einmal nicht in Verbindung bringen würde. Mit Karate und Kung-Fu. Wir standen also am See und plauderten über dies und das.

Ich erzählte etwas von einer meiner letzten Reiki-Einweihungen mit einem alten Freund, der mehrere Jahre hindurch mit einem umherwandernden Hautkrebs beschäftigt war. Für ihn als Sportler und Karate-Meister waren solche kleineren Beeinträchtigungen zunächst nur lästig gewesen, bis er schließlich wissen wollte, ob Reiki sowas "wegmachen" würde, wie er sich ausdrückte.

Das konnte ich ihm natürlich nicht versprechen, aber wir trafen uns dann trotzdem sehr bald, weil er zusätzlich auch ein neues „Problemchen" hatte. Er zitterte plötzlich immer mehr, so daß ihm sogar schon das Lenkrad beim Autofahren aus den Händen entglitten war. Ich sollte also mit Reiki irgendwie helfen, und mit dieser Idee im Hinterkopf trafen wir uns.

Mir war diese Geschichte auch deshalb eingefallen, weil er an einem See wohnte, damals noch in einem wunderschönen alten Zirkuswagen, allerdings nicht allein. Seine drei Collies waren immer mit von der Partie. Zur ersten Reiki-Einweihung waren sie dann allerdings nicht anwesend, und so haben sie auch das Wunder verpasst, das darin bestand, daß das Zittern an diesem ersten Tag merklich nachließ. Es ist meines Wissen nach im späteren Verlauf des Reiki-Prozesses bei ihm nicht mehr aufgetreten.

Woher dieses Zittern überhaupt gekommen war, ist bis heute unergründlich geblieben, jedenfalls ist es in seinem Reiki-Prozess bis zum dritten Grad immer mehr zurückgegangen und schließlich verschwunden. Seine Hautkrebsgeschichte verlief ebenfalls gut, nachdem er einige Male in einer Hauklinik war. - Davon erzählte ich also den anwesenden Freunden am Ufer des Starnberger Sees.

Einem der anwesenden Freunde erschien die Story etwas komisch, vielleicht weil er selbst am nächsten Tag von mir seinen ersten Reiki-Grad bekommen sollte. Aber als kein Kind von Traurigkeit machte er in gekonnt zelebrierten "Katas" auf dem Ufersand einige zittrig-klapprige Absturzverrenkungen, und wir haben uns dabei alle fast totgelacht.

Doch am nächsten Vormittag ging es zur Sache. Der große sportliche Herr mit dem zweiten *Dan* und verschiedenen anderen bemerkenswerten Fähigkeiten nahm nach meinen einführenden Worten und Erklärungen zum Ablauf auf einem schönen alten gedrechselten bayerischen Hocker mitten im Zimmer Platz. Bereit zur Einweihung.

Nun ist es so, daß man mit dem Einweihungsritual nicht gleich anfängt, sondern es sollten schon einige Minuten verstreichen, in denen der Reiki-Schüler Gelegenheit hat, sich zu sammeln und auf die Situation einzustellen. Ich saß also erst etwas vor ihm und betrachtete dieses "g´scheite Mannsbild" und trat dann hinter ihn. Und als ich mit dem direkten Einweihungsritual beginnen wollte, war mir so, als wenn ich eine leise Vibration im Raum spüren würde, die vorher so noch nicht da war.

Ich lauschte also noch einmal tiefer in den Raum hinein, und als mein Blick sich auf den vor mir sitzenden alten Freund richtete, wusste ich auch plötzlich, woher diese Erschütterungen kamen...

In den folgenden zwei Minuten stellte sich heraus, daß er umso heftiger zu zittern und auf dem Hocker zu vibrieren begann, je näher ich hinter ihn herantrat. Zog ich mich wieder etwas zurück, so verebbte das Zittern, aber im Verlauf von acht bis zehn Versuchen, des Zitterns Herr zu werden oder es irgendwie abgestellt zu kriegen, mußte ich feststellen, daß es doch immer stärker wurde. - Tja, was soll man da nun machen?

Ich wartete einfach eine weitere Minute ab, und er begann mir langsam richtig leid zu tun, denn es schien ihm offensichtlich wenig zu gefallen, daß er als ein so großer und superstarker Mann ohne jeden ersichtlichen Grund - vor einem alten Freund auch noch - mit diesem albernen Zittern einfach nicht aufzuhören vermochte.

Das Gerappel des Hockers unter ihm wurde bedenklich lauter, und mir war klar, daß etwas Entscheidendes zu geschehen hatte, und zwar durch mich. Ich trat also ungeachtet des ansteigenden Geratters hinter ihn und begann entschlossen, meine Arbeit zu machen, mit der Reiki-Einweihung zu beginnen. Und siehe da - nach einem letzten wirklich beeindruckenden Rüttler, der den ganzen Körper von oben bis unten erfasste, verebbte die Energie, die aus dem Nichts gekommen war in einem wunderbar sanften und erleichterten Lächeln, wie ich hocherfreut feststellen konnte, als ich dann etwas später wieder vor ihm stand.

Wir haben natürlich über diese kleine aber für ihn doch mit einem Hauch der Peinlichkeit versehene Vorstellung kein Wort verloren, und auch mit seiner Freundin hat er nicht darüber gesprochen. Er hat mich nach der letzten Einweihung nur ungeheuer kraftvoll und verschmitzt angegrinst, und dann ist er nach draußen in die Natur verschwunden. Wir begegneten uns etwa eine Stunde später vor dem großen Geräteschuppen hinter dem Haus.

Dort übte er sich mit den Besenstielen und Mistgabeln früherer landwirtschaftlicher Epochen der Voralpenregion in verschiedenen chinesischen und philippinischen Stockkampf-Techniken.

Ich muß sagen, er hat nie wieder so gut dabei und damit ausgesehen wie an diesem Tag in Oberbayern.

Medizin und Psychotherapie auf dem Hocker

Es gibt Erinnerungen an die Schulzeit, die nicht gut sind. Eines Tages stand ich genau an der Stelle, an der ich als Zwerg, unbeholfen die Schultüte haltend, in den Fotoapparat meiner Eltern „gestrahlt" hatte. Das war noch sehr schön und sehr lustig, doch das, was danach kam, diese Jahre der Grundschule mit Lehrern, die froh waren, irgendwo untergekommen zu sein, den Kriegswirren entronnen und offensichtlich ziemlich geschädigt, das war nicht mehr ganz so lustig.

Da stand ich also nun an diesem hohen schmiedeeisernen Tor, das ich als kleiner Steppke sechs Jahre lang tapfer durchquert hatte, als ein erwachsener Mann mit Texten in der Tasche, die unter anderem Techniken zur Vergangenheitsheilung über Raum und Zeit hinweg enthalten.

Ich sah durch das hohe Eingangsgewölbe auf den großen Schulhof mit den vier Kastanien in der Mitte, und sie erschienen mir auch an diesem Tag sehr groß. Nachdem ich im Stillen einige dieser Techniken zur Vergangenheitsbewältigung an einem Ort meiner Kindheit praktiziert hatte, machte ich mich auf den Weg in die Nebenstraße zu meinem Reiki-Schüler. Wir kannten uns seit Jahren vom Sehen und Plaudern in Cafes und an unseren geparkten Autos vor denselben, aber nun kam eine Dimension hinzu.

Schon während der ersten Einweihung legte sich ein wohlig entspannter Hauch von Zufriedenheit und Stille auf sein Gesicht, und als er dann noch schier endlos lange unbeweglich setzen blieb, hatte es den Anschein, als wäre er irgendwie zu Hause angekommen, als würde er niemals mehr irgendwohin wollen, auch nicht von diesem Hocker runter.

Obwohl ich auch später wieder stand, haute es mich dann beinahe doch von demselben, als er sich nämlich nach der zweiten Einweihung statuengleich auf seinen Meditationssitz pflanzte, und nun wirklich so aussah, als wolle er nie wieder aufstehen, nie wieder eine Berührung mit der Welt haben. Ich war sehr froh, um die Wichtigkeit der Fußeinweihungen schon damals zu wissen, denn er war wirklich sehr am Schweben, dieser breitschultrige, kompakte Mittvierziger. Nicht richtig natürlich, aber er sah so aus.

Er rief mich in den kommenden drei Wochen oft an, und ich beruhigte ihn so gut es mir damals möglich war. Ihm war offensichtlich noch nie zuvor eine so geballte Energieladung wiederfahren. Ich weiß nicht genau, was die Reiki-Kraft in ihm bewirkt hat in dieser Zeit der Reinigung und Konsolidierung, ich weiß nur, daß er - im Winter - drei Wochen lang sommerlich-leicht bekleidet umherlief... Ihm war heiß... Da er, und das zeigte sich auch im reiki-mäßigen Bereich, ein von Natur aus sehr, sehr empfänglicher Mensch ist, hat ihm bis heute dieser erste Reiki-Grad ausgereicht - als Erfahrung und als Energieübertragung. Er ist ein wunderbares Beispiel dafür, daß Reiki in Wahrheit unteilbar ist, und daß alle Gradeinteilungen und Symboltechniken letztlich nur Hilfestellungen sein können.

Ein anderes Beispiel für eine wunderschöne Rezeptivität erlebte ich ein halbes Jahr später mit einer flüchtigen Bekannten bei mir zu Hause.

Nachdem ich ihr den Ablauf der Einweihung erklärt hatte, ließen wir uns noch für eine Weile auf dem Boden nieder, um uns dann, ohne daß wir es verabredet hatten, sekundengleich nebeneinander vor die beiden geöffneten Fenster zu setzen.

Ich hatte sonst niemals Musik laufen lassen während der Reiki-Einweihungen, aber diesmal mußte es einfach sein. Wunderbar leichte sphärenartige Klänge legte ich intuitiv in den Recorder, und genau das muß richtig gewesen sein, denn innerhalb weniger Augenblicke stellte sich eine Wahrnehmung bei mir ein, die, wenn man mich danach gefragt hätte, genau auf sie zutraf, ja genau ihr Wesen beschrieb.

Und während ich das noch in mir registrierte, auch zur Kenntnis nahm, daß mir mein Verstand einige Fakten aus ihrer Biographie vorerzählte... Medizinstudentin, 24, ledig, sehr schlank und zierlich, schwarze Haare und mittelschwere Kurzsichtigkeit, da merkte ich plötzlich, daß diese sich in mir komischerweise abspulenden Personenangaben, für deren Aufzählung es in diesem Moment ja nun wirklich keinen Grund gab, erst schemenhaft unmerklich und dann immer unzweifelhafter in eine ganz direkte Wahrnehmung übergingen.

Diese kleine zarte Frau saß unbeweglich neben mir in Meditation - und ich erlebte ihr Wesen in mir. Ich behielt die Augen geschlossen, aber es war, als hätte ich sie geöffnet, denn ich "sah" sie neben mir sitzen, zart lächelnd - und das nicht ohne eine pfiffige Komponente. Ich legte mich nach einigen Minuten auf den Boden, bis die Kassette zu Ende war - und ich wußte, daß nicht ich sie sah oder gar erkannte, sondern daß sie sich selbst so klar wie wohl noch nie erlebte, und das noch <u>vor</u> ihrer ersten Einweihung in die Reiki-Kraft.... und das bevor irgendetwas "vom Lehrer für die Schülerin" initiiert worden wäre...

Als ich gewiss war, daß es so und nicht anders ist, daß Reiki ihr diese Intuition ihrer selbst ermöglicht hatte, und ich das aus unerfindlichen Gründen auf diese unzweifelhafte intensive Weise miterlebte, öffnete ich "wie ferngesteuert" meine Augen. Und da sah ich in ihre. Sie blickte mich an "mit dem Geheimnis der Zeitalter" im Gesicht, wie eine kleine schmunzelnde Sphinx - entrückt und im Moment verwurzelt zugleich. Dies geschah eine Woche vor ihrem Staatsexamen. Das Leben ist seltsam. Wir haben uns nie wiedergesehen.

Monte Verita

Es sind in den Jahren, in denen ich enthusiastisch Reiki an die alten Freunde "verteilte" und zu Menschen brachte, die ich vorher noch nie gesehen hatte, viele schöne Ereignisse in mein Leben gekommen, die ich ohne die Beschäftigung mit Reiki und die bewusste Öffnung für Reiki und besonders dann natürlich auch noch ohne die Tätigkeit als Reiki-Lehrer nie gehabt hätte. Und so würde ich am liebsten noch eine ganze Reihe weiterer Berichte aus meinem eigenen Erleben anfügen, aber das würde wohl den Rahmen des Buches sprengen und vielleicht das Geheimnis, das Reiki ausmacht, zerreden. Die kleine Auswahl schöner „Erlebnisse mit Reiki" soll hier am Ende dieses Buches anregen, dem einen oder anderen "Appetit machen" und natürlich auch eventuelle Ängste und Befürchtungen ausräumen.

Für das Erzählen von Geschichten gilt bekanntlich, daß man sich nicht wiederholen sollte. Das ist hier schwierig, denn genauso wie bisher in einer eher theoretisch gehaltenen Weise Reiki gepriesen wurde, muß das im abschließenden Geschichtenteil erst recht kommen. Damit es nicht doch noch langweilig wird, nun der letzte Bericht - mit "Impressionen aus der Schweiz".

Besonders der Süden dieses wunderschönen kleinen Landes ist unvergleichlich. Als ich von einem Bekannten, den ich auf einer meiner Reisen in Indien kennen gelernt hatte, zu sich in den Tessin eingeladen wurde, um ihm und seiner Frau den dritten und vierten Reiki-Grad zu geben, gab es kein langes Überlegen. Am Tag nach meiner Ankunft begannen wir sofort mit dem Programm, denn die Dame des Hauses war unter Umständen in gewisser Zeitnot. Sie war Ende des achten Monats schwanger, und das gab der Atmosphäre von Anfang an eine ganz besondere Note. Es lief alles wie gewohnt und geplant und normal, und doch war sehr deutlich zu spüren, daß da noch jemand anwesend war - zwar nicht mit am Tisch sitzend, wenn es abends Pasta, Salat und wunderbaren Wein gab... und doch...

Wer das Procedere des vierten Grades kennt, weiß, was die Schülerin durch die Grade hindurch tut. Das habe ich sie erst einmal tun lassen, aber dann fiel es mir schwer, den eher strikt vorgegebenen Ritus in dieser Form aufrechtzuerhalten oder zu verlangen, um das System zu beachten. Ich hätte niemals eine Kürzung oder Vereinfachung oder etwas in der Art zugelassen und als Teil der Ausbildung zur Reiki-Lehrerin akzeptiert - aber mit dieser Italienerin in einem sehr deutsch anmutenden Umfeld, mitten in der italienischen Schweiz – und mit einem kleinen spürbaren „unsichtbaren" Wesen dabei...

Dieses Wesen - es war dabei, es beobachtete aus einer anderen Welt, und war doch schon bei uns... bei mir, der ich als Lehrer den Faden in Händen und den Draht nach oben zu halten habe... es war mystisch über alle Maßen. Ich sagte ihr, was ich fühlte, daß die Situation eine besondere sei, daß sie jetzt den vierten Grad haben sollte, weil sie sich das für ihr Kind gewünscht hatte, und das ich es ihr bei Wahrung aller Regeln in diesem Ausnahmefall von der rein körperlichen Abfolge her erleichtern wolle.

Ich sagte ihr, sie solle bitte nur das tun, was sie ohne jede Mühe machen könne, denn sie könne ja alles nach der Geburt „so leichtgewichtig" machen, wie sie es sich notiert hatte. - Sie machte alles so, wie es sein soll, und es war, als würde sich eine jenseitige Dimension mitten im Zimmer in ihr und durch sie und für mich und für uns beide in dieser besonderen Konstellation auftun - ganz still, flirrend, ganz selbstverständlich, über alle Maßen geheimnisvoll und ergreifend. Und so "normal".

Sie blieb später lange in einem alten Ohrensessel sitzen, während ich durch den so anheimelnd gediegenen schweizerischen Wohnraum in den anliegenden Küchenbereich ging, taumelnd, und nach einer stehen gebliebenen Tasse mit kaltem Tee ihre Reiki-Urkunde ausfüllte.

Ich blickte vom Küchentisch durch die großen modernen Fensterscheiben dieses so wunderschön ausgebauten dreihundert Jahre alten Hauses mit diesen dicken Mauern und den am Abhang schwebenden Terrassen und dem mit dicken Steinplatten kunstvoll gedeckten Dach. Dichte Nebelschwaden verhüllten immer wieder den gegenüberliegenden Wald am steilen Abhang, und bei uns prasselte wie von Geisterhand verabreicht ein keiner Schwall Graupelschnee an die Scheiben.

Ich blickte zu ihr hin und sah, daß sie geräuschlos auf mich zugeschwebt kam - mit der überirdischen Schönheit und Anmut einer schönen jungen Frau, die sich darauf vorbereitet, ihr erstes Kind zu bekommen.

Ich sah sie nur an, nahm langsam die Reiki-Urkunde vom Tisch und hielt sie ihr entgegen. Sie nahm sie aus meiner Hand und umarmte mich, ohne sie angesehen zu haben... Papier... später vielleicht einmal zum an die Wand hängen - oder auch nicht.

Wir sahen beide nach draußen auf den weißen Graupelschnee und die Nebelschwaden auf der andern Bergseite des Tales - Hundert Täler....

Zwischen Tälern sind Gipfel. So ist das im Leben. Und ich war inmitten der hundert Täler auf einem ganz besonders hohen Gipfel - und das, ohne etwas dafür getan zu haben, außer dem, was ich sowieso immer tat – als ein Lehrer für das Fach Reiki.

Ich bin all meinen Reiki-Schülerinnen- und Schülern dankbar für die vielen Gelegenheiten, besondere Erfahrungen zu machen. Alle Einweihungen bis zum heutigen Tag waren schön, aber dieser vierte Grad im Cento Valli, in den hundert Tälern, war wohl die wunderbarste aller Begegnungen mit der Reiki-Kraft... denn sie brachte mir das starke, fließende, wachsende Leben vor Augen, die unaufhörlich fließende unversiegende Universelle Lebenskraft.

Nachdem ich ihrem Ehemann signalisiert hatte, "daß es vollbracht sei", fuhr ich mit dem Freund, der mich auf dieser denkwürdigen Reise begleitet hatte, noch eine Stunde an diesem atemberaubend schönen See entlang; eine Stunde am Lago Maggiore, kurz nach Italien hinein und wieder zurück. Unten schien die Sonne, und es war glatt zwanzig Grad wärmer.

Wer schon einmal eine Reiki-Lehrer-Einweihung unter besonderen Umständen erlebt hat, wird mir beipflichten, daß das ein wunderbares und kein alltägliches Erlebnis ist.

Ich war erfüllt von dieser Erfahrung, und so folgte ich gern am nächsten Tag dem Vorschlag meines Reisebegleiters, einen Abstecher nach Ascona zu machen, zumal ich die strahlende "neue Kollegin" sicher auf ihrem Bett liegend wusste. - Reiki lässt sich nur schwer beschreiben, doch es lohnt den Versuch.

Reiki bringt uns in Stimmungslagen, die wir vorher noch nicht erlebt haben, es läßt uns eine jenseitige und gleichzeitig diesseitige Atmosphäre anders erleben - sofern wir uns ihr nicht verschließen, sondern offen genug sind, dieses wunderbare Angebot des Lebens anzunehmen.

Das Energetische des Reiki läßt sich kaum beschreiben. Man kann es leichter an den sich anschließenden Veränderungen erfahren; oder man muß ein bekanntes Mittel bemühen, um das zu vermitteln, was es sich in der Tat zu vermitteln lohnt. Der Monte Verita, der für seine ganz besondere energetische Ausstrahlung bekannt ist, ist so etwas.

Dieses schöne Hilfsmittel ist ein von weitem eher unscheinbar wirkendes Hügelchen in Ascona am Ufer des herrlichen großen Sees. In den zwanziger Jahren des zwanzigsten Jahrhunderts konnte der Monte Verita von sich reden machten, denn die Freidenker und Avangardisten, die Kulturmüden und diejenigen, die ahnten, daß in der Wertschätzung des Körpers und in der Meditation der große Schlüssel zum Glück liegt, kamen auf diesem Berg zusammen, um zu tanzen und zu singen, zu feiern und zu lauschen, zu schweigen, zu turnen und zu schwelgen in der starken Naturkraft, die auf diesem Berg zu spüren ist.

Auch wer nur als normaler Tourist den Berg auf den schönen Parkwegen kennen lernt, wird etwas spüren von dieser stillen Erhabenheit, die hier ganz einfach in der Luft liegt. Deshalb heißt er ja auch "Berg der Wahrheit"... Monte Verita.

Wir liefen das Gelände ab, bestaunten die Reste alter Turngeräte derer, die hier einer Vision vom neuen Menschen nachlebten, spürten die Kraft der großen alten Bäume. Und in mir diese wunderbaren inneren Bilder der letzten Einweihung.

Als ich auf diesem geschichtsträchtigen Boden stand, wie auch schon der Dalai Lama, der die Energie dieses Ortes als etwas besonderes bezeichnete, fielen mir ganz plötzlich hintereinander verschiedene Szenen ein, die ich im Zusammenhang mit Reiki-Einweihungen erlebt hatte. Zum Beispiel die Lehrerin an der Sonderschule, die nach dem ersten Grad ein starkes violettes Licht sah, oder die alte Bekannte, die lange Zeit durch Süd-Ostasien gereist war, und die nach dem ersten Grad „alles dunkelblau" sah.

Ich kam wieder in diese transzendente Wahrnehmung dessen, was ist. Und kurioserweise sah ich im Innern plötzlich auch noch meinen Vater vor mir, der einmal Jahre vorher in seiner typischen humoristischen Art die Hände in Kreisen bewegte und auf seine unverwechselbaren Weise kommentierte: "Reiki, Reiki, und alles wird wieder gut..." Er hat damals sicher nicht die wirkliche Tragweite dessen geahnt, was er damals gesagt hat...

Transzendenz

Es gibt am Ende dieses Buches noch eine andere für mich ganz wunderbare Begebenheit zu erzählen. Sie ist es wirklich wert, und sie rundet das ab, was hier in diesem Buch auf recht vielen Seiten angesprochen wurde.

Die Wirkung, die diese Momente - als ein Geschenk des Daseins - für mein ganzes weiteres Leben hatten, kann ich heute leider noch nicht in einer angemessenen Weise beschreiben.

Es war einmal im fernen Orient, als ich an einem sehr heißen Nachmittag mit meiner Freundin, die in diesen viel zu kurzen Wochen sehr viel mehr als das für mich war, eine sehr laute, typisch bevölkerte, belebte Straße entlangging.

Obwohl das absolute Wirrwarr um uns tobte, ruhte ich auf eine zauberhafte Weise in mir. - Wir waren uns nah, mit unseren Sinnen eng miteinander verbunden.

Wir sprachen über uns und unsere Begegnung in ihrem wunderbaren Heimatland, das sie für viele Jahre verlassen hatte, um schließlich nach einer Zeit in meiner Heimatstadt, in der wir uns leider oder kurioserweise nicht begegnet waren, in die Welt ihrer alten Kultur zurückzukehren.

Beide empfinden wir dieses so unbeschreibliche Glück, in diesem Augenblick nebeneinander diese lärmerfüllte Straße entlanggehen zu können... so stark, so zentriert, so frei und so miteinander, so verbunden-unabhängig... wir teilen dieses Glück als ein Gefühl, als Sensation - als Selbstverständlichkeit.

Und dann bleiben wir vor einer großen Hoteleinfahrt unvermittelt stehen - und alles versinkt um uns herum. Wir sehen uns an und sagen uns beide, daß wir uns genau das immer gewünscht haben.

Und dann blickt sie mich mit diesen tiefschwarzen Augen noch intensiver als bisher schon an - mit der Wucht eines Panthers und mit der Lieblichkeit und Zartheit einer eben entfalteten Blüte - und sagt:

"Love is so beautiful - but meditation comes first."

Danksagung

Mein Dank gilt den vielen
Reiki-Schülerinnen und Reiki-Schülern,
die mir über viele Jahre hinweg viel gezeigt haben.

Ich danke für die Hilfe bei der ersten Herstellung
Helmut Dietrich und für die technische Betreuung und
Anregung Mario Radestock und seinem Team.
Alle haben maßgeblich zum Erscheinen dieses Buches
einer neuen Serie beigetragen.

Last not least danke ich
dem 17. Karmapa
Ogyen Trinley Dorje
für die Inspirationen,
insbesondere durch seine Besuche in Berlin
zu Pfingsten 2014 und Anfang September 2015.

Reiki – Im kreativen Strom der Lebenskraft

Bilder zum Buch

Ölgemälde von Wolfgang Wellmann von 2013 bis 2016

	Yin and Yang in love Öl auf Leinwand, 80 x 100	Seite 9
Teil 1:	power and bliss Öl auf Leinwand, 60 x 80	
Teil 2:	pure joy Öl auf Leinwand, 60 x 80	
Teil 3:	my heart and my soul Öl auf Leinwand, 60 x 80	
Teil 4:	Es dämmert den Göttern Öl auf Leinwand, 60 x 80	
Teil 5:	the rain, the park an other things Öl auf Leinwand, 60 x 80	
Teil 6:	blue transparency Öl auf Leinwand, 70 x 100	
	underwatercosmos Öl auf Leinwand, 60 x 80	Seite 325
	more white, more light Öl auf Presspappe, 70 x 100	Seite 333

Informationen zu den Bildern, die erworben werden können, sind auf der Internet-Seite des Autors zu sehen oder sind schriftlich - auch bezüglich des Erwerbs von Kunstdrucken - zu erhalten. Zuschriften werden erbeten an W. M. Müller, Pichelsdorfer Str. 55, 13595 Berlin.

Von Wolfgang Wellmann sind bisher
im gleichen Verlag erschienen:

"Säulen der Erfüllung"
Zurückgelassene Identifikationen auf den Stufen zur Freiheit
Aphoristische Reflexionen über den individuellen Weg

"Das Aroma der Lebensfreude" –
Essen als Meditation

"Das Geheimnis der Begegnung" –
die Begegnung mit sich selbst

"Die Praxis des Reiki", erschienen 1997 im Goldmann-
Verlag/Random House, ist nach wie vor im Handel.

Frühere Titel der Verlage Kamphausen, O. W. Barth und
Goldmann/Random House sind antiquarisch erhältlich,
teilweise in mehreren Übersetzungen.

Weitere Titel in Vorbereitung:
"Reiki – Schlüssel zu Achtsamkeit, Gesundheit und mehr"

"Das gelungene Alleinsein"
...mit der Aussicht auf die wunderbare Zweisamkeit...

Von Wolfgang Wellmann sind in Zusammenarbeit mit
Marc Ericson im Verlag BoD bereits erschienen:

"Freud – Adler – Jung
Pioniere auf Entdeckungsreise"
Psychotherapie und kreative Selbstentfaltung
auch mit Bildern zum Ausmalen

„Der Neue Zarathustra" Band I –
eine Neubearbeitung nach Friedrich Nietzsche als
eine Synthese aus Kunst, Psychologie und Spiritualität – ein
modernes Märchen in 111 Bildern zur Entfaltung der Kreativität

In Vorbereitung dazu:
Der Zarathustra-Zyklus Band II bis V
Der Weg zur mühelosen Innovation... mit vielen Bildern
„Zarathustra´s Reden" über die Zusammenhänge von Kunst
und Lebenskunst, mit Originalzitaten von Friedrich Nietzsche
und von Albert Camus sowie über den Weg der Poesie,
der Schönheit und der Lebenskunst und der praktischen
Selbsterfahrung hin zur spontanen Malerei, mit Originalzitaten
chinesischer Künstler und u. a. von W. Kandinsky.

„Menschen und Rechte – Menschen im Einklang –
Menschen mit Liebe"
Bilder von Marc Ericson
mit Aphorismen von Wolfgang Wellmann

„Die Reise nach Shamballah"
Teil 1 einer entspannenden Trilogie zum Entwickeln
ganzheitlicher Effektivität und kreativer Lebensfreude
mit vielen Bildern von Marc Ericson

In Vorbereitung dazu:
Band 2: „*Der Tempel in Darjeeling*"
Band 3: „Zen-Kunst Und *Koans Für Führungskräfte*"
Mit vielen Bildern von Marc Ericson

Auf Literaturhinweise wurde angesichts der heutigen Informations-
angebote für dieses Buch verzichtet, ebenso auf Zitatangaben,

Fußnoten und andere den Lesefluss unterbrechende Einschübe.

Die besondere Serie „Kunst und mehr..."

„Kunst als das Spiel der Freiheit"
Die Kraft der puren Ästhetik in Worten und Bildern
mit praktischen Übungen
zur Steigerung der emotionalen, kreativen
und transzendenten Intelligenz und
zum Genießen der Kostbarkeit des Augenblicks mit
Bildern zum eigenen Ausmalen

„Das Meer"
Bilder von Marc Ericson
mit Aphorismen von Wolfgang Wellmann

sowie
„Facetten der Kreativität" –
für den von Innen motivierten Menschen
Stressabbau - Ideenreichtum - Inspiration
Charisma - Innovation - Erfolg - Karriere
Intensive Übungen mit
Bildern zum eigenen Ausmalen
...Wort und Bild in gemeinsamer Kraft

Insbesondere im Interesse einer eingängigen und anstrengungslosen Aufnahme des Textes ist bewusst ein leicht vergrößertes Schriftbild als für ein Sachbuch allgemein üblich gewählt worden.

Die in diesem Buch enthaltenen Informationen und Vorschläge, die vom Autor nach bestem Wissen und Gewissen zusammengestellt wurden, sind nicht die einzig möglichen.

Der Autor und der Verlag übernehmen keine Haftung für eventuelle Ansprüche, die in Zusammenhang mit der Anwendung oder Verwertung der in diesem Buch enthaltenen Angaben gemacht werden sollten.

Notizen

Notizen

Notizen

Notizen